"十四五"教育部高等学校电子商务类专业教学指导委员会规划教材
21世纪经济管理新形态教材·电子商务系列

电子商务：理论与实务
E-commerce: Theory and Practice

主　编　孙建红
副主编　施　玮
参　编　王思玉　王昕天　刘荔洋

清华大学出版社
北京

内容简介

《电子商务：理论与实务》为"十四五"教育部高等学校电子商务类专业教学指导委员会规划教材。

电子商务凭借其强大的数据收集、处理和分析能力，已经成为我国经济社会发展、产业结构调整的新动能。本书站在经济社会发展的角度讨论电子商务的理论与实践问题，选题立意高、所选材料新、与实践联系紧，是一本与现实商业运作紧密相联、与现代社会生活深度融合的教材。

本书不仅可用作经济管理类专业的学生认识、应用电子商务的教材，也可作为对电子商务感兴趣的社会人士的参考书。

本书封面贴有清华大学出版社防伪标签，无标签者不得销售。
版权所有，侵权必究。举报：010-62782989，beiqinquan@tup.tsinghua.edu.cn。

图书在版编目（CIP）数据

电子商务：理论与实务 / 孙建红主编．—北京：清华大学出版社，2022.1（2025.1重印）
21世纪经济管理新形态教材．电子商务系列
ISBN 978-7-302-59675-2

Ⅰ．①电⋯ Ⅱ．①孙⋯ Ⅲ．①电子商务—高等学校—教材 Ⅳ．① F713.36

中国版本图书馆CIP数据核字（2021）第258550号

责任编辑：徐永杰
封面设计：汉风唐韵
责任校对：宋玉莲
责任印制：沈　露

出版发行：清华大学出版社
网　　址：https://www.tup.com.cn，https://www.wqxuetang.com
地　　址：北京清华大学学研大厦A座　　邮　编：100084
社 总 机：010-83470000　　邮　购：010-62786544
投稿与读者服务：010-62776969，c-service@tup.tsinghua.edu.cn
质量反馈：010-62772015，zhiliang@tup.tsinghua.edu.cn

印 装 者：三河市龙大印装有限公司
经　　销：全国新华书店
开　　本：185mm×260mm　　印　张：16　　字　数：265千字
版　　次：2022年3月第1版　　印　次：2025年1月第3次印刷
定　　价：49.80元

产品编号：094972-01

教育部高等学校电子商务类专业教学指导委员会规划教材编写委员会

主　任： 刘　军
副主任： 覃　征　陈　进
委　员： 刘　军　覃　征　陈　进　孙宝文　刘兰娟　章剑林
　　　　　彭丽芳　贺盛瑜　李　琪　张润彤　华　迎　曹　杰
　　　　　熊　励　帅青红　张荣刚　潘　勇　叶琼伟　李文立
　　　　　王刊良　左　敏　胡　桃　郭卫东　李敏强　于宝琴
　　　　　杨兴凯　姚卫新　陈　曦　张玉林　倪　明　尹建伟
　　　　　琚春华　孙建红　刘业政　陈阿兴　魏明侠　张李义
　　　　　孙细明　周忠宝　谢　康　李　明　王丽芳　张淑琴

前　言

进入21世纪以来，我国互联网行业发展迅速，其中，电子商务扮演着重要的角色。今天的电子商务在中国早已不再是一个销售渠道或消费工具，而是涉及财政税收、创业就业等关键领域的重要经济业态。此外，电子商务作为销售终端的数字化应用，正在凭借其强大的数据收集、处理和分析能力，倒逼传统产业的生产端、加工端数字化转型。可以说，电子商务正在成为我国数字经济发展的一支重要推动力量。

在这个背景下，认真学习电子商务具有重大意义：①了解电子商务知识，已经成为在信息社会中生存的必要技能。电子商务已经深度融入现代社会生活，新时期的大学生如果不会电子商务，不懂电子商务的基本操作，那么他将很难在现代社会中生存下去。②掌握电子商务工具，已经成为企业成功的必要前提。电子商务已经成为现代商业社会经营形态的主流，企业不借助电子商务，将无法在现代商业社会中生存。③熟悉电子商务理念，已经成为理解和参与信息经济社会运行与分工的必要条件。电子商务已经成为我国经济社会发展、产业结构调整的新动能，并将在未来成为拉动我国经济增长的引擎，理解和熟悉电子商务的发展理念与作用机理，是今天大学生参与社会分工、为社会创造价值的首要条件。

与同类教材相比，本书内容丰富、案例翔实、紧贴前沿：①本书内容涉及经济学、管理学、计算机科学等相关知识，我们力图向读者传达这样的信息：电子商务不仅是一种技术工具，还是一种经济社会形态。因此，本书在处理电子商务理论和电子商务技术的关系中，更侧重于理论和实践的融合，强调从经济和管理的视角审视电商带来的商业社会变化。②本书所用案例翔实，内容全面，涵盖电子商务商业实践的所有领域。③本书的内容结合我国最前沿的商业实践，所用案例均是作者从近3年国内外商业实践中精心选择而得，具有良好的代表性。

孙建红教授负责全书的统稿工作，阳光学院施玮老师、吉林建筑大学王思玉老师、宁波大学王昕天老师、广东药科大学刘荔洋老师等参与了本书的编写。

目前，我国互联网经济正处在快速发展中，电子商务实践更是方兴未艾。我们会根据最新的理论和实践不断丰富与修订本书的内容，以满足教学和研究需要。同时，本书难免存在不足之处，恳请各位读者不吝指正。

编者
2021 年 11 月

目 录

第1章 电子商务概述 ······ 001

1.1 电子商务简介 ······ 005
- 1.1.1 电子商务的概念 ······ 005
- 1.1.2 电子商务的特点 ······ 009
- 1.1.3 电子商务的功能 ······ 010
- 1.1.4 电子商务的分类 ······ 011

1.2 电子商务的起源和发展 ······ 014
- 1.2.1 电子商务的起源 ······ 014
- 1.2.2 电子商务的发展现状 ······ 016
- 1.2.3 电子商务发展的主要阶段 ······ 018

1.3 电子商务行业的基础术语 ······ 019
- 1.3.1 运营管理 ······ 019
- 1.3.2 市场营销 ······ 020
- 1.3.3 多媒体内容和网络出版 ······ 022
- 1.3.4 消息传送和信息发布 ······ 024

1.4 电子商务行业的构成 ······ 025
- 1.4.1 公共的商业服务基础设施 ······ 025
- 1.4.2 其他重要的支持层 ······ 026

第2章 电子商务商业模式 ······ 030

2.1 电子商务商业模式概述 ······ 031
- 2.1.1 商业模式的基本概念 ······ 031
- 2.1.2 电子商务模式的基本概念 ······ 033
- 2.1.3 电子商务模式的基本分类 ······ 034

2.2 B2B 电子商务 ·················· 035
2.2.1 B2B 电子商务商业模式 ·················· 035
2.2.2 B2B 电子商务的优势 ·················· 036
2.2.3 B2B 电子商务盈利模式 ·················· 036

2.3 B2C 电子商务 ·················· 037
2.3.1 B2C 电子商务模式的概念 ·················· 037
2.3.2 B2C 电子商务网站类型 ·················· 037
2.3.3 B2C 电子商务盈利模式 ·················· 038

2.4 C2C 电子商务 ·················· 039
2.4.1 C2C 电子商务模式的概念 ·················· 039
2.4.2 C2C 电子商务盈利模式 ·················· 040

2.5 C2B 电子商务 ·················· 042
2.5.1 C2B 电子商务模式的概念 ·················· 043
2.5.2 C2B 电子商务盈利模式 ·················· 044

2.6 电子商务的应用趋势 ·················· 046
2.6.1 移动电子商务 ·················· 046
2.6.2 O2O 模式 ·················· 047

第 3 章 电子商务物流 ·················· 051

3.1 电子商务物流概述 ·················· 054
3.1.1 电子商务物流的定义 ·················· 054
3.1.2 传统物流与现代物流 ·················· 054
3.1.3 电子商务与物流的关系 ·················· 056
3.1.4 电子商务物流的特点 ·················· 058

3.2 电子商务物流活动 ·················· 060
3.2.1 电子商务物流活动概述 ·················· 060
3.2.2 电子商务物流活动的主要模式 ·················· 062

3.3 电子商务物流技术 ·················· 064
3.3.1 EDI、条码与 RFID 技术 ·················· 065
3.3.2 自动分拣系统 ·················· 066

3.3.3　GPS、BDS 与 GIS 技术 ·············· 068
3.3.4　立体仓储技术 ·············· 069
3.4　电子商务物流系统 ·············· 070
3.4.1　电子商务物流系统的概念及组成 ·············· 070
3.4.2　物流系统的一般要素与功能 ·············· 070
3.4.3　典型的物流系统分析 ·············· 075
3.5　电子商务与供应链 ·············· 076
3.5.1　供应链 ·············· 076
3.5.2　供应链管理 ·············· 076
3.5.3　电子商务与供应链管理 ·············· 077

第 4 章　网络营销 ·············· 081

4.1　网络营销概述 ·············· 085
4.1.1　网络营销的概念 ·············· 085
4.1.2　网络营销的特点 ·············· 085
4.1.3　网络营销理念 ·············· 087
4.1.4　网络营销内容 ·············· 088
4.2　网络广告 ·············· 090
4.2.1　网络广告概述 ·············· 090
4.2.2　网络广告的发布及效果评估 ·············· 092
4.3　网络营销技术 ·············· 097
4.3.1　搜索引擎营销 ·············· 097
4.3.2　博客营销 ·············· 098
4.3.3　微信营销 ·············· 100
4.3.4　新媒体营销 ·············· 101
4.3.5　短视频营销 ·············· 102
4.3.6　E-mail 营销 ·············· 103
4.3.7　新闻组营销 ·············· 103
4.4　网络营销组合策略 ·············· 104
4.4.1　网络营销产品策略 ·············· 104

　　　　4.4.2　网络营销价格策略 ……………………………………… 107
　　　　4.4.3　网络营销促销策略 ……………………………………… 110
　　　　4.4.4　网络营销渠道策略 ……………………………………… 112

第5章　电子商务安全与支付 …………………………………… 118

　5.1　电子商务安全问题及分类 …………………………………………… 119
　　　　5.1.1　电子商务网络系统自身的安全问题 …………………… 119
　　　　5.1.2　电子商务交易信息传输中的安全问题 ………………… 120
　　　　5.1.3　电子商务企业内部安全问题 …………………………… 121
　　　　5.1.4　电子商务安全法律保障问题 …………………………… 121
　　　　5.1.5　电子商务信用安全问题 ………………………………… 121
　　　　5.1.6　电子商务安全支付问题 ………………………………… 122
　5.2　计算机病毒及其防范 ………………………………………………… 123
　　　　5.2.1　计算机病毒的产生、特征及危害 ……………………… 123
　　　　5.2.2　计算机病毒的预防、检测和清除 ……………………… 126
　5.3　防火墙技术 …………………………………………………………… 131
　　　　5.3.1　防火墙概述 ……………………………………………… 131
　　　　5.3.2　防火墙的功能与不足 …………………………………… 133
　5.4　电子商务安全技术 …………………………………………………… 135
　　　　5.4.1　加密技术 ………………………………………………… 135
　　　　5.4.2　数字信封技术 …………………………………………… 137
　　　　5.4.3　电子签名技术 …………………………………………… 138
　　　　5.4.4　认证技术 ………………………………………………… 139
　　　　5.4.5　区块链技术 ……………………………………………… 140
　　　　5.4.6　大数据技术 ……………………………………………… 140
　　　　5.4.7　数字时间戳 ……………………………………………… 141
　　　　5.4.8　公开密钥基础设施 ……………………………………… 142
　　　　5.4.9　数字证书的申请使用 …………………………………… 143
　5.5　电子商务安全协议 …………………………………………………… 144
　　　　5.5.1　SET协议 ………………………………………………… 144

5.5.2　SSL 协议 ………………………………………………… 145
5.6　电子支付概述 ………………………………………………… 146
　　5.6.1　电子支付的发展 …………………………………………… 146
　　5.6.2　电子支付的特点 …………………………………………… 148
　　5.6.3　电子支付的主要方式 ……………………………………… 148
5.7　第三方支付概述 ……………………………………………… 149
　　5.7.1　第三方支付的基本原理 …………………………………… 149
　　5.7.2　第三方支付的模式及流程 ………………………………… 150
　　5.7.3　第三方支付的促进与监督 ………………………………… 151
5.8　移动支付概述 ………………………………………………… 152
　　5.8.1　移动支付的概念 …………………………………………… 152
　　5.8.2　移动支付的分类 …………………………………………… 152
　　5.8.3　移动支付的流程 …………………………………………… 154

第 6 章　电子商务网站规划与建设 ……………………………… 158

6.1　电子商务网站规划 …………………………………………… 159
　　6.1.1　电子商务网站的概念和类型 ……………………………… 159
　　6.1.2　网站规划 …………………………………………………… 160
　　6.1.3　用户需求 …………………………………………………… 164
　　6.1.4　商务模式 …………………………………………………… 164
　　6.1.5　可行性分析 ………………………………………………… 165
　　6.1.6　制定网站建设项目规划书 ………………………………… 168
　　6.1.7　影响电子商务网站效能的因素 …………………………… 169
6.2　电子商务网站内容设计与开发 ……………………………… 169
　　6.2.1　电子商务网站内容设计的流程 …………………………… 169
　　6.2.2　电子商务网站信息结构的设计 …………………………… 170
　　6.2.3　网页的可视化设计 ………………………………………… 171
　　6.2.4　首页设计 …………………………………………………… 173
　　6.2.5　网页制作 …………………………………………………… 174
　　6.2.6　网站发布 …………………………………………………… 176

6.3 电子商务网站测试与维护 ·············· 177
　　6.3.1 软件测试 ·············· 177
　　6.3.2 网站测试 ·············· 178
　　6.3.3 网站维护 ·············· 182

第 7 章　电子商务中客户关系管理 ·············· 186

7.1 电子商务中客户关系管理概述 ·············· 188
　　7.1.1 电子商务中客户关系管理现状 ·············· 189
　　7.1.2 电子商务中客户关系管理优势 ·············· 189
　　7.1.3 电子商务中客户分析 ·············· 191
7.2 电子商务中的客户细分方法 ·············· 192
　　7.2.1 电子商务环境下客户细分的变化与特点 ·············· 193
　　7.2.2 电子商务中客户细分指标体系的设计 ·············· 194
　　7.2.3 电子商务中客户细分的主要步骤 ·············· 196
7.3 电子商务中的客户保持研究 ·············· 199
　　7.3.1 客户忠诚 ·············· 199
　　7.3.2 电子商务中客户忠诚的变化和特点 ·············· 201
　　7.3.3 提高客户忠诚度的方法 ·············· 202

第 8 章　新媒体营销 ·············· 205

8.1 新媒体营销概述 ·············· 207
　　8.1.1 新媒体营销的定义 ·············· 207
　　8.1.2 新媒体营销的特点 ·············· 207
　　8.1.3 新媒体营销的内容体系 ·············· 208
　　8.1.4 新媒体营销的平台 ·············· 210
8.2 微博营销 ·············· 211
　　8.2.1 微博概述 ·············· 211
　　8.2.2 微博营销的定义 ·············· 213
　　8.2.3 微博营销的应用 ·············· 214
8.3 微信营销 ·············· 216

8.3.1　微信简介 · 216
　　　8.3.2　微信的功能 · 216
　　　8.3.3　微信营销的形式 · 217
　8.4　今日头条营销 · 218
　　　8.4.1　今日头条概述 · 218
　　　8.4.2　今日头条推荐机制 · 220
　　　8.4.3　今日头条运营策略 · 221

第9章　农村电商　224

　9.1　农村电商概述 · 227
　　　9.1.1　农村电商的概念 · 227
　　　9.1.2　农村电商的特征 · 227
　　　9.1.3　农村电商的价值 · 228
　　　9.1.4　我国农村电商的发展现状 · 229
　9.2　农村电商的模式 · 230
　　　9.2.1　综合性第三方电子市场模式 · 230
　　　9.2.2　专业第三方电子市场模式 · 231
　　　9.2.3　电子拍卖第三方交易市场模式 · 232
　　　9.2.4　B2B电子市场交易模式 · 232
　　　9.2.5　（B+C）2B模式 · 232
　　　9.2.6　各种模式优劣势分析 · 233
　9.3　知名农村电商平台 · 235
　　　9.3.1　阿里巴巴 · 235
　　　9.3.2　京东 · 235
　　　9.3.3　苏宁易购 · 236
　　　9.3.4　中国邮政 · 236

第 1 章 电子商务概述

🔍 **学习目标**

1. 了解电子商务的概念、本质、特点和功能。
2. 掌握电子商务的主要分类。
3. 了解电子商务的产生与发展。
4. 熟悉电子商务行业的构成。
5. 掌握电子商务的关键技术。

🔍 **知识架构**

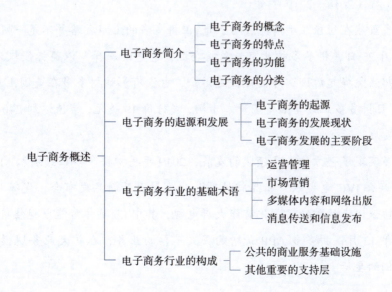

导入案例

拼 多 多

拼多多是我国电子商务企业三大"领头羊"之一,是网络上最早开始经营新模式电商的企业之一。2007年,黄峥辞去了谷歌的工作,先后创建了拼好货电子商务平台及上海寻梦信息技术有限企业。2015年,他创立了依靠"拼单"加"社交"新模式的拼多多,并成功上线。短短3年内从成立到上市,创造出电子商务运作C2B(消费者对企业)模式。目前,拼多多已成为国内移动互联网的主流电子商务企业,专注于C2M(消费者对工厂)拼团购物的新社交电商企业。

1. 企业定位与发展历程

拼多多的定位是新电商,坚持消费者优先,为消费者提供公平且最具性价比的选择,通过对潜在需求的有效挖掘和满足,有效促进了消费升级。

起步阶段(2015—2018年)

拼多多创始人黄峥作为技术型人才在谷歌任职多年,有丰富的网络知识及网络实践经验,在2007—2015年创建了拼好货电子商务平台及上海寻梦信息技术有限企业,2015年4月创立了拼多多,并成功上线。

2016年9月,拼多多与黄峥本人创办的拼好货合并,组建成为目前的拼多多企业。随着平台战略发展,拼多多在电商平台的地位越发巩固。从目前形势来看,拼多多以其火爆的社会营销模式和低成本的产品策略,在短期内吸引了大量的消费者。

上市阶段(2018—2019年)

拼多多虽然在短短3年内就成功上市,但拼多多的上市之路并不是一帆风顺的,2018年7月25日,拼多多被北京纸尿裤企业"爸爸的选择"以商标侵权为由在纽约南区联邦法院提起诉讼。即使被提起诉讼,也没有影响拼多多在美国上市,2018年7月26日拼多多正式登陆美国资本市场,发行价19美元,市值达到240亿美元。

蓬勃发展阶段(2019年至今)

拼多多实现了全方位、多领域的发展,2019年年初拼多多正式纳入MSCI,在8月17日联合JVC电视以"新品牌计划"为主题召开新品发布会,发布双方达成战略合作协议以来的首批定制化智能大屏电视,其中65英寸智能电视售价仅2 000元;2019年12月,拼多多APP新增购买火车票的业务,在扩大业务规模的同时,方便了人们的生活。

2. 战略决策与商业模式

（1）"非主流"的商业模式。不同于主流电商，拼多多主打"拼团＋低价"的社交电商模式。拼团，即通过用户的社交关系网来团体购物，进而获得低价产品；而低价，则体现在平台热卖的产品多为"低价爆款"。这些对不少消费者来说都具有极大的吸引力。

具体来看，拼多多平台为消费者提供了"单独购买"和"拼单购买"两种购物方式。虽说"单独购买"方式可以享受更快速的购买服务，但大多数人还是更倾向于选择价格更低的"拼单购买"。用户可以通过"加入已有拼单"来实现低价购买，也可以"发起新的拼单"，将产品链接转发分享至社交平台，与好友一起完成购物。这便是基于熟人的社交电商模式，"社交"提高了用户购物的参与感，而"熟人"则解决了信任问题。用户基于微信等社交平台找到熟人帮忙拼单，新加入的买家再次分享链接寻找熟人……如此一来，在社交网络的催化下，拼多多的用户数量实现了裂变式增长。

社交是人与人之间的连接，电商是人与物之间的连接。拼多多并不是社交电商的开创者，却找到了社交与电商之间的关联点。"低价爆款"的诱惑叠加"帮好友砍价"的人情社交，这种打法显然助力了拼多多的迅速壮大。

（2）背靠微信的低成本流量。互联网行业中，"流量为王"的法则已是尽人皆知。眼下，当主流电商单位获客成本居高不下（动辄220多元／人）之时，崛起初期的拼多多做到了单位获客成本10元以下；即便2018年第一季度因加大广告投入增加销售费用，单位获客成本增长至24.3元，但仍远低于传统电商。而这背后的关键，就在于微信的加持。

其实早在2016年B轮融资时，拼多多就已经获得了腾讯产业投资基金的参投；2018年2月，拼多多与腾讯进一步达成为期5年的战略合作框架协议。待到拼多多赴美上市后，腾讯持有其约17.8%的股份，已然成为拼多多第二大股东。

基于以上背景，拥有10亿名用户数量的微信，自然就成为拼多多的导流神器。除了前文所述的基于微信社交平台的拼团、分享与实现裂变外，微信还在其他方面向拼多多提供帮助。比如，腾讯允诺向拼多多提供微信钱包接口上的接入点，使其能够利用微信钱包的流量；此外，腾讯向拼多多提供微信支付服务，并且保证支付手续费率不高于其支付解决方案的正常费率。两家企业还在云服务和用户交互等多个领域探索合作机会，并拟分享技术和行政资源。这些或将进一步提升拼多多对微信流量的开发与应用。

（3）精准定位目标用户群体。从宏观层面看，国人的收入增长步调并不一致。对于大多数人来讲，价格仍旧是他们最为看重的，他们不会被高昂的价格绑架，即便产品再有品质和调性，消费体验再震撼、再新奇，消费者也不想花那么多钱来购买，他们需要的是高性价比。

正因为如此，那些绝对低价的产品有着极为广阔的市场需求。根据长尾理论，对于商家来说，最赚钱的并不是服务那些身处头部地位的高净值消费者，而是服务占人口总规模比例极大和相对普通、收入水平一般却能够带来巨大流量的人群。

按照我国目前的基本情况，人们的平均收入水平在一、二、三、四、五线城市大体上是逐级递减的，但三线及以下城市的人口规模要比一、二线城市大得多。拼多多能够迅速崛起，关键在于其敏锐地将目标用户群体定位到三线及以下城市规模较大、收入水平较低、价格敏感度较高的长尾用户上。三、四线城市居民的收入水平相对较低，对低价产品的需求旺盛。而智能手机在三、四线城市的普及，物流成本的逐步下降和居民收入水平的不断提升，都为拼多多在三、四线城市的发展奠定了基础。

此外，相比一、二线城市，大多数三线及以下城市居民的闲暇时间较多，有充足的时间去砍价，当然也有足够的时间为了几块钱的差价而周旋。拼多多的低价策略与拼团模式，恰恰是在收入维度与时间维度上都迎合了这部分人群的特质，这也是拼多多能够从竞争激烈的电商市场中脱颖而出的重要原因之一。

（4）发力广告投放巩固优势。"拼多多，拼多多，拼得多，省得多……"凭借简单的歌词和轻快的旋律，这首拼多多广告曲，一度成为"洗脑神曲"。而这，只是拼多多广告营销策略中的一步。在成立初期，拼多多主要通过拼单模式和有奖互动游戏获取新用户。这种营销方式使拼多多在三、四线城市迅速扩张，但在一、二线城市却没有太多知名度。自2016年10月起，拼多多开始在一、二线城市线下投放广告，到2017年7月，拼多多开始大举进攻国内娱乐综艺节目，成为众多热门综艺的赞助商，如《极限挑战》《欢乐喜剧人》《快乐大本营》等。拼多多营销策略的精准与清晰，有助于进一步巩固已有流量优势，并向一、二线城市逐步渗透。

互联网的迅速普及、商业竞争的极度激化、消费者消费理念的成熟和个性化需求，凸显了信息网络在市场竞争中的重要性，因此一旦网络技术可以支持电子商务的开展，网络用户群达到一定规模，电子商务便如火如荼地发展起来。电子商务不但改变了企业、消费者和各种各类组织，也极大地影响了世界各民族的政治、经济、文化、思想、法律等方方面面。电子商务的深入开展使得网络经济的内在规律充分展现，开创了人类历史的新纪元。

1.1 电子商务简介

随着以微电子、计算机、通信和网络技术为代表的电子信息技术的发展，电子信息技术作为工具被引入商贸活动中，开始了商务电子化的进程。但是人们发现电子化对商务的影响是如此巨大，"商务"一旦与"电子"尤其是与互联网结合，不但会带来高速度、高效率与高收益，还会产生很多意想不到或以前难以实践的商务模式、营销手段、管理方法等，对经济学、管理学的既有理论产生了冲击。于是，1996年产生了一个全新的概念——电子商务（electronic commerce，EC）。

1.1.1 电子商务的概念

电子商务是信息技术发展和全球经济一体化相互融合的必然结果，是信息技术应用于贸易等领域而形成的革命性的新兴贸易形式。电子商务正在我们身边迅速发展，但是对于什么是电子商务，至今仍没有一个被广泛接受的定义。

关于电子商务的解释，有关国际组织，各国政府、学者、企业界人士都根据自身所处的地位和对电子商务的参与程度，给出了不同的解释。

世界贸易组织（WTO）认为"电子商务可以简单地定义为：通过电子通信网络进行产品和服务的生产、市场营销、销售和分配"。

国际商会（ICC）于1997年11月在巴黎举行了"世界电子商务会议"（The World Business Agenda for Electronic Commerce）。到会的专家和代表认为，电子商务是指实现整个贸易活动的电子化。他们从不同的角度做了进一步的说明：从技术方面来说，电子商务是一种多技术的集合体，包括交换资料（如电子资料交换、电子邮件）、获得资料（如共享数据库、电子公告牌）以及自动捕获资料（如条码）等；从涵盖的范围方面来说，交易各方以电子交易的方式而不是通过当面或直接面谈的方式进行的任何形式的商业交易。电子商务涵盖的业务包括信息交换、售前售后服务、销售、电子支付、运输等。

经济合作与发展组织（OECD）在有关电子商务报告中认为，电子商务是指发生在开放网络上的包含企业之间、企业和消费者之间的商业交易，它包括组织与个人基于文本、声音、可视化图像等所进行的数字化数据传输与处理方面的商业活动。

美国政府在其《全球电子商务纲要》中比较笼统地指出，电子商务是指通过互联网进行的各项商务活动，包括广告、交易、支付、服务等活动，全球电子商务将涉及世界各国。

澳大利亚的电子商务专家小组在提交的《电子商务：法律框架的构造》中认为："电子商务是一个非常广泛的概念，它包含了任何以电子方式进行的商业活动，这些电子方式包括传真、电传、电子资料交换、互联网以及电话。鉴于报告的目的是将电子商务的范围限制于那些在电脑与电脑之间的通信，而不论该通信是运用一个开放式网络或是封闭式网络进行的贸易和商业活动。"

以上这些对电子商务的理解，都有其合理性，只不过它们描述问题的角度不同，因而解说略有差异。无论如何定义电子商务，电子商务的触角都迅速伸展到社会生活的方方面面，电子商务服务、网上销售、网上采购、网上供应链管理、虚拟企业、网络营销集成、电子商城、电子市场、电子政务、电子服务、网络教育、网络医疗等各种应用模式如雨后春笋般迅速产生，并被各行各业快速移植，产生了巨大的经济效益和社会效益。

从经济学的角度来看，电子商务推动了全球经济一体化的进程，世界经济再也不会轻易因政治集团或经济集团的利益而轻易被分隔。全球化的市场需求和供给都达到了前所未有的协调和统一，各种资源在全球进行着最优化的整合和配置，资源的价值被最大化地挖掘出来，创造出巨大的市场价值。电子商务的发展必将逐步消除世界经济的严重不平衡状态，克服自然条件、社会发展、思想文化、历史种族等差异，为人类创造更多的财富，实现共同繁荣。因此，电子商务可以定义为：电子商务是运用现代通信技术、计算机和网络技术运行的一种新的社会经济形态，其目的是通过降低社会经营成本、提高社会生产效率、优化社会资源配置，从而实现社会财富的最大化。

从管理学的角度看，电子商务奠定了现代管理思想和管理方法的基础，现实市场和网络市场相统一的供应链管理（SCM）、企业资源计划（ERP）、企业流程再造（BPR）、客户关系管理（CRM）、人力资源管理（HR），以及全新的战略管理、项目管理、品牌管理、公共关系管理、行政管理等管理思想，已经成为各种社会组织自觉的管理行为。管理的科学性、管理行为产生结果的可预见性和可控制性、管理模式的可移植性使得管理学的地位空前提高、管理学研究空前繁荣。从这个意义上来说，电子商务可定义为：电子商务是指各种具有商业活动能力和需要的实体（生产企业、商贸企业、金融企业、政府机构以及个人消费者等），为了跨越时空限制，提高商务活动效率，采用计算机网络和各种数字化传媒技术等电子方式实现产品交易和服务交易的一种贸易形式。

研究商务电子化的专家强调通信网络（主要是互联网）作为信息传递系统在商务中的应用以及信息技术如何为商务活动的开展提供支持，也考虑到信息技术在商务活动的哪些环节可以应用以及如何应用，如信息流、资金流通过网络转移的过程。电子商务是电子工具在商务过程中的应用，应用的前提和基础是完善的现代通信网络与人们思想意识的增强以及管理体制的转变，强调电子商务如何与社会经济活动结合，发挥应有的作用。

对电子商务功能和过程的研究则认为电子商务是一种建立在计算机与通信网络的基础上，利用电子工具实现商业交换和行政作业的全过程的商业方法，能满足企业、管理者和消费者在提高产品质量、加快产品或服务交付速度的同时降低服务成本的愿望。强调在商务活动中应用信息技术以及电子商务在商务活动中的作用和达到的效果。认为电子商务是物流与资金流的分离，信息流的作用日益突出，是一种新的商业模式和生产方式，强调电子商务的业务流程和实现过程。电子商务是把需要的信息在需要的时刻送达正确的地点，避免时间的浪费。强调信息处理和信息管理在电子商务中的核心地位，揭示电子商务的核心工作。

针对电子商务对企业的作用范围，专家认为电子商务有狭义和广义之分。狭义的电子商务也称作电子交易（e-commerce），主要是指利用 Web 提供的通信手段在网上进行交易。广义的电子商务是指包括电子交易在内的利用 Web 进行的全部商业活动，如市场分析、客户联系、物资调配等，也称作电子商业（e-business）。电子工具包括从初级的电报、电话到 NII（国家信息基础设施）、GII（全球信息基础设施）和互联网等现代系统，商务活动是从泛产品（实物与非实物、产品与产品化的生产要素等）的需求活动到泛产品的合理、合法的消费除去典型的生产过程后的所有活动。

综上所述，本书对电子商务的定义是：电子商务是指电子商务参与者面向全球网络市场和现实市场，利用现代通信网络和信息技术，通过自建电子商务平台或电子商务服务平台完成商务活动的过程。

商务活动包括与客户的信息沟通、电子数据交换、网络营销、网络交易、网络支付、供应链管理、客户关系管理、人力资源管理等各种在企业战略指导下，为了创造良好环境、扩大市场份额、建立品牌形象、提高资源利用效率和效益的活动。

现代通信网络主要是指互联网，但随着技术的进步，移动通信网络、物联网等都将是电子商务发展的平台，电子商务的范畴会更加宽广。

信息技术则涉及基于互联网、Web和移动互联网的各种网络开发、表现、体验和服务技术，新兴的云计算技术及其理念也已运用到电子商务中来。

电子商务是一个不断发展的概念，电子商务的先驱IBM企业于1996年提出了electronic commerce（e-commerce）的概念，到了1997年，该企业又提出了electronic business（e-business）的概念。但我国在引进这些概念的时候都翻译成电子商务，很多人对这两者的概念产生了混淆。事实上这两个概念及内容是有区别的，有人将e-commerce称为狭义的电子商务，将e-business称为广义的电子商务。e-commerce是指实现整个贸易过程中各阶段贸易活动的电子化。e-business是利用网络实现所有商务活动业务流程的电子化。e-commerce集中于电子交易，强调企业与外部的交易与合作，而e-business则把涵盖范围扩大了很多，广义上是指使用各种电子工具从事商务或活动，狭义上是指利用互联网从事商务活动。

目前，无论是联合国贸发会已颁布或正在起草的有关电子商务的法律文件，还是世界各国的电子商务法律文件，大都使用的是广义的电子商务的概念。与企业界所说的电子商务，在外延上有较大的不同。

我国企业界目前通常所指的电子商务，符合学者颜晓珂对电子商务所做的简短的解释，这一理解比较符合电子商务当前的现实状况，即电子商务中应用的电子手段不应包括电话、电报、传真和电视等电子工具。其理由如下。

从电子商务产生的背景来看，"电子商务"一词是20世纪90年代中期才出现并盛行的，其产生和发展依赖于互联网技术的日益成熟与发展及其广泛的应用。

因为只有在互联网开放的、交互多媒体融合的网络空间里,实质交易意义上的商业活动,才能全面展开。而传统的电子通信手段,只能为商业活动提供一些方便,并不能完全实现网络化商业交易的需要。

从互联网概念来看,它不是一种具体的物理网络,而是一种虚拟的计算机网络。它实际上把全世界各地已有的网络,如计算机网络、数据通信网以及公用电话交换网等通过 TCP/IP 协议相互联结,组成跨越国界的庞大的综合网络。因此,国际互联网实际包括互联网、Intranet、Extranet 以及其他局域网、广域网等网络。

综上所述,企业电子商务是指狭义的电子商务,即电子商务是基于国际互联网的各种商务活动。尽管定义上是狭义的,但这种电子商务的应用范围却并不狭窄。除货物贸易的电子交易外,电子商务还包括许多服务贸易活动在内,如数字化信息的联机传送、资金的电子转拨、股票的电子交易、网上商业拍卖、合作设计与施工、远程联机服务及文件共享等。它既涉及产品的买卖(如各种生产物资、消费品等),又涉及服务的提供(如信息服务、金融服务、中介服务等);既有传统的社会专业服务内容(如医疗保健、教育等),又有新兴的交易形式(如虚拟商店、电子市场等)。目前,基于互联网的电子商务活动日趋活跃。

1.1.2 电子商务的特点

1. 市场全球化

凡是能够上网的人,无论是在南非上网还是在北美上网,都将被包容在一个市场中,有可能成为上网企业的客户。

2. 交易快捷化

电子商务能在世界各地瞬间完成传递与计算机自动处理,而且无须人员干预,加快了交易速度。

3. 交易虚拟化

通过以互联网为代表的计算机互联网络进行的贸易,双方从开始洽谈、签约到订货、支付等,无须当面进行,均通过计算机互联网络完成,整个交易完全虚拟化。

4. 成本低廉化

由于通过网络进行商务活动,信息成本低,足不出户,可节省交通费,且减少了中介费用,因此整个活动成本大大降低。

5. 交易透明化

电子商务中,双方的洽谈、签约,以及货款的支付、交货的通知等整个交易过程都在电子屏幕上显示,因此显得比较透明。

6. 交易标准化

电子商务的操作要求按统一的标准进行。

7. 交易连续化

国际互联网的网页,可以实现 24 小时的服务。任何人都可以在任何时候向网上企业查询信息,寻找问题的答案。企业的网址成为永久性的地址,为全球的用户提供不间断的信息源。

1.1.3 电子商务的功能

1. 广告宣传

电子商务可凭借企业的 Web 服务器和客户的浏览,在互联网上发布各类商业信息。客户可借助网上的检索工具(search)迅速地找到所需产品信息,而商家可利用网上主页和电子邮件(E-mail)在全球范围内做广告宣传。与以往的各类广告相比,网上的广告成本最为低廉,而给客户的信息量却最为丰富。

2. 咨询洽谈

电子商务可借助非实时的电子邮件、新闻组和实时的讨论组来了解市场和产品信息,洽谈交易事务,如有进一步的需求,还可用网上的白板会议来交流即时的图形信息。网上的咨询和洽谈能超越人们面对面洽谈的限制,提供多种方便的异地交谈形式。

3. 网上订购

电子商务可借助 Web 中的邮件交互传送实现网上的订购。网上的订购通常都是在产品介绍的页面上提供十分友好的订购提示信息和订购交互格式框。当客户填完订购单后,系统通常会回复确认信息单来保证订购信息的收悉。订购信息也可采用加密的方式使客户和商家的商业信息不会被泄露。

4. 网上支付

电子商务要成为一个完整的过程,网上支付是重要的环节。客户和商家之间可采用信用卡账号进行支付。在网上直接采用电子支付手段将可省略交易中很多人员的开销。网上支付需要更为可靠的信息传输安全性控制,以防止欺骗、窃听、冒用等非法行为。

5. 电子账户

网上支付必须有电子金融支持，即银行或信用卡企业及保险企业等金融单位要为金融服务提供网上操作的服务，而电子账户管理是其基本的组成部分。信用卡号或银行账号都是电子账号的一种标志，而其可信度需配以必要技术措施来保证，如数字证书、数字签名、加密等手段的应用保证了电子账号操作的安全性。

6. 服务快递

客户付款后，应将其订购的货物尽快地传递到他们的手中。有些货物在本地，有些货物在异地，电子邮件能在网络中进行物流的调配，而最适合在网上直接传递的货物是信息产品，如软件、电子读物、信息服务等。它能直接从电子仓库中将货物发到用户端。

7. 意见征询

电子商务能十分方便地采用网页上的"选择""填空"等格式文件来收集用户对销售服务的反馈意见，这样能使企业的市场运营形成一个封闭的回路。客户的反馈意见不仅能提高售后服务的水平，还能使企业获得改进产品、发现市场的商业机会。

8. 交易管理

整个交易的管理将涉及人、财、物多个方面，涉及企业和企业、企业和客户及企业内部等各方面的协调和管理。因此，交易管理是涉及商务活动全过程的管理。

1.1.4 电子商务的分类

1. 按照交易对象分类

（1）企业与消费者之间的电子商务（business to consumer，B2C）。这是消费者利用互联网直接参与经济活动的形式，类似于商业电子化的零售商务。B2C 就是企业通过网络销售产品或服务给个人消费者。企业厂商直接将产品或服务推上网络，并提供充足的资讯与便利的接口吸引消费者选购，这也是目前常见的作业方式。B2C 模式是我国最早产生的电子商务模式，以 8848 网上商城正式运营为标志。这种模式节省了客户和企业的时间与空间，因此大大提高了交易效率，节省了宝贵的时间。

（2）企业与企业之间的电子商务（business to business，B2B）。B2B方式是电子商务应用最多和最受企业重视的形式，企业可以使用互联网或其他网络对每笔交易寻找最佳合作伙伴，完成从订购到结算的全部交易行为。

B2B电子商务是指以企业为主体，在企业之间进行的电子商务活动。B2B电子商务是电子商务的主流，也是企业面临激烈的市场竞争、改善竞争条件、建立竞争优势的主要方法。B2B电子商务将会为企业带来更低的价格、更高的生产率和更低的劳动成本以及更多的商业机会。

典型的B2B有阿里巴巴、中国制造网、敦煌网、慧聪网等。B2B按服务对象可分为外贸B2B和内贸B2B，按行业性质可分为综合B2B和垂直B2B。

（3）企业与政府之间的电子商务（business to government，B2G）。B2G是新近出现的电子商务模式，它覆盖企业与政府之间的各项事务。政府通过网上服务，为企业创造良好的电子商务空间，主要事务包括：网上报批、网上报税、电子缴税、网上报关、EDI报关和电子通关等；企业对政府发布的采购清单，以电子化方式回应；企业对政府的工程招标，进行投标及竞标；政府可经过网络实施行政事务的管理，如政府管理条例和各类信息的发布；涉及经贸的电子化管理；价格管理信息系统的查询；工商登记信息、统计信息和社会保障信息的获取；咨询服务政策指导；政策法规和议案制订中的意见收集；网上产权交易、各种经济法政策的推行；等等。

（4）消费者与消费者之间的电子商务（consumer to consumer，C2C）。C2C是指消费者与消费者之间的互动交易行为，这种交易方式是多变的。例如，消费者可同在某一竞标网站或拍卖网站中，共同在线上出价而由价高者得标，或由消费者自行在论坛或BBS上张贴布告以出售二手货品，甚至是新品。诸如此类因消费者间的互动而完成的交易，就是C2C的交易。

C2C是用户对用户的模式，C2C商务平台就是通过为买卖双方提供一个在线交易平台，使卖方可以主动提供产品上网拍卖，而买方可以自行选择产品进行竞价。典型的C2C是百度C2C、淘宝网等。

（5）消费者与企业之间的电子商务（consumer to business，C2B）。C2B通常的情况为消费者根据自身需求定制产品和价格，或主动参与产品设计、生产和定价，产品、价格等彰显消费者的个性化需求，生产企业进行定制化生产。

（6）线上与线下相结合的电子商务（online to offline，O2O）。O2O通过网购导购机，把互联网与地面店完美对接，实现互联网落地。让消费者在享受线上优惠价格的同时，又可享受线下贴心的服务。中国较早转型 O2O 并成熟运营的企业代表为家具网购市场领先的美乐乐，其 O2O 模式具体表现为线上家具网与线下体验馆的双平台运营。

（7）企业网购引入质量控制（enterprise online shopping introduce quality control，B2Q）。交易双方网上先签交易合同，签单后根据买方需要可引进公正的第三方（验货、验厂、设备调试工程师）进行产品品质检验及售后服务。

2. 按照支付发生情况分类

按照是否有支付情况发生，电子商务可以分为电子事务处理和电子贸易处理。前者的应用如网上报税、网上办公等，后者的应用如网上购物、网上交费等。

3. 按照商务活动内容分类

按照商务活动的内容分类，电子商务主要包括两类商业活动：①间接电子商务——有形货物的电子订货，它仍然需要利用物流系统，将货物运送到消费者手中。一般来说，电子商务的物流配送会通过第三方物流企业来完成，如邮政服务和商业快递送货等。②直接电子商务——无形货物和服务，如计算机软件、数码产品、娱乐内容的网上订购、付款和交付。一般来说，间接电子商务受到物流配送系统的约束，直接电子商务则无须考虑地理界限，可直接进行交易。

4. 按照使用网络类型分类

根据使用网络类型的不同，电子商务目前主要有以下三种形式。

（1）EDI 商务。EDI 即电子数据交换，EDI 商务是指主要应用于企业与企业、企业与批发商、批发商与零售商之间的商务。相对于传统的订货和付款方式，EDI 大大节约了时间和费用。由于 EDI 必须租用 EDI 网络上的专线，即通过购买增值网（value added network，VAN）服务才能实现，费用较高。也由于需要有专业的 EDI 操作人员，并且需要贸易伙伴使用 EDI，因此中小企业很少能够使用 EDI。这种状况使 EDI 虽然已经存在了 20 多年，但至今仍未广泛普及。近年来，随着互联网的迅速普及，基于互联网的、使用可扩展标识语言 XMl 的 EDI，即 Web-EDI，或称 open-EDI，正在逐步取代传统的 EDI。

（2）互联网商务。互联网商务是国际现代商业的最新形式。它以信息技术为基础，通过互联网络，在网上实现营销、购物服务。它突破了传统商业生产、批发、零售及进、销、存、调的流转程序与营销模式，真正实现了少投入、低成本、零库存，从而实现社会资源的高效运转。消费者可以不受时间、空间、厂商的限制，广泛浏览，充分比较，模拟使用，力求以最低的价格获得最为满意的产品和服务，特别是互联网全球联网的属性使在全球范围内实行电子商务成为可能。

（3）Intranet 商务和 Extranet 商务。Intranet 是在互联网基础上发展起来的企业内部网，或称内联网。Intranet 与互联网采用相同的技术，在与互联网连接时，设有互联网企业防火墙，这样可有效地防止未经授权的外来人员进入企业内部网。Intranet 将大、中型企业总部和分布在各地的分支机构及企业内部有关部门的各种信息通过网络予以连通，使企业各级管理人员能够通过网络读取自己所需的信息，利用在线业务的申请和注册代替纸张贸易和内部流通的形式，从而有效地降低了交易成本、提高了经济效益。在 Intranet 商务的基础上，两个或多个 Intranet 用户可以根据需要，通过 Extranet 联结，使业务的上下游结合通畅，提高交易效率。

电子商务可以有各种分类，但最主要的还是 B2B 和 B2C 两种形式，主要借助互联网实现其交易。

1.2　电子商务的起源和发展

1.2.1　电子商务的起源

广义的电子商务的起源可以追溯到 19 世纪 40 年代电报刚刚问世时，商人们为了加快贸易信息传递，采用莫尔斯码点和线的形式传输贸易信息，这标志着运用电子手段进行商务活动进入新纪元。后来，利用电话、传真等传递商贸信息的活动应该是电子商务活动的开端。现代商务一直与电子技术密切地联系在一起。

但是真正意义上对电子商务的研究和应用始于 20 世纪 70 年代末。可以把电子商务的发展分为两个阶段，即始于 20 世纪 80 年代中期的 EDI 电子商务和始于 20 世纪 90 年代初期的互联网电子商务。

1. EDI 电子商务

EDI 即电子数据交换，是指按照统一规定的一套通用标准格式，将标准的经济信息，通过通信网络传输，在贸易伙伴的电子计算机系统之间进行数据交换和自动处理。它是 20 世纪 80 年代发展起来的一种电子化商业贸易工具，是现代计算机技术与网络通信技术相结合的产物。

早在 20 世纪 70 年代末，就出现了作为企业间电子商务应用系统雏形的 EDI

和 EFT（电子资金传送），而实用的 EDI 商务在 80 年代得到了较大的发展。EDI 电子商务主要是通过增值网络 VAN 实现的，通过 EDI 网络，双方可以将交易中产生的询价单、报价单、订购单、收货通知单、货物托运单、保险单和转账发票等以规定的标准格式在双方的计算机系统上进行端对端的数据传送。

到了 90 年代，EDI 电子商务技术已经十分成熟。应用 EDI 使企业实现了"无纸贸易"，大大提高了工作效率，降低了贸易成本，减少了由于失误造成的损失，加强了贸易伙伴之间的合作关系，因此在国际贸易、海关业务和金融领域得到了大量的应用。

但是 EDI 电子商务的解决方式建立在大量功能单一的专用软硬件设施的基础上。当时的网络技术的局限性限制了 EDI 的应用范围扩大，同时 EDI 对技术、设备、人员有较高的要求，并且使用价格极为昂贵。受这些因素的制约，EDI 电子商务仅局限在先进国家和地区以及大型的企业范围内应用，在世界范围内得不到广泛的普及和发展，大多数中小企业难以应用 EDI 开展电子商务活动。

2. 互联网电子商务

（1）互联网的发展。现代意义上的电子商务是国际互联网技术成熟后才开始的。

1990 年，互联网进入以资源共享为中心的实用服务阶段。

1991 年，美国政府宣布互联网向社会公众开放，允许在网上开发商业应用系统。

1992 年，互联网主干网上的计算机发展到 4 500 台。

1993 年，万维网（World Wide Web）在互联网上出现，这是一种具有处理图文、声像等超文本对象能力的网络技术，使互联网具备了支持多媒体应用功能。

1995 年，互联网上的商业信息量首次超过科教信息量，这既是互联网此后出现爆炸性发展的标志，也是电子商务进入规模发展的标志。

20 世纪 90 年代中期后，互联网迅速普及化，逐步从大学、科研机构走向企业和百姓家庭，其功能也已从信息共享演变为一种大众化的信息传播工具。从 1991 年起，一直排斥在互联网之外的商业贸易活动正式进入这个王国，从而使电子商务成为互联网应用的最大热点。

（2）互联网的优势。互联网电子商务是主要以飞速发展的遍及全球的互联网络为架构、以交易双方为主体、以银行支付和结算为手段、以客户数据库为依托的全新商业模式。

互联网电子商务利用互联网的网络环境进行快速、有效的商业活动,从单纯的网上发布信息、传递信息到网上建立信息中心;从借助传统贸易的某些手段的不成熟的电子商务交易到能够在网上完成供、产、销全部业务流程的电子商务虚拟市场;从封闭的银行电子金融系统到开放式的网络电子银行,互联网电子商务活动给企业在增产值、降成本、创造商业机会等方面带来了很多益处。除了互联网的发展外,信息技术也得到了全面的发展。

互联网电子商务之所以受到重视,是因为它具有区别于其他方式的特点。它可以使企业从事在物理环境中所不能从事的业务,有助于降低企业成本、提高企业的竞争力。尤其是为各种各样的企业,无论大小,不分"贵贱"地都提供了广阔的发展天地和商机,帮助它们节约成本,增加价值,拓展市场,提高效率并抓牢客户。中小企业可以用更低的成本进入国际市场参与竞争。同时,它能为广大的网上消费者增加更多的消费选择,使消费者得到更多的利益。电子商务也是一场革命,它打破了时空的局限,改变了贸易形态,使互联网成为一种重要的业务传送载体,汇聚信息,生成新的业务,产生新的收入;使企业可以进行互联的交易,使业务交往个人化和具有动态特征,以赢得用户的欢迎,获得效益。

互联网电子商务迅速兴起的另一个深刻背景是互联网的爆发性发展,促进了信息技术更加广泛的应用,由此引起的剧烈的全球性竞争要求企业具有比竞争对手更大的灵活性,来响应业务需求的变化,提高投资回报率,缩短新产品上市时间,提供最佳的价格、及时的产品交付和较好的售后服务。为了适应新的市场发展需要,全球的企业经营模式面临新的挑战,企业必须调整自己的经营方式和产业结构才能够在激烈的国际竞争中立于不败之地。电子商务的应用已经成为企业在商场上克敌制胜的关键,传统的商业活动进入新的电子商务时代。

1.2.2 电子商务的发展现状

随着计算机信息技术的快速演变与互联网 1.0 向 2.0 的不断纵深发展,以虚拟经济为依托的电子商务正在逐步走上历史舞台,发展成为新兴产业的中坚力量。信息经济时代,电子商务对经济发展的影响呈现出明显的"乘数效应",带动传统经济领域的二次腾飞,创造大量的就业机会,为实现经济的快速稳定增长起到至关重要的推动作用。可以说,电子商务正在发挥着越来越重要的基础设施平台作用,汇聚了海量生产信息、交易信息与消费者信息,深刻改变着消费行为、企业形态与社会价值创造方式，对世界经济发展的深远意义远远超过工业时代。

目前，我国电子商务的发展还缺乏专项的规划与技术经济政策；市场环境和运行环境还不完善；部分地区宽带网络反应速度还比较慢；信息产业的技术水平低，市场占有率低；重大应用工程还需借助世界发达国家的力量；部分企业采用电子商务的新技术还缺乏人力、物力等，基础工作薄弱，缺少信息技术型人才。

1. 电子商务面临的问题

（1）基础设施问题。电子商务是基于互联网络的交易活动，实时性和速度是实现电子交易的关键；要想让其提高实时性与速度，必须加强基础设施建设。目前，我国网络的基础设施已经得到明显改善，全国4G移动宽带已经覆盖98%以上的行政村。

（2）人才问题。在如今迅猛发展的互联网络中，想要使互联网企业可以游刃有余地发展，除了有资金的要求外，拥有一批掌握先进互联网技术的复合型人才也是企业发展的重点。事实证明，约有80%的企业需要这种人才来完善和发展该企业的电子商务。因此，从根本上解决人才问题是实现电子商务稳步发展的前提。

（3）物流配送问题。电子商务与物流业有着密不可分的关系。电子商务的不断发展对物流配送方面的要求也越来越高，物流配送是电子商务发展的重要环节。目前，人们重视电子商务的发展，却忽略了物流业的发展，在物流配送方面缺少具备物流知识和操作经验的专业型人才。

（4）安全问题。网络安全问题是影响电子商务广泛应用的重要问题。随着电子商务的快速发展，用户个人信息保护的重要性逐渐凸显出来，"大数据杀熟"、私人数据信息泄露等问题依然时有发生。在建立安全可靠的网络环境、防止窃取资料等方面还需要我们进一步完善。

（5）法律制度问题。在交易方面需保障用户个人资料的隐私权，保证消费者在网络交易中的权益不受侵害。在电子支付方面也需出台相应的法律法规，明确支付时的付款人、收款人与银行之间的关系，防止虚假交易、违法交易，完善对于网络欺诈等行为的惩罚。

2. 发展电子商务的对策

（1）进一步加强基础设施的建设。电子商务是依靠互联网络发展的，必须加大力量进行各种网络信息传输设施的建设、信息技术的开发、设备的研制等。应该建立高速的宽带网络，提高网络的速度，降低上网的费用；组织技术部门开发和引进相关的软件设备；采用融资和优惠政策来加快基础设施的完善；降低收费标准，提高用户对电子商务的接受程度。总之，应使电子商务市场有良好的发展平台和网络环境。

（2）培养高级人才。电子商务的发展不仅受技术方面的影响，还受人才方面的影响。对于人才问题，我们应引进和培养新人才，留住原有的人才。并对培养电子商务人才的重要性进行宣传；通过政府的力量鼓励教育部门开设关于网络、电子商务等方面的课程，培养专业的高级复合型人才，不断提高人才的综合素质。注重将理论和实践结合在一起，培养专业型人才。

（3）推动物流业发展。电子商务的发展离不开物流业的配合，电子商务的飞速发展也会带动物流业的发展。加强中西部偏远山区的物流体系建设；建立系统的物流配送体系，减少产品的流通时间，降低流通费用；建立多个配送中心，改善配送渠道；提高物流从业人员的管理水平和素质，培养物流人才，加强物流发展，实现物流的现代化和科学化。

（4）提高安全防范意识。要想有一个安全的网络交易环境，就要加强人们的网络安全意识；建立安全、可靠的网络交易平台；在原有的基础上加强安全措施，用加密、身份验证、防火墙等来保证数据的安全性；保证交易记录的完整性，提高电子商务的可信度。用户也应增强自身安全防范意识，发现问题及时解决。可利用其他国家的先进技术，结合本国的需要，针对问题开发出自己的安全方案。

（5）完善制度，加强立法。从平时存在的问题来看，我们应制定与电子商务相关的法律，就纳税、消费者权益、公共平台、技术标准等方面做出规定，明确买卖双方的权利和义务，保证在电子商务交易中的买方和卖方的权益都得到保障。加强与政府的沟通，发现问题，提出相关建议，为出台政策做好准备，增强政策的实用性。只有不断发现问题、解决问题，完善制度与法律，才能使电子商务事业不断地蓬勃发展。

1.2.3 电子商务发展的主要阶段

电子商务发展的历史虽然不长，但已经经历了以下四个阶段。

（1）电子数据交换（EDI）阶段。电子商务实际上在网络出现以前就已存在。1994年之前，企业层面的电子商务是通过EDI进行的。EDI指的是商业交易信息（如发票和订单）以一种业界认可的标准方式在计算机与计算机间的传输。对于某些交易来说，在减少交易错误和缩短处理时间方面，EDI 发挥了重大作用，但这是以巨大的成本为代价的。① EDI 通常经过专有增值网络进行，这需要花费一大笔投资。② EDI 离不开分布式软件，这种软件既昂贵又复杂，给参与者增添了很大的负担。③ EDI 是批量传输的，影响了实时生产、采购和定价。由于这些原因，EDI 从未真正普及过。

（2）基础电子商务阶段。在这一阶段，买家和卖家开始尝试在没有中介的情况下开展交易。成功的先行者（如思科和戴尔）把它们的网站当作主要的销售渠道，它们通常是技术企业，面向懂技术的客户，没有或只有很少的渠道冲突。对其他大多数企业而言，它们仍然只把网站当作展示产品目录和市场推广材料的地方。

（3）商务社区阶段。在此阶段，第三方目的网站（third-party Web destination）开始把交易双方带到共同的社区之中。商务社区创造了市场透明度，一旦买家和卖家开始定期在社区中会面，各种各样的可能性就会出现。这一阶段还拥有很大的发展空间。

（4）协同商务（collaborative commerce）阶段。协同商务就是将具有共同商业利益的合作伙伴整合起来，主要是通过对整个商业周期中的信息进行共享，实现和满足不断增长的客户需求，同时也满足企业本身的获利能力。通过对各个合作伙伴的竞争优势的整合，共同创造和获取最大的商业价值以及提供获利能力。商业合作伙伴间的几乎每一个业务流程都可以借助网络加以改善或重组。它面临的障碍很多，但也蕴藏着重大的机会。

1.3 电子商务行业的基础术语

1.3.1 运营管理

电子商务在运营管理方面有以下基础术语。

（1）PV。PV（page view），即页面浏览量或点击量，网页被浏览的总次数。一个用户有可能创造十几个甚至更多的 PV，用户每次刷新即被计算一次（因此现在虚假刷 PV 的网站很多），是目前判断网站访问流量最常用的计算方式之一，也是反映一个网站受欢迎程度的重要指标之一。另外还有两个重要指标：① UV（独立访客，unique visitor/user）。访问网站的一台计算机客户端为一个访客，相同的客户端只被计算一次。②IP（internet protocol），是指独立IP数，相同的IP地址只被计算一次。

（2）重复购买率。重复购买率是指消费者在网站中的重复购买次数，重复购买率越大，则反映消费者对该网站的忠诚度越高；反之则越低。

（3）客单价。客单价（per customer transaction）是指每一个订单的平均购买产品金额，也就是平均交易金额。

1.3.2 市场营销

1. 网络营销

（1）口碑营销。口碑源于传播学，口碑营销被业内人士称为"病毒式营销"，是指企业通过朋友、亲戚的相互交流，将自己的产品信息或者品牌传播开来。口碑营销方式的成功率高、可信度强，产品拥有一个良好的口碑，会产生更大的利润价值。

（2）网络广告。网络广告就是在网络上做的广告。它是指利用网站上的广告横幅、文本链接、多媒体的方法，在互联网上刊登或发布广告，通过网络传递到互联网用户的一种高科技广告运作方式。

（3）媒体营销。媒体营销包括社会媒体营销、新媒体营销、跨媒体整合营销。社会媒体营销即利用社会化网络（如脸书、YouTube、MySpace和推特），以及各种博客和论坛进行营销。在Web 2.0带来巨大革新的年代，营销思维也产生了巨大改变，更加注重体验性（experience）、沟通性（communicate）、差异性（variation）、创造性（creativity）和关联性（relation），互联网已经进入新媒体传播2.0时代，并且出现了网络杂志、博客、SNS、RSS、WIKI、直播、短视频等新兴媒体。跨媒体整合营销是指在获取传统媒体内容资源的同时，和它建立起一种共享型的盈利模式。例如，在日益激烈的传媒竞争环境中，网络媒体对于电视的冲击似乎远没有想象得大。相反，在微妙的互补关系之下，传统电视媒体与互联网媒体两大领域慢慢走向反向融合的发展之道。

（4）事件营销。事件营销是指企业通过策划、组织和利用具有新闻价值、社会影响以及名人效应的人物或事件，吸引媒体、社会团体和消费者的兴趣与关注，以求提高企业或产品的知名度、美誉度，树立良好的品牌形象，并最终促成产品或服务的销售手段和方式。由于这种营销方式受众面广、突发性强，在短时间内能使信息达到最大、最优传播的效果，为企业节约大量的宣传成本，近年来越来越成为国内外流行的一种公关传播与市场推广手段。

（5）搜索引擎营销（search engine marketing，SEM）。简单来说，SEM 就是基于搜索引擎平台的网络营销，利用人们对搜索引擎的依赖和使用习惯，在人们检索信息的时候尽可能将营销信息传递给目标客户。

（6）电子邮箱营销（E-mail direct marketing，EDM）。EDM 是在用户事先许可的前提下，通过电子邮件的方式向目标用户传递价值信息的一种网络营销手段。

（7）交换链接。交换链接，也称友情链接、互惠链接、互换链接等，是具有一定资源互补优势的网站之间的简单合作形式，即分别在自己的网站上放置对方网站的 Logo 或网站名称，并设置对方网站的超级链接，使得用户可以从合作网站中发现自己的网站，达到互相推广的目的。

（8）竞价排名。竞价排名，是把企业的产品、服务等通过以关键词的形式在搜索引擎平台上推广，它是一种按效果付费的新型而成熟的搜索引擎广告。用少量的投入就可以给企业带来大量潜在客户，有效提高企业销售额。竞价排名由百度在国内率先推出。企业在购买该项服务后，通过注册一定数量的关键词，其推广信息就会率先出现在网民相应的搜索结果中。

（9）论坛营销。论坛营销是指企业利用论坛这种网络交流的平台，通过文字、图片、视频等方式发布企业的产品和服务的信息，从而让目标客户更加深刻地了解企业的产品和服务，最终宣传企业的品牌、加深市场认知度的网络营销活动。

2. 网络广告

（1）软文（advertorial）。软文是一种付费文字广告，故意设计成像一篇普通的文章。

（2）横幅广告（banner）。横幅广告是网络广告的主要形式，一般使用 GIF 格式的图像文件，可以使用静态图形，也可用多帧图像拼接为动画图像。

（3）图标广告（button）。这是网络广告最早和常见的形式。通常是一个链接着企业的主页或站点的企业标志，并注明"click me"字样，希望网络浏览者主动来点击。

（4）通栏广告。这是一种具有唯一性的多媒体推广方式，通栏广告展示区在搜索结果列表的上方，企业可以根据需要购买通栏广告，当买家搜索时，购买了通栏广告的企业广告会显示在展示区中。

（5）文本链接广告。文本链接广告是以一排文字作为一个网络广告，点击就可以进入相应的广告页面。这是一种对浏览者干扰最少，但却较有效果的网络广告形式。有时候，最简单的广告形式效果却最好。

（6）直投（EDM）。EDM 一般通指电子邮件广告，有别于传统的 DM，除可加强其声音效果外，还可依据收信者的个人偏好制作一对一的促销邮件。

3. 广告效果指标

（1）点击量/点击次数。点击量/点击次数（click through）是指用户点击网络广告的次数，是评估广告效果的指标之一。

（2）点击通过率（click through rate，CTR）。CTR 是指网络广告的实际点击次数（严格来说，可以是到达目标页面的数量）除以广告的展现量（show content），是评估广告效果的指标之一。

（3）按销售付费（cost per sales，CPS）。CPS 是指以实际销售产品数量来换算广告刊登金额，是电子商务最常用的广告形式。

（4）每千人印象成本（cost per mill-impression，CPM）。CPM 即广告条每显示1 000 次（印象）的费用。CPM 是最常用的网络广告定价模式之一。

（5）每千人点击成本（cost per thousand click-through，CPC）。CPC 即每千人点击费用，以实际点击的人数为标准来计算广告费用。按照广告点击付费是互联网广告最早的计费方式。如关键词广告一般采用这种定价模式。

（6）每次行动成本（cost per action，CPA）。CPA 是指根据每个访问者对网络广告所采取的行动收费的定价模式。对于用户行动有特别的定义，包括形成一次交易、获得一个注册用户或者对网络广告的一次点击等。

1.3.3 多媒体内容和网络出版

1. 多媒体内容

多媒体（multimedia）是指在计算机系统中，组合两种或两种以上媒体的一种人机交互式信息交流和传播媒体。使用的媒体包括文字、图片、照片、声音（包含音乐、语音旁白、特殊音效）、动画和影片，以及程序所提供的互动功能。多媒体作品通过光盘和网络发行。一般的多媒体系统由以下四部分内容组成。

（1）多媒体硬件系统。多媒体硬件系统包括计算机硬件、声音/视频处理器、多种媒体输入/输出设备及信号转换装置、通信传输设备及接口装置等。其中，最重要的是根据多媒体技术标准而研制生成的多媒体信息处理芯片和板卡、光盘驱动器等。

（2）多媒体操作系统。多媒体操作系统是多媒体核心系统（multimedia kernel system），具有实时任务调度、多媒体数据转换和同步控制、对多媒体设备的驱动和控制，以及图形用户界面管理等功能。

（3）媒体处理系统工具。媒体处理系统工具或称为多媒体系统开发工具软件，是多媒体系统重要组成部分。

（4）用户应用软件。用户系统软件是指根据多媒体系统终端用户要求而定制的应用软件或面向某一领域的用户应用软件系统，它是面向大规模用户的系统产品。

2. 网络出版

网络出版，又称互联网出版，是指具有合法出版资格的出版机构，以互联网为载体和流通渠道，出版并销售数字出版物的行为。

网络出版目前大约有 5 种模式：①目前国外较为流行的自行出版模式，个人就是在线出版商。②以网络企业为主体，谋求各种出版商服务或者代理权，出版电子图书并进行销售，然后给出版商版税。③出版商自行出版发行电子图书。④POD（按需印刷），这是一种比较成熟的模式，在美国进行绝版书和小批量书的出版发行。⑤比较典型的微软开发的 Ebook 软件。

根据上述对网络出版的理解，网络出版具有下列特点。

（1）主体合法性。在我国，从事出版活动，必须取得政府主管部门的许可。

（2）产品数字化。网络出版在产品形态上表现为网络出版物。产品数字化，是网络出版的一般属性。这一属性与纸介出版物具有本质的区别，但与 CD-ROM、CD、VCD、DVD 等音像制品和电子出版物是一样的。

（3）流通网络化。网络出版物在流通形态上，表现为通过互联网以数字形式进行传送（下载），直接面对终极用户，完成流通过程。流通网络化，是区别于纸介出版物和以 CD-ROM、CD、VCD、DVD 为表现形式的音像制品和电子出版物的本质特征。

（4）交易电子化。网络出版，从产品形态、流通方式到支付方式整个交易过程均实现了电子化，尤其是支付手段，用户只能通过信用卡、通过网上银行实时付款，才能进行下载，完成交易过程。交易电子化使网络出版物的销售实现了百分之百的电子商务，这是网络出版的显著特征。

1.3.4 消息传送和信息发布

1. 消息传送

在电子商务活动中,交易参加者在交易之前必然要进行大量的信息交流工作。信息传送的基础设施是互联网,它可以为信息交流提供各种服务,一般是指文件传送、电子邮件、超文本传送等。

消息传送是从一端将命令或状态信息经信道传送到另一端,分有线和无线两种,有线为电话线或专用电缆;无线是利用电台、微波及卫星技术等。消息本身并不能被传送,必须有载体,如数据、语言、信号等,且传送方面对载体有共同解释。

2. 信息发布

信息发布是指能够大量地、自动地、不受限制地把信息群发出去。一般有主要的信息发布系统。信息发布系统由服务器、网络、播放器、显示设备组成,将服务器的信息通过网络(广域网/局域网/专用网都适用,包括无线网络)发送给播放器,再由播放器组合音视频、图片、文字等信息(包括播放位置和播放内容等),转换为给液晶电视机等显示设备可以接收的音视频格式,从而形成音视频文件的播放,这样就形成了一套可通过网络将所有服务器信息发送到终端的链路,实现一个服务器可以控制全市、全国甚至全世界的网络广告机终端,那么在世界的任何一个有网络覆盖的位置都可以实现广告的发布,不但节省人工费用,而且使得信息发布更加安全、准确、快捷。

信息发布系统主要包括中心控制系统、终端显示系统和网络平台。

中心管理系统软件安装于管理与控制服务器上,包括资源管理、播放设置、终端管理及用户管理等主要功能模块,可对播放内容进行编辑、审核、发布、监控等,对所有播放机进行统一的管理和控制。

终端显示系统包括媒体播放机、视音频传输器、视音频中继器、显示终端,主要通过媒体播放机接收传送过来的多媒体信息(视频、图片、文字等),通过VGA将画面内容展示在LCD、PDP等显示终端上,可提供广电质量的播出效果以及安全稳定的播出终端。

网络平台是中心控制系统和终端显示系统的信息传递桥梁,可以利用工程中已有的网络系统,无须另外搭建专用网络。

1.4 电子商务行业的构成

1.4.1 公共的商业服务基础设施

公共的商业服务基础设施是指公共的、能够提供标准的网上商务活动服务的基础设施。电子商务应用多为商业化的服务，其与商业服务所要求的交易安全、支付方式等构成了商业服务的基础设施。

1. 移动电子商务

传统电子商务已经使人们感受到网络所带来的便利和乐趣，但它的缺点是因台式电脑携带不方便而使人们不能在任何时候、任何场所感受到这种便利和乐趣。不过，移动电子商务的出现大大地弥补了传统电子商务的这种缺憾，它可使人们随时随地上网、购物和进行交易。所谓的移动电子商务，是指由手机、传呼机、掌上电脑、笔记本电脑等移动通信设备与无线上网技术结合所形成的一个电子商务体系基础。

目前移动电子商务在无线上网等技术不断完善的支持下，已经发展成为主流的商务模式。目前的移动网民增长的主体由青年群体向未成年群体和老年群体转化的趋势日趋明显。尤其在国内外疫情的影响下，未成年人、"银发"群体也开始尝试使用移动网络购买产品、获取资讯、休闲娱乐。

移动电子商务是建立在无线接入的基础之上的。互联网使得人们只要拥有一台连接了路由器的计算机就能够通过电话线从网上非常方便地获得大量的信息，无论这些信息存放在什么地方。移动电话的出现打破了位置和通信接入之间的束缚，用户再也不是只能在办公室或家中的固定电话旁才能与他人通话了。只要将这两种技术有机地结合在一起，就可以使信息的接入不仅不受信息源的限制，而且不受接入者的位置限制。无线应用协议（wireless application protocol，WAP）是实现这种结合的一个世界通用的标准。目前，这个公开的全球无线协议标准已经应用到数字移动电话和其他无线设备的无线信息与电话服务上，可以让移动用户不受地点的限制，很轻松地从移动电话的屏幕上得到各种信息服务和应用，如电子邮件、天气、交通、新闻、体育信息、电子商务、电子银行、在线地址本和目录服务等。WAP由一系列协议组成，用来标准化无线通信设备，如蜂窝电话、移动终端，可用于互联网访问，包括收发电子邮件、访问WWW页面等。WAP将移动网络和互联网以及企业的局域网紧密地联系起来，提供一种与网络种类、承运商和终端设备都独立的无地域限制的移动增值业务。移动用户可以像使用台式计算机访问信息一样，用袖珍移动设备（手机等）访问同样的信息。

2. 语音识别与交互

近 20 年来，语音识别技术取得显著进步，开始从实验室走向市场。人们预计，未来 10 年内，语音识别技术将进入工业、家电、通信、汽车电子、医疗、家庭服务、消费电子产品等各个领域。语音识别技术所涉及的领域包括信号处理、模式识别、概率论和信息论、发声机理、听觉机理和人工智能等。

智能语音交互是基于语音输入的新一代交互模式，通过说话就可以得到反馈结果，典型的应用场景是语音助手。自从 iPhone 4S 推出 siri（苹果语音助手）后，智能语音交互应用得到飞速发展。中文典型的智能语音交互应用（如虫洞语音助手、讯飞语点）已得到越来越多的用户认可。

1.4.2 其他重要的支持层

电子商务行业还有一个重要的支持层，即电子商务应用。

电子商务应用有以下四个重要支柱。

（1）公共政策。公共政策是政府制定的促进电子商务发展的宏观政策。

（2）技术标准。技术标准是信息发布、传递的基础，是网络上信息一致性的保证，以便于商务活动数据或单证能被不同国家、行业的贸易伙伴的计算机识别、处理。

（3）网络安全。网络安全是电子商务正常开展的保障。安全的电子商务系统，必须要有一个安全、可靠的通信网络，以及绝对安全的数据库服务器。

（4）法律规范。网络活动必须受到法律制约，电子商务的法律规范涵盖知识产权保护、电子合同、数字签名、网络犯罪等诸多方面。

本章小结

电子商务是一个不断发展的概念。本书对电子商务的定义：电子商务是指电子商务参与者面向全球网络市场和现实市场，利用现代通信网络和信息技术，通过自建电子商务平台或电子商务服务平台完成商务活动的过程。

电子商务的特点：市场全球化；交易快捷化；交易虚拟化；成本低廉化；交易透明化；交易标准化；交易连续化。

电子商务按照交易对象分类，可以分为 7 种类型：企业与消费者之间的电子商务，即 B2C；企业与企业之间的电子商务，即 B2B；企业与政府之间的电子商务，即 B2G；消费者与消费者之间的电子商务，即 C2C；消费者与企业之间的电子商务，即 C2B；线上与线下相结合的电子商务，即 O2O；B2Q 模式。按照是否有支付情况发生，电子商务可以分为电子事务处理和电子贸易处理，前者的应用如网上报税、网上办公等，后者应用如网上购物、网上交费等。

思考练习题

1. 什么是电子商务？它有哪些特点？
2. 简述电子商务发展的主要阶段。
3. 电子商务行业的基础术语有哪些？
4. 讨论电子商务行业的构成要素。

实践实训

分析国内某个电子商务平台，简述该平台电子商务业务的特点和主要发展阶段。

参考文献

[1] SADOWSKI A, LEWANDOWSKA-GWARDA K, PISAREK-BARTOSZEWSKA R, et al. A longitudinal study of e-commerce diversity in Europe[J]. Electron Commerce Research, 2021 (21): 169-194.

[2] O'ROURKE K. H. Economic history and contemporary challenges to globalization[J]. Journal of Economic History, 2019, 79 (2): 356-382.

[3] ONSTEINATC, TAVASSZYLA, VAN DAMMED A. Factors determining distribution structure decisions in logistics: a literature review and research agenda[J]. Transport Reviews, 2019, 39 (2): 243-260.

[4] BELVEDERE V, MARTINELLI E M, TUNISINI A. Getting the most from e-commerce in the context of omnichannel strategies[J]. Italian Journal of Marketing, 2021 (4): 331-349.

[5] GOYAL S, SERGI B S, ESPOSITO M. Literature review of emerging trends and

future directions of e-commerce in global business landscape[J]. World Review of Entrepreneurship, Management and Sustainable Development, 2019, 15（1/2）: 226-255.

[6] 陈晨. 我国电子商务发展现状、问题与政策建议[J]. 中国商论, 2021（20）: 62-64.

[7] 杨美丽. 我国电子商务发展现状及影响因素分析研究[J]. 现代营销, 2021（2）: 136-138.

[8] 谢慧, 任红. 我国电子商务发展现状及影响因素分析研究[J]. 商场现代化, 2021（13）: 25-27.

[9] 李维国. 粤港澳大湾区跨境电商发展政策及其现状分析[J]. 办公自动化, 2020, 25（18）: 47-49, 11.

[10] 卢潇潇. "一带一路"经济区跨境电子商务发展模式研究[J]. 中国管理信息化, 2021, 24（19）: 78-79.

[11] 张九昌. 电商环境下的企业市场营销模式及其构建[J]. 商业文化, 2021（31）: 45-46.

[12] 李纯. 网络经济背景下市场营销管理的机遇与挑战分析[J]. 中国管理信息化, 2021, 24（20）: 75-76.

[13] 郗巧. 基于"互联网+"的市场营销模式创新研究[J]. 老字号品牌营销, 2021（8）: 75-76.

[14] 王金旺. "一带一路"视域下跨境电商市场营销策略创新优化研究[J]. 投资与创业, 2021, 32（17）: 62-64.

[15] 武铮铮, 李永. 新经济背景下企业市场营销战略新思路探讨[J]. 山西农经, 2021（5）: 140-141.

[16] 杨莉蓉. "互联网+"背景下农产品营销模式研究[J]. 山西农经, 2019（23）: 70-71.

[17] 卓攀. 新时代电子商务环境下企业市场营销模式分析[J]. 商场现代化, 2021（13）: 67-69.

[18] 奉代敏. 我国茶叶电子商务市场现状分析及营销模式分析[J]. 福建茶叶, 2020, 42（8）: 72-73.

[19] 张丽, 魏新, 綦颖. 农产品物流园服务体系对接电子商务的创新路径[J]. 农业

经济，2020（12）：133-134.

[20] 李琴，刘迷. 移动互联网背景下的社群电子商务营销策略分析 [J]. 现代营销，2019（9）：30-31.

[21] 伏创宇. 我国电子商务平台经营者的公法审查义务及其界限 [J]. 中国社会科学院研究生院学报，2019（2）：113-123.

[22] 孙爱民. 基于"互联网+"的旅游目的地电子商务与营销策略探析 [J]. 市场周刊，2018（12）：88-89.

[23] 王凤. 从拼多多看电子商务发展新业态 [J]. 现代营销，2019（6）：201-202.

[24] 李柱. 供给侧改革背景下农产品移动电子商务消费者采纳行为影响因素实证研究 [J]. 社科纵横，2019，34（11）：40-43.

第 2 章 电子商务商业模式

  学习目标

1. 理解并掌握商业模式的基本概念。
2. 了解电子商务商业模式的概念及分类。
3. 理解并掌握 B2B、B2C 和 C2C 等电子商务模式的基本概念。
4. 了解电子商务的应用趋势。

  知识架构

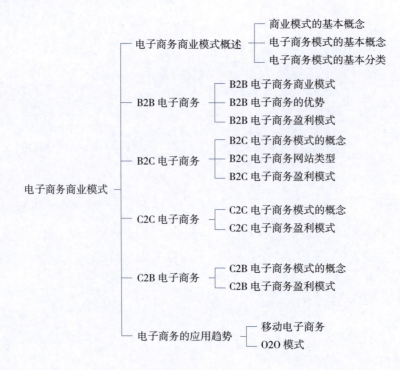

导入案例

返 利 网

随着电子商务的发展，网上购物正成为一种流行的消费方式，大多数的网上商城为了促进产品销量，将一部分利润分给推广者，而推广者又将利润返还给消费者，从而滋生了一个新生的行业——返还利润平台，也就是返利网站。这种能够给企业带来订单，还能帮助用户省钱的模式在B2C领域得到了极大的推广。

返利（http://www.fanli.com）成立于2006年，是国内知名的全场景导购平台，拥有累计注册人数超过2.4亿人次，年活跃用户超过4000万，影响6亿中国消费者，为消费者提供360°全景式消费服务，涵盖了购物、旅行、本地生活、票务、出行、学习等诸多消费场景。其商业模式并不复杂，简单来说，用户通过返利网端口进入B2C网站，如京东商城、亚马逊中国等进行购物时，可以获得返利网给的积分，当积分累积到一定规模便可以折现返还。折现返还给消费者的实惠实际上是B2C网站支付的广告费用，而返利网的收入来自于其中的利差。返利网最大的优势是提高了商家的用户转化率。2021年，随着B2C网络购物井喷式的发展，返利网也迎来了真正的爆发性增长。

目前，返利网正试图让入口变得更像一个社区，这样一来便于吸引更多的用户参与使用，同时也能增加现有用户的黏性，真正地留住他们。为此，返利网建立了自己的论坛，每天都有上万张照片上传至论坛进行晒单，分享购物体验。不仅如此，返利网还为他们开设了优惠券交易平台。

2.1 电子商务商业模式概述

2.1.1 商业模式的基本概念

商业模式是一系列为盈利而设计的企业计划的集合，通常包括价值主张（value proposition）、收益模型（revenue model）、市场机会（market opportunity）、竞争环境（competitive environment）、竞争优势（competitive strength）、营销战略（market strategy）、组织结构（organizational structure）和管理团队（management team）。其中价值主张和收益模型在商业活动中是最容易识别和判断的，因此通常这两个要素最为重要。

价值主张是指企业的产品和服务如何满足客户需求。价值主张是商业模式的核心，是企业核心竞争力的来源。从客户的角度来说，价值主张合适是他们选择企业进行合作的主要依据。成功的电子商务价值主张包括：个性化和可定制化的产品、低廉的搜索成本和低廉的价格发现成本。例如在亚马逊出现之前，消费者通常需要亲自前往实体书店买书，而且往往还不一定能买到需要的书。有了亚马逊之后，消费者一上网就知道需要的书有没有，或者过多久才有，这省去了消费者来回奔波的烦恼，亚马逊Kindle通过提供电子书的方式，进一步省去了消费者等待实体书配送的时间。可以看出，亚马逊商业模式相对于传统线下实体书店的主要价值主张是繁多的书籍品类和便捷性。

收益模型是指企业如何赚钱来满足投资者。企业的本质可以视为获取利润和给予投资者回报，著名管理学家迈克尔·波特认为，除了获得利润外，成功的企业需要给予投资者高于其他投资机会的投资回报。现实中，电子商务的收益模型包括广告模式（advertising revenue model）、订阅模式（subscription revenue model）、中介费模式（transaction revenue model）、网络销售模式（sales revenue model）和分销联盟模式（affiliate revenue model）等。表2-1给出了这五种模式的实例和利润来源。

表2-1　五种主要的收益模型

收益模型	企业实例	利润来源
广告模式	雅虎	广告投放者支付的广告费
订阅模式	Netflix	订阅者为获取内容和服务而支付的订阅费
中介费模式	易贝（eBay）	交易中介费
网络销售模式	京东	产品、信息和服务的销售
分销联盟模式	MyPoints	商务推介费

市场机会是指企业试图占领的、具有潜在利润价值的市场空间（market space）。根据利润潜力大小等指标，我们可以将现实中的市场机会细分为多个市场，通过分析各个细分市场的利润前景、进入门槛、既存势力等指标综合确定企业是否需要进入某个市场。

竞争环境是指在同一行业中销售类似产品或服务的其他企业，也包括销售替代品的企业和潜在进入者，以及该行业中的下游客户和上游供应商。通常情况下，活跃竞争者的数量、这些竞争者的规模大小、每个竞争者的市场份额以及定价方式等共同影响着竞争环境。

竞争者由直接竞争者和间接竞争者组成。直接竞争者是指那些在同一个细分市场中销售相似产品或服务的企业；间接竞争者是指那些在别的细分市场中销售可替代的产品或服务的企业。

通常来讲，如果一个细分市场中的竞争者数量过多，那么就意味着市场可能已经饱和，新进入者恐怕很难再获得可观的利润；然而，即便市场中竞争者很少，也并不一定意味着直接进入就有利可图，因为可能是受到其他因素影响，该行业已经走向衰落，无利可图。

竞争优势是指一家企业能够以低廉的价格推出品质过硬的产品，从而获得竞争的主动权。竞争优势是企业能够在激烈的竞争环境中生存和发展的强有力武器，相对于竞争对手而言，企业有效地运作和保持竞争优势就是该企业存在的核心竞争力，它体现在企业运营的各个方面，如设计、生产、专利、营销和服务等环节。

营销战略是指企业如何进军新市场和吸引新客户的一系列行动方案。营销即是向潜在客户推销产品或服务，即使商业策划非常完美，如果其产品和服务无人购买，那么这样的商业活动也是失败的。

组织结构是指企业为完成某项目标而将各种资源进行组织配置的结果。通常情况下，日常目标被分配给生产、装运、客服、营销、财务等各个职能部门，各部门各司其职、协同运作。企业规模越大，目标越多，组织结构就越复杂，组织层级就越多。

管理团队是指企业中负责进行商业计划的决策者。强大的管理团队不仅向外部投资者释放了正面信号，而且还对商业模式的制定与执行产生重要影响。对一家初创企业来说，经验是招聘经理时考虑的第一要素，经验包括管理经验以及诸如营销、生产、财务、运营等具体部门的从业经验等。

2.1.2 电子商务模式的基本概念

电子商务模式是指企业在电子商务环境下，为盈利而设计的一系列计划。目前关于电子商务模式的研究还处于初级阶段，国内外学者众说纷纭，总的来说，电子商务模式是在网络环境中建立在一定技术基础上的商务运作方式和盈利模式。研究和分析电子商务模式的分类体系，有助于挖掘新的电子商务模式，为电子商务模式的创新提供途径,也有助于企业制定特定的电子商务策略和实施步骤。表2-2给出了电子商务模式的组件。

表2-2 电子商务模式的组件

商业模式要素	相关问题	电子商务商业模式问题
价值主张	企业提供的产品和服务能否给客户带来与竞争者不一样的价值?	企业借助互联网可以给客户带来何种不一样的价值?
收益模型	收益从哪里来?	互联网为企业带来哪些新的收益来源?
市场机会	企业的潜在利润来源情况如何?	互联网是否拓宽了企业的潜在利润来源?
竞争环境	企业所面临的竞争者情况如何?	互联网出现后,竞争者会产生什么样的变化?
竞争优势	企业的优势产品和服务是什么?	互联网对企业开发新产品产生何种影响?
营销战略	企业如何让客户购买产品和服务?	互联网是否缩短了销售渠道?
组织结构	企业在为客户提供价值时如何配置资源?	互联网的应用给企业的资源配置带来哪些影响?
管理团队	企业管理团队是否胜任目标?	互联网的引入给决策带来了哪些影响?

2.1.3 电子商务模式的基本分类

经济活动的参与者可以大致分为企业(business,B)和消费者(consumer,C)两种角色,相应的电子商务模式可以分为多种。在实践层面上,主要包括企业对企业(B2B)、企业对消费者(B2C)、消费者对消费者(C2C)和消费者对企业(C2B)四种模式。

企业对企业(B2B)的电子商务指的是企业间依托现代信息技术手段进行的商务活动。具体包括以下功能。

(1)供应链管理,减少供应商或中间环节,降低订货成本,缩短周转时间,用更低的成本完成更多的订货、发货工作。

(2)库存管理,缩短"订货—运输—付款"周期,降低存货。

(3)销售管理,网上订货、客户档案管理等。

(4)支付管理,电子货币的支付。

企业对消费者(B2C)的电子商务是指企业和消费者之间依托现代信息技术手段进行的商务活动。B2C实际上就是电子化的零售活动,是企业使用电子化的手段实现公众消费和向公众服务。

消费者对消费者(C2C)的电子商务是指消费者之间依托现代信息技术手段进

行的商务活动。各类 C2C 电子商务网站数量繁多，其中最著名的就是美国的易贝（eBay）和中国的淘宝（Taobao）。

消费者对企业（C2B）是近年来新兴的一类消费者与企业间的电子商务。这种电子商务模式是由消费者驱动的，由消费者提出需求在先，企业根据需求进行生产的定制化交易模式。

2.2 B2B 电子商务

B2B 是电子商务最重要的商业模式之一，国内 B2B 类电子商务网站有阿里巴巴、慧聪网、中国制造网等。

2.2.1 B2B 电子商务商业模式

B2B 电子商务模式是指企业之间借助互联网、外联网、内部网，通过电子化的方式完成交易。这种交易可以在企业及其供应链成员之间进行，也可以在与其他企业进行。

目前，B2B 商业模式可以分为垂直 B2B、水平 B2B、自建 B2B 和关联行业 B2B。

（1）垂直 B2B 模式。垂直 B2B 可以分为两个方向，即上游和下游。生产商或商业零售商可以与上游的供应商之间形成供货关系，如戴尔与上游的芯片和主板制造商就是通过这种方式进行合作的。生产商与下游的经销商可以形成销货关系，如思科与其分销商之间进行的交易。

（2）水平 B2B 模式。它是将各个行业中相近的交易过程集中到一个场所，为企业的采购方和供应方提供了一个交易的机会。

（3）自建 B2B 模式。它是大型行业龙头企业基于自身的信息化建设程度，搭建以自身产品供应链为核心的行业化电子商务平台。行业龙头企业通过自身的电子商务平台，串联起行业整条产业链，供应链上下游企业通过该平台实现资讯、沟通、交易。但此类电子商务平台过于封闭，缺少产业链的深度整合。

（4）关联行业 B2B 模式。它是相关行业为了提升电子商务交易平台信息的广泛程度和准确性，整合水平 B2B 模式和垂直 B2B 模式而建立起来的跨行业电子商务平台。

2.2.2 B2B 电子商务的优势

与传统的商业模式相比，B2B 电子商务模式将给企业带来更高的生产率、更低的运作成本和更多的商业机会，即通过改善供应链使企业获得竞争优势。

（1）B2B 电子商务使得参与交易的企业之间的信息交流更加快捷而且成本低廉。信息交流是买卖双方实现交易的基础，传统商务中使用文字、电话、电报、信件等方式进行交流，这种交流方式与基于互联网的信息交流不可同日而语。

（2）B2B 电子商务可以降低企业间的交易成本。通过互联网发布企业的相关信息比采用传单、电视和广播的方式更加快捷和经济有效；企业可以利用互联网降低采购成本，加强与供应商的合作，将原材料采购、配料、生产、销售和售后有机结合起来。

（3）B2B 电子商务可以减少企业的库存。保持一定的库存量是企业面对市场风险的一种准备，但库存往往带来诸如保管成本、资金占用等一系列管理问题。以信息技术为基础的电子商务则可以降低企业面临的市场不确定性，使得企业能够更准确地制定库存决策，降低企业库存量。

（4）B2B 电子商务可以缩短企业的生产周期。产品的生产是多个企业互相协作的结果，通过电子商务可以缓解过去由于信息不畅通造成的时间、人力和资源的浪费，进而缩短企业的生产周期。

2.2.3 B2B 电子商务盈利模式

B2B 电子商务的盈利模式主要包括电子市场、电子分销商、服务提供商和信息中介四种类型。

（1）电子市场又称交易中心，电子市场是一个数字化的市场形态，供应商和商业采购均可以在线进行交易。对买方来说，利用电子市场可以方便地收集信息，检验供应商，收集价格，根据最新的变化进行更新；对卖方来说，电子市场使其能够从买方的广泛接触中不断优选，因为潜在的购买者越多，销售的成本越低，成交的机会越大、利润越高。整体上讲，电子市场可以最大限度地减少识别潜在供应商、客户和合作伙伴，以及在双方和多方开展交易所需要的时间和成本等。因此，电子市场可以降低交易成本，获得更多的市场机会。

电子市场分为两种模式，分别为综合型电子市场和垂直型电子市场。综合型电子市场主要针对多个行业跨度的企业销售产品和服务，如阿里巴巴；垂直型电子市场主要针对特定行业的电商平台，如中国化工网。

（2）电子分销商是直接向各个企业提供产品和服务的企业。电子分销市场与电子市场的区别在于：电子市场是在网上将许多企业聚在一起，使它们之间有机会进行交易；而电子分销市场则是一家企业为了寻求向多家企业提供服务而建立的虚拟市场。

（3）服务提供商是指向其他企业提供服务的企业，这类B2B模式主要通过整合各方资源，集中物流配送、公共服务、信用保障服务、支付服务、信息服务等一站式服务，将供应链运作整体解决方案提交给客户，并对客户决策产生影响。服务提供商为企业级采购、分销等供应链过程提供服务。

（4）信息中介是以收取消费者信息并将其出售给其他企业为目的的商业模式。中介将消费者信息通过网络呈现给供应商，供应商利用这些信息向不同的消费者提供产品、服务和促销活动。信息中介的盈利主要依靠信息费和数据挖掘后的咨询费用等。

2.3 B2C电子商务

B2C是针对消费者的网络零售电子商务模式，国内的B2C电子商务交易网站主要包括京东商城、苏宁云商和天猫商城等。

2.3.1 B2C电子商务模式的概念

B2C电子商务是通过信息网络以及电子数据信息的方式实现企业或商家机构与消费者之间的各种商务活动、交易活动、金融活动和服务活动，是消费者利用互联网直接参与经济活动的形式。B2C是以互联网为主要手段，实现公众消费和提供服务，并保证与其相关的付款方式电子化，它是随着互联网技术的出现而迅速发展的，是电子化的零售。

2.3.2 B2C电子商务网站类型

B2C电子商务网站主要分为以下四种类型。

（1）综合型B2C。这种模式的B2C包含的产品范围较广，可以称之为"网上百货商店"。其特点是企业能够发挥自身品牌优势，为消费者提供高质量的产品和服务。例如京东商城，借助其在 3C 电器领域长期积累的品牌优势，逐步扩展产品范围，借助优质的物流服务和产品质量保证，迅速成为我国综合型 B2C 领域的领导者。

（2）垂直型 B2C。这类电子商务的特点是将经营范围集中在某个专门的领域内，对其他品类的产品则很少涉足。它与综合型的 B2C 网站之间的区别在于：综合性网站的产品种类多，用户更容易找到想要购买的产品，但是其前期的投入巨大；垂直性的网站前期投入相对较低，在某一细分领域的产品品类更齐全，但是需要在此领域的产品流通渠道方面有相对的优势，其他领域的产品则无法供应。它们各有特点，无所谓谁更有潜力。两类网站都分别有相当大的发展空间。国内垂直型 B2C 主要有李宁、韩都衣舍等。

（3）传统企业网络直销型 B2C。这类 B2C 企业往往是原企业的子企业，是决策层出于互联网转型的需要而建立的。这类 B2C 是传统生产制造企业借助互联网，通过建立电子商务网站直接将产品推向消费者进行零售的模式。其优势是在于能够直接面向最终市场，免去了不必要的中间环节。面临的问题主要有四方面：①传统企业对电子商务的经营理念及流程不熟悉。②传统企业的组织架构与体制与电子商务的发展不匹配。③存在线上交易冲击线下交易的担心，而现实是原先线下销售渠道投入可能被废弃。④存在利用别人的平台经营还是自己经营网站的矛盾，选择前者觉得赚得少，选择后者则存在经验不丰富及各方面不配套（如支付安全及物流等）的问题。

（4）第三方平台型 B2C。参与这类电子商务模式的主体有两种：平台和商家。对平台而言，这种电子商务模式是指自身并不经营各类产品，只是对产品的交易提供一系列支持服务，国内的天猫商城就是这类 B2C。对商家而言，在人力、财力和物力有限的情况下，利用第三方平台经营电子商务不失为一种拓宽网络销售渠道的办法。关键是需要选择具有较高知名度、雄厚的流量优势的第三方平台，不过这些平台的门槛也往往较高。

2.3.3　B2C 电子商务盈利模式

上述 B2C 电子商务的类型决定了 B2C 电子商务企业的盈利模式。不同类型的 B2C 电子商务企业其盈利模式是不同的。一般来说，B2C 电子商务企业主要是通过以下八种方式获得利润。

（1）销售本行业产品。通过电子商务平台销售本企业生产的产品或加盟厂商的产品。产品制造企业主要是通过这种模式扩大销售从而获取更大的利润，如海尔电子商务网站。

（2）销售相关产品。销售与本行业相关的产品，如中国饭菜网出售食品相关报告、就餐完全手册。

（3）提供租赁服务。例如，太阳玩具开展玩具租赁业务。

（4）通过拍卖收取中介费用。例如，汉唐收藏网为收藏者提供拍卖服务。

（5）建立第三方平台，供买卖双方交易。接受客户在线订单，收取交易中介费，如九州通医药网、书生之家等。

（6）特许加盟。运用该模式一方面可以迅速扩大规模；另一方面可以收取一定的加盟费，如当当网等。

（7）会员。收取注册会员的会费，大多数电子商务企业都把收取会员费作为一种主要的盈利模式。

（8）信息服务。为行业内企业提供相关信息服务，如发布供求信息、进行企业咨询等，如阿里妈妈、中国服装网等。

必须说明的是，以上概括均是前人考察实践后得出的观点，现实情况往往复杂得多，不能机械地把某个企业简单地归结为上述某一类。大多数情况下，企业往往采取的是混合经营、跨平台经营等多种经营战略模式，上述划分并非那么泾渭分明。

2.4　C2C 电子商务

C2C 模式是产品通过互联网在消费者之间进行交易的电子商务模式，全球主要的 C2C 电子商务网站是美国的易贝（eBay）和中国的淘宝。在这些网上 C2C 交易网站出现之前，消费者在跳蚤市场或者旧货店里购买二手产品，网上拍卖出现之后，消费者就可以足不出户在网上进行竞价，零售商也没有必要支付场地费，在电脑上就可以销售自己的产品。

2.4.1　C2C 电子商务模式的概念

C2C 电子商务模式的实质就是为消费者买卖双方提供了一个在线交易平台，使卖方可以主动提供产品上网拍卖，买方可以自己选择产品进行购买和竞价。对买方来说，C2C 平台上的产品较为便宜，但质量往往无法得到有力的保障；对卖方来说，在 C2C 平台上可以免费或者以较少的费用销售自己的产品。

2.4.2 C2C 电子商务盈利模式

C2C 电子商务的主要盈利模式有两种，分别为拍卖模式和店铺模式。

1. 拍卖模式

这种模式是利用多媒体手段提供产品信息，供买卖双方参考和议价，根据买卖双方的意见最终确定是否进行交易。在这个过程中，网站本身并不参与交易，只提供交易环境、支持服务和信息咨询，因此省去了采购、销售和物流业务。

拍卖模式的优势在于价格低廉和即买即得。消费者之间交易的二手产品的价格往往低于全新产品，因为通常没有零售商提供的配套和售后服务；消费者之间的交易往往没有零售企业那种烦琐的交易购买程序，个体网商具有非常灵活的工作时间，从购买到发货的时间通常较短。

2. 店铺模式

这种模式是指电子商务企业提供平台为个人在其上搭建店铺，通常以会员费、广告费和其他服务费用的形式收费。这一模式也可称为网上商城。入驻网上商城不仅依托网上商城提供的基本服务，而且流量也主要来自平台，因此平台的选择至关重要。理想的平台应具有以下特征：优良的品牌形象、简单便捷的申请手续、稳定的后台支持、完善的支付体系、充足的流量优势、完善的网店维护和管理功能以及合理的收费制度等。

案例一：从淘宝商城到天猫

2011 年 10 月 10 日，本已日益逼仄的生存空间进一步被挤压，当日，淘宝商城官方发布了《2012 年度淘宝商城商家招商续签及规则调整公告》，2012 年向商家收取的年费将从现行的每年 6 000 元调整到 3 万元或 6 万元两档，大部分商家作为服务信誉押金的消费者保证金将从现行的 1 万元调整到 1 万元至 15 万元不等。年费和保证金的大幅提高使得许多小卖家无力承担，不得不面临从商城退回到淘宝集市的选择。

10 月 11 日晚间，淘宝商城受到数千自称"中小卖家"的网民集体"攻击"。

10月12日凌晨，淘宝在官方网站发出紧急公告表示，愿意接受任何对于淘宝商城规则的看法和建议，但绝不容忍因为有不同的意见而去侵害其他无辜商家的暴行，不会因为威胁、恐吓而放弃原则，并称已向警方报案。10月12日，部分淘宝商城卖家开始聚集到了杭州淘宝总部门口，拉起横幅，对淘宝提价政策宣告反对。

淘宝商城总裁张勇很反感外界倾向于将这场商家"兵变"解读为"分裂"，他坚称出台新规是"品质之战"："达不到标准的商家，可以转入淘宝C2C集市，半年后仍可以申请加入商城。如果眼下既无实力，对未来又无信心，那为什么还要留在商城里？"对于恶意攻击，淘宝商城表示决不妥协，并已取证报警。

10月13日晚，腾讯高调发布招商公告，为"具有其他电商平台运营经验的优秀商户"开设绿色通道，并提供上亿元的营销资源。10月14日，当当网不失时机地发出了一份公告，承诺短期内不会提高平台商家的收费标准，将继续保持行业较低的收费水平，包括维持平台商家管理费每月500元左右不变，维持销售佣金比例不变。

10月15日，淘宝商城官方微博发布《淘宝商城释疑2012新规》，从16个方面阐述淘宝制定新规的初衷和目的，坚决否认淘宝试图依靠提高技术服务年费和保证金两项收费标准来达到集资目的。10月17日下午，为解决与中小商户之间的争端，阿里巴巴集团宣布，将向淘宝商城追加投资18亿元，同时宣布针对商家的五项扶持措施。

10月18日，反淘宝联盟在声明中表示，虽然联盟不满意淘宝商城的五项新措施，但不会再次组织对淘宝商城进行攻击。10月21日晚，约5 000名之前参与围攻淘宝商城的中小卖家，通过把支付宝内的余额转到自己的银行账户上的方式，对支付宝发起"攻击"。

10月31日，商务部电子商务司副巡视员聂林海对外表示："淘宝的行为有垄断嫌疑！"

11月1日，尽管聂林海宣称"淘宝垄断"遭到了外界的误解，但他同时又强调，商务部正会同发改委和国家工商总局共同协商讨论关于网络行业垄断的相关对策。

11月23日，一部分"小卖家"聚集在杭州淘宝网总部，提出了"废除不合理的'霸王条款'"等14条诉求，淘宝方面则回应称，这些诉求将会直接摧毁中国电子商务信用及诚信体系，更直接导致假货日益泛滥，使数以亿计的消费者利益受到损失。"小卖家"的诉求概括起来包括废除不合理的"霸王条款"、改进不良评价系统、收费公开透明、制定重大规则需举办听证会、废除不合理的押金制度，以及淘宝网、淘宝商城彻底分开运行。

11月29日，又有报道指出，据广州警方消息，日前接LV企业举报，广州警方破获了一个制假大案，现场查获大量假冒奢侈品。目前广东人林某已经被广东警方抓获，巧合的是，林某正是此前围攻淘宝事件的主力组织者"佐伦"。而随着此事的曝光，更多的事实真相正在浮出水面。此前参加围攻淘宝商城总部的人士中，有大量人为"网络雇佣军"——据YY群内讧后爆出的信息显示，11月23日到达杭州的围攻者，均系按劳取酬——"白天一小时10元，晚上一小时20元，包吃包住包旅游"。而数目亦非外界所谓的数千卖家，而是不到两百人。

11月29日，淘宝冲突事件虽然最终以和解收场，但仍然留下了"后遗症"。商家看到的是收费门槛被提高，品牌制造商看到的则是威胁：生杀大权掌握在别人的手中，越来越重要的电商销售渠道，岂能长年依附在他人身上？泉州鞋服企业欲自立门户。

2012年1月11日上午消息，淘宝商城在北京举行战略发布会，宣布更换中文品牌"淘宝商城"为"天猫"。

从案例一中可以看出，作为个体网商，面对淘宝集市和淘宝商城的选择时，首先考虑的是不同平台的品牌、流量和消费者的购买力。淘宝新规的发布本身就是阿里巴巴决策层进行市场细分、向消费者释放平台信号，进而进行差异化定价的过程。作为个体网商，可以为了淘宝集市的低门槛和低收费而选择继续留在集市中维持拍卖模式，也可以为了淘宝商城的流量和优质服务选择进入商城，进化为店铺模式，在这一阶段当然会有各种摩擦和利益冲突。但这两种模式之间并没有优劣之分，完全是网商自身权衡利弊后进行决策的结果。

2.5 C2B电子商务

C2B电子商务模式是近年来兴起的一种全新的电子商务模式，是伴随着互联网为消费者赋能而导致的C端变化而产生的。正如普拉哈德所说："消费者由孤陋寡闻变得见多识广；由分散孤立转变为广泛连接；由消极被动变得积极参与。"C2B模式是指由消费者需求直接驱动的交易模式，在这种模式中，生产、运营、配送完全是以需求引导的，是为"先有需求，后有供给；先有消费者提出需求，后有生产企业按需求组织生产"。

C2B 电子商务模式起源于 1998 年 Jay Walker 创建的 Price line 企业旅游服务网站的客户自定价系统（name your own price）。在 2006 年美国洛杉矶电子商务年会上，Ross Muller 首次使用 C2B 来形容组团订购类电子商务网站及其运营模式。国内近年出现的诸如蘑菇街自由团的反向团购模式、"预付 + 定制"的小米模式、尚品宅配的家具定制模式等消费者自主参与、以 C 定产的商业模式，也是典型的 C2B 模式。在 C2B 模式中，消费者发起需求，商家响应需求，消费者可以参与到产品的研发设计和生产环节中来，为自己真正所需的产品买单，不再被动接受商家的产品和价格。

C2B 之所以能够在各个行业中不断成为现实，原因是信息技术，尤其是电子商务的出现对消费者的赋能。

2.5.1　C2B 电子商务模式的概念

C2B 的本质是按需配置商业资源，它是一种由消费者需求主导和驱动的电子商务模式。在这种模式下，由于不存在与需求不匹配的供给，所以资源将得到高效利用，产品和服务价值更高，各市场主体也更加平等和谐。各市场角色的关系将从"链式"转向"网状"，从而使在传统意义上处于控制地位的品牌商通过对外协作获取最佳资源、更高效率的同时，也向消费者和协作方出让权利。消费者转而居于中心位置，各市场主体通过数据分享实现实时协同，共同围绕消费者的需求匹配资源，完成任务。

C2B 模式的出现反映了商业主导逻辑的根本变化，它的核心思想是消费者驱动整个商业活动。在传统工业经济时代衍生出的是大规模、流水线、标准化、成本导向的 B2C 运作模式，所有环节都是厂家驱动和主导，而 C2B 则是消费者驱动，以消费者需求为起点，在商业链条上一个一个环节地进行波浪式、倒逼式的传导。

不能简单地将 C2B 模式理解为定制化，需要将 C2B 带来的商业模式改变和经营理念改变区分开来。C2B 是由消费者驱动导向带来的经营理念变革，是一种新的"技术—经济范式"；而针对特定人群的个性化定制，只是 C2B 模式的一种典型形态，仅仅是商业模式的进化。在互联网时代，C2B 模式需要企业对消费者数据进行大规模的收集、整理和分析，即所谓大数据应用，从而使得商业决策可以做到随需而定。

在这里,不仅是商业运作的成本构成有了很大变化,规模化地从事个性化生意的成本也随之而大幅下降。而在传统工业时代则只能靠标准化、大规模制造才能实现成本的降低,其中的商业主导逻辑已经发生很大的变化。此外,C2B还会导致包括设计、营销、渠道、生产在内的整个商业系统发生变化,只有当消费者的个性化需求借助互联网成为一种真正的商业驱动力,C2B才有望成为一门可观的生意,企业才会发现大工业时代的流水线作业体系正面临一场根本性的变革,柔性化生产、大规模定制将成为信息时代不可避免的发展趋势。

C2B和B2C之间的主要差异见表2-3。

表2-3 B2C和C2B之间的主要差异

差异	B2C模式	C2B模式
驱动方	厂商	消费者
交易方式	推式(push)	拉式(pull)
信息流	厂商到消费者	消费者到厂商
库存量	较大	几乎为零

B2C企业通常不能够准确预测消费需求。新兴的C2B模式则反其道而行之,它以消费者的具体需求为落脚点,拟订采购规模、生产计划,柔性化定制,取消中间商,甚至不需要营销投入,大大降低了产品的成本,是为拉式。

传统商业模式的信息流是从厂家流向消费者,存在严重的信息不对称问题,B2C电子商务的出现虽然缓解了这种信息不对称,但是仍然没有解决问题。而C2B模式下的信息流是从消费者到商家的逆向过程,在这种模式下,信息会更加透明。

B2C企业通常会保持一定量的库存以应对短期的市场波动,然而C2B企业本身的订单就直接来源于消费者,是一种接单即生产的运作模式,完全由订单驱动,因此几乎不需要维持库存。

2.5.2 C2B电子商务盈利模式

C2B电子商务的发展目前还处在十分初级的阶段,成熟模式不多。目前在行业内主要应用于以下三个方面。

(1)团购,这也是目前最常见的C2B模式。团购主要是由第三方电子商务平台通过聚集大量消费者的订单后,形成数量客观的需求使企业获得利润,如淘宝聚划算、百度糯米、淘点点等平台。基于低价的团购被称为初级阶段的团购，这种团购集合众多用户需求形成统一的购买团体，以量大为优势享受优惠的价格。但随着收入水平的提高，越来越多的消费者会更看重产品的质量和品位，因而催生了更高级的团购市场。如京东商城的团购中的部分预订团，预订产品超过一定数量后才可以自动成团，而低于一定数量则不能形成交易，在规定日期内形成一定数量的消费者，厂商才开始生产产品。目前，国内的大多团购网站还处在C2B初级阶段，以低价格的团购为主。

（2）个性化定制。这方面主要包括机票、酒店的订购，个性化服饰和礼品的定制等。如途牛网通过用户发布相关需求、酒店竞标的价格进行酒店预订；"IDX爱定客"平台上，消费者可以自己设计潮鞋，也可以跟随设计师的作品来设计，再整合生产厂家实现其设计，实现个性化定制；"尚品宅配"通过互联网，让消费者参与到设计平面布局，全房间模拟，面对消费者漫无方向的个性化意愿，"尚品宅配"采集了数千个楼盘的数万种房型数据，建立房型库，同时结合自己的产品库，组合出多样的解决方案，为消费者提供个性化的家具设计和生产，实现了产品的零库存。案例二中的衣邦人也属于此类。

（3）基于社交C2B电子商务模式。这种模式是指消费者在社交网络中相互交流后发起的产品团购，用户可以针对想购买的产品自发组织成团，然后激励商家发起相应团购。如蘑菇街在2012年3月上线的自由团，蘑菇街以互动平台连接卖家与买家之间的关系，买家在社交网络中对自己喜欢的产品发起团购，人数达到一定数量时就可以自由成团。消费者自己发起的团购，只要商家提供的产品符合要求，用户就会利用社交网络进行分享，形成良好的口碑效应。

案例二：衣邦人C2B让"私人定制"进入千家万户

衣邦人成立于2014年12月，在服装定制业最先引入"互联网＋上门量体＋工业4.0" C2M模式，是国内领先的服装定制平台，目前已在全国52个城市开设线下定制体验中心，可上门定制的城市超过200个。客户通过衣邦人APP等渠道一键预约专业着装顾问上门量体，采集19个身体部位26项身材数据，并根据客户的身材、气质提供个性化定制方案。衣邦人致力于利用互联网和工业4.0技术，赋能全行业数字化、智能化转型升级，带动推进千亿级服装定制市场产业链的技术革新和模式迭代，是传统定制的颠覆者，中国新定制的倡导者，也是国内服装定制行业的引领者，也被杭州市电商协会授予"2021年度最具发展潜力企业"。衣邦人采取以下品牌战略。

1. 全品类战略

衣邦人为满足中国商务精英的个性化需求，提出"全品类战略"，不断完善定制服装的品类，目前男士服装已实现包括西装、衬衣、T恤、Polo衫、西裤、休闲裤、夹克、风衣、大衣等全品类定制，女士服装也已经包括西装、衬衫、针织装、裙装、牛仔裤、风衣、大衣等全品类定制。

2. 全球直采战略

衣邦人实现全球面料直供，品质严选、苛求本真。衣邦人深信"面料是服装的灵魂"，于是用近乎严苛的方式思考定制中所应选用的面料与理应呈现的美感。SCABAL、CERRUTI 1881、Ermenegildo Zegna、ZIGNOE等数十种奢牌或精品面料品牌与衣邦人有着长久且亲密的合作关系。

3. 自有品牌矩阵

衣邦人将消费者需求进行划分，深度细分市场，不同品牌精准对接不同的服装定制需求。这不仅是在横向上覆盖更多用户群体，同时与主品牌进行互补，占领目标市场，创造新的用户价值，共同推动衣邦人品牌矩阵不断壮大，稳固中国领先的服装平台的市场地位。目前衣邦人旗下分别有全品类定制、团队定制、休闲系列AI定制、商务系列AI定制、奢级定制等。

2.6 电子商务的应用趋势

2.6.1 移动电子商务

移动电子商务是参与主体利用无线智能设备——诸如智能手机、平板电脑、可穿戴设备等——接入互联网，参与商务活动的一种模式。Cellular、Wi-Fi等无线网络技术是移动电子商务的主要技术基础。

与传统的电子商务模式相比，移动电子商务的主要优势在于其便捷性。移动电子商务可以让任何人在任何时间和任何地点使用互联网进行电子商务活动。在这种模式下，网络质量（包括网速水平和覆盖范围）至关重要，基于3G、4G甚至5G技术的智能手机、Wi-Fi和蓝牙技术是进行移动电子商务的基础。

移动智能设备带来的商业模式创新可以归纳为：①消费者可以随时携带这些设备，并在任何时间、任何地点展开电子商务活动，而在传统电子商务模式下，参与者必须在电脑桌前才能展开工作，这一特征极大地降低了开展电子商务的时间成本。②移动智能设备通常都配有摄像设备，这可以使消费者方便地扫描需要购买产品的二维码，并在网上进行对比，从而极大地提升了消费者的信息分析能力。③智能手机的GPS（全球定位系统）定位技术可以识别出消费者的位置信息，这使得提供商可以根据消费者的位置信息有针对性地推出服务。例如，餐馆、剧院、书店可以在消费者经过时向消费者推送其感兴趣的产品和服务信息。

移动电子商务的应用形式多样，除从传统PC电子商务中扩展而来的一些应用外，还有许多新的应用正逐渐被开发出来。目前较为成熟的移动电子商务应用包括移动信息服务、移动支付和转账、移动购物或预订、移动娱乐、移动交通、移动学习、移动企业应用。

2.6.2　O2O模式

O2O模式，即线上和线下结合的电子商务模式，是顺应互联网上本地化电子商务的发展，信息和实物之间、线下和线上之间需要更紧密结合的产物。通俗地讲，O2O即将线下商务机会与互联网结合在一起，让互联网成为线下交易的前台，线下服务商通过互联网在线上进行揽客，消费者可以通过互联网在线上进行筛选服务，成交后在线上结算。这样一种在线上交易、线下消费的电子商务模式，使得传统服务的推广效果可查，每笔交易可跟踪。

O2O模式的关键在于如何将在网上搜寻到的消费者引导至线下实体店中消费，即线上的流量优势如何与线下的高品质服务相结合，使交易具有高度黏性。图2-1是国内某电子商务企业O2O设想图，展示了线上信息引导线下客户进行消费的基本模式，可以看出，未来的商业基础设施已经是集商务、休闲、娱乐、社交等服务为一体的生活基础设施，这种生活基础设施具有高度的用户黏性，将成为消费者生活中不可或缺的组成部分。

美团网、大众点评网等团购网站均是采用O2O电子商务模式的典型代表。

纵观上述电子商务模式，其基本原则是用户至上。在工业社会中，长期以来，生产商更加偏向于在生产端采用各种控制技术，进行最优化生产，对消费端需求的产生和变化往往缺乏有效认知。只有在电子商务出现之后，企业才第一次清楚

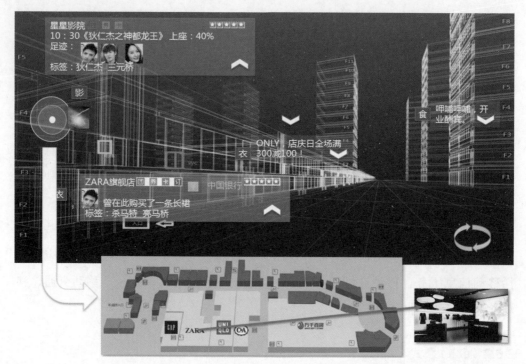

图 2-1 国内某电子商务企业 O2O 设想图

自己的用户是谁,谁在消费自己的产品和服务,才第一次可以直接和消费者产生互动。因此,电子商务绝对不仅仅是网上销售,客户和厂家之间的连接、互动才是电子商务的根本,才是最有价值的。在这种情况下,消费者主权这一长期以来在理论上的概念,在电子商务时代逐步成为现实。

本章小结

商业模式是一系列为盈利而设计的企业计划的集合,包括价值主张、收益模型、市场机会、竞争环境、竞争优势、营销战略、组织结构和管理团队八个元素。其中,价值主张和收益模型最为重要。

按照参与者类型分类,我们可以将电子商务分为 B2B、B2C、C2C 等模式,近年来兴起的 C2B 模式逐步成为网络零售业的主流,对 C2B 的理解不能仅仅停留在定制化方面,C2B 模式更多地反映了网络零售商业范式的改变。

未来电子商务的发展趋势是无线化和线上线下结合。

思考练习题

1. 什么是商业模式？它包含哪些要素？各要素的主要内容是什么？
2. 简述 B2B、B2C、C2C 三种电子商务模式的基本内容及盈利模式。
3. C2B 模式的主要内容有哪些？这种模式与网络定制有什么区别？
4. 讨论自己对未来电子商务发展趋势的认识。

实践实训

对国内某个电子商务平台进行案例分析，简述其业务类型、商业模式和竞争环境，对该企业未来的发展进行战略规划。

参考文献

[1] TIMMERS P. Business models for electronic markets[J]. Journal of electronic markets, 1998（8）: 3-8.

[2] 刘祺昕. B2C 电子商务企业的盈利模式分析 [J]. 经济师, 2019（9）: 267-268.

[3] 王倩文. 基于"互联网+"的电子商务创新创业模式研究 [J]. 科技经济导刊, 2021, 29（23）: 184-185.

[4] 谢慧, 任红. 我国电子商务发展现状及影响因素分析研究 [J]. 商场现代化, 2021（13）: 25-27.

[5] 魏新柱. C2C 电子商务发展动态与创新策略探究 [J]. 商业经济研究, 2018（21）: 62-65.

[6] 裴长洪. 电子商务的兴起及其对世界经济的影响 [J]. 中国工业经济, 2000（10）: 45-54.

[7] 张炜焱. 探讨"互联网+"与中国经济的未来发展形态 [J]. 中国商论, 2018（3）: 20-21.

[8] 许欣言. 电子商务对国际贸易的影响与分析 [J]. 商场现代化, 2021（13）: 126-128.

[9] 蒂默斯. 六大电子商务发展战略 [M]. 刘祥亚, 译. 北京: 机械工业出版社, 2002.

[10] 柳春. 农贸电商 O2O 模式与 B2C 模式对比研究 [J]. 农业经济, 2021（3）: 131-133.

[11] 熊岩．网络经济时代下电子商务模式创新[J]．营销界，2021（18）：61-62．

[12] 郭顺兰，贺红兵．跨境电子商务模式创新要素分析[J]．商业经济研究，2021（7）：94-97．

[13] 李冠艺，陈明，杨向阳．跨境电子商务理论与实务[M]．南京：南京大学出版社，2019．

[14] 李全喜，马晓苗．电子商务模式其及发展趋势研究[J]．情报科学，2005（8）：5．

[15] 黄敏学．电子商务[M]．北京：高等教育出版社，2017．

[16] 谭晓林，等．电子商务模式的分类、应用及其创新[J]．技术经济，2010（10）：7．

[17] 蒋丛萃．大数据背景下我国电子商务的发展现状和趋势研究——评《电子商务与物流管理》[J]．电镀与精饰，2020，42（8）：49．

[18] 宋文官．电子商务实用教程[M]．4版．北京：高等教育出版社，2014．

[19] 刘志超，陈勇，姚志立．大数据时代的电子商务服务模式革新[J]．科技管理研究，2014（1）：31-34．

[20] 贾丽飞．大数据时代的电子商务服务模式革新研究[J]．商场现代化，2014（8）：105．

第 3 章　电子商务物流

 学习目标

1. 了解电子商务中运用的物流技术。
2. 掌握现代物流的概念。
3. 掌握电子商务物流的主要模式与物流系统的构成。
4. 理解供应链与供应链管理。
5. 理解供应链在电子商务中的应用。

知识架构

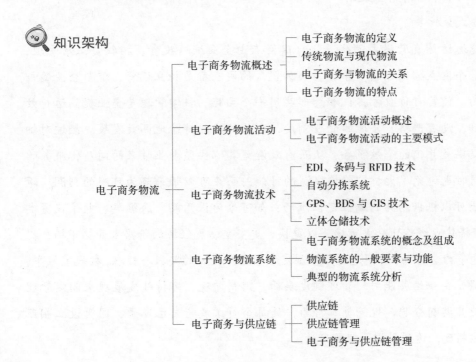

导入案例

跨越速运（第三方物流）

1. 企业简介

跨越速运集团成立于2007年，总部位于深圳市，是一家主营"限时速运"服务的大型现代化综合速运企业，拥有"国家5A级物流企业""国家级高新技术企业""中国物流行业30强优秀品牌""中国电商物流行业知名品牌""广东省诚信物流企业"等荣誉称号。

跨越速运在北京、上海、天津、浙江、江苏、福建等二十几个省市设7个关联企业、32个子企业，拥有11架货运包机，5万余名员工，1.7万台运输车辆，服务网络遍布32个省级行政区域500多个城市。业务量每年大幅度递增，准时送达率始终保持全国领先地位。为更好缩短客户贸易周期、降低经营成本，企业不断专注服务品质的提升，凭借在各机场设有专门的调度中心、提供包机货物服务、采用全球网络统一管理的优势，对客户推出"限时未达，全额退款"承诺。企业在以市场为导向、客户为中心、高端信息网络管理系统为保障平台的基础上，及时推出三大时效产品：当天达、次日达、隔日达服务。为有效地协助客户赢得市场，为客户创造更大价值，企业推出了国内快递行业中独一无二的特色服务：24小时昼夜取派与8小时跨省当天达。

2. 模式分析

跨越速运是直营模式的代表，自建网点由企业统一投资、招收员工及管理，牢牢将每个网点控制在总部手中。而加盟式的网点都是独立运营，仅与企业签订合作协约，使其自负盈亏，仅和总部共用一个品牌。科学管理是企业提高运行效率的基础，没有严格、合理的管理制度，企业就难以持续地高效发展。经过对细分市场提供差异化的个性服务，从而有效避免其他快递企业带来的同质化服务的竞争，同时也避免了大打"价格战"的可能，而又可以带来颇为可观的利润。跨越速运还可以根据物品的属性定位市场，如可分为医用品、海鲜类、电子仪器类等；也可将热点线路划分成市场，以更快、更安全、更经济的价格来开拓市场，提高市场竞争力。另外，跨越速运严格制定各项服务流程的要求与标准，按规定做事，大幅度提升企业运营能力。管理制度层面，用科学观、可持续发展观来制定管理制度，使其奖罚分明，规范员工行为，使每个员工履行自己职责，同时设立相匹配的考核制度，达到科学管理的目的。

3. 直营模式的优势

跨越速运集团直营模式的核心优势是管理严格、控制力强、服务统一且水平高等。其优势具体体现为：①经营管理统一化，易于发挥整体优势。企业统一制定经营战略，并分解到各分企业，通过职能部门协调一致，统一开发市场、技术研发和运营整体性事业，可统一调动资金，能快速响应，最终形成有效整体。统一市场业务流程和服务标准，杜绝参差不齐的快递服务；在人才培养、信息管理、服务推广等方面优势突出，这也是直营快递企业很少出现"暴力分拣作业""服务态度恶劣""理赔问题""消费者信息外泄"等问题的原因之一。②服务水平高。企业统一管理，由上而下的指令执行很好，横向间的配合也很默契，员工着装标准统一，服务规范一致，维护品牌意识很好。③管理上严格到位。快递直营保证把控每个经营环节，经营方针在既定目标下得到实施，禁止分企业阳奉阴违或自成一派，而且各地区还能相互合作、相互支持，不会出现快递链突然断裂的现象。④信息化程度高。总企业的经营战略统一实施，在技术引进和开发上优于加盟类企业，且总部能无障碍地获取各分企业的信息，这样其他成员能够利用总部资源及管理经验，打造"样板模式"，能迅速进行市场活动并取得效益，而且总部也可通过其信息实施市场管理，使资源优化配置，获取规模效益。

电子商务物流概念的提出和对物流模式的选择，是在电子信息技术不断进步、互联网大力发展、社会进入信息时代的背景下，对物流理念的提升和变革，是对物流管理在新经济形态下提出的新的要求和挑战。这种变革和挑战，要求物流不能只是简单的运输和仓储，而要参与到整个供应链的设计和管理中，要合理利用各种资源实现供应链中上、下游企业之间的"无缝"衔接，达到利润最大化；要从一个协同服务的角色转变为主动提供各种个性化服务和制订服务方案的角色；要从一个只是产生成本的角色转变为创造新的利润增长点的角色；要从一个被管理者的角色转变成为管理者的角色。而实现这些转变，并不是一件容易的事情，也不是短时间内可以完成的。它要求物流企业首先从自身出发转变思想，在方向上，应把物流标准化的制定、实施和完善，以及物流信息系统的建设作为新时代的首要任务。

3.1 电子商务物流概述

3.1.1 电子商务物流的定义

电子商务物流又称网上物流,其基于互联网技术,旨在创造性地推动物流行业发展的新商业模式。通过互联网,物流企业能够被更大范围内的货主客户主动找到,能够在全国乃至世界范围内拓展业务;贸易企业和工厂能够更加快捷地找到性价比最适合的物流企业。网上物流致力于把世界范围内最大数量的有物流需求的货主企业和提供物流服务的物流企业都吸引到一起,提供中立、诚信、自由的网上物流交易市场,帮助物流供需双方高效达成交易。目前已经有越来越多的客户通过网上物流交易市场找到了客户,找到了合作伙伴,找到了海外代理。网上物流提供的最大价值,就是更多的机会。

3.1.2 传统物流与现代物流

物流源于英语的"logistics",原意是军事后勤保障,第二次世界大战后,物流的概念被广泛运用于经济领域。1986年,美国物流管理协会对物流给出的定义得到了普遍的认同,即物流是指为满足消费者需要而进行从起点到终点间的原材料、中间过程库存、最后产品和相关信息有效流动和储存的计划、实施和控制管理过程。这一定义包括生产物流和流通物流两个部分,突出了物流的四个关键组成部分:实质流动、实质存储、信息流动和管理协调,是对现代物流体系的完整概括。随着社会分工越来越细,物流与流通系统和生产系统都有了密切的联系。

1. 传统物流

中国的传统物流建立在计划经济体制时代,主要是以行政区划建立的各国营储运企业,适应了当时少品种、大批量、少批次、长周期的货物储存和运输;而改革开放后中国消费市场的客户需求已转变为多品种、小批量、多批次、短周期。为适应客户需求的重大变化,商流渠道发生了大规模改组,也带来了物流渠道的重组,其结果是在商流领域出现了多级经销制、多级代理制、多级代销制及配送制(配送制度被视为具有商流功能的一种流通形式);物流领域则出现了物流中心、配送中心等为客户提供专门物流配送服务的组织。传统的储运企业所提供的简单储存、运输、包装等服务在物流渠道重组中逐步被集成化、系统化与增值化的现代化物流服务所取代，新兴的物流企业大量涌现，对传统的储运企业提出了挑战，以期占有更多的国内物流市场。

从传统物流渠道的角度来看，商流是从制造商经批发商、零售商到消费者，与之对应，传统物流则经历从制造商经储运企业到批发零售企业再到消费者这样一个流程。现代物流同传统物流相比，突出特征表现为：物流反应快速化、物流功能集成化、物流服务系列化、物流作业规范化、物流目标系统化、物流经营市场化、物流手段现代化和物流组织网络化。衡量现阶段的物流发展水平，上述"八化"是一个基本的评价指标。

2. 现代物流

现代物流是伴随社会化大生产进程产生和发展的，随着科学技术的进步、贸易范围的扩大，其功能也在不断拓展，服务领域不断延伸，因此现代物流的发展呈现出一体化、网络化、智能化、专业化、社会化、国际化等趋势。

现代物流业存在于国民经济体系之中，但又具有区别于其他产业门类的独特产业特性，它是一个复合产业，依附于其他产业，具有明显的外部性，这些产业特性必然使物流业的发展有着个性化的独特趋势。随着产业环境、服务对象以及产业自身的发展变化，现代物流正呈现出许多新的发展趋势。

现代物流的发展趋势主要有以下几个方面。

（1）第三方物流日益成为物流服务的主导方式。从欧美看，生产加工企业不再拥有自己的仓库，而由另外的配送中心为自己服务，已经成为一种趋势。从第三方物流对企业的降本增效效果来看，在降低企业物流费用、降低仓储成本、减少物流固定资产、提升订单完成度以及定点准确率方面，分别有9%、5%、15%、6%以及5%的提升效果。

（2）信息技术、网络技术日益广泛用于物流领域，物流与电子商务日益融合。20世纪70年代电子数据交换技术在物流领域的应用简化了物流过程中烦琐、耗时的订单处理过程，使得供需双方的物流信息得以即时沟通，物流过程中的各个环节得以精确衔接，极大地提高了物流效率。而互联网的出现则促使物流行业发生了革命性的变化，基于互联网的及时准确的信息传递满足了物流系统高度集约化管理的信息需求，保证了物流网络各点和总部之间以及各网点之间信息的充分共享。

（3）物流全球化。物流全球化包含两层含义：①经济全球化使世界越来越成为一个整体，大型企业特别是跨国企业日益从全球的角度来构建生产和营销网络,原材料、零部件的采购和产品销售的全球化相应地带来了物流活动的全球化。②现代物流业正在全球范围内加速集中,并通过国际兼并与联盟,形成越来越多的物流"巨无霸"。现代物流是经济全球化的产物,也是推动经济全球化的重要服务业。世界现代物流业呈稳步增长态势。亚马逊全球物流中国总裁薛小林指出,尽管中美两大市场物流发展中有很多不同,但有一点是相同的,那就是未来融合的趋势。"特别是在电子商务走向全球化的今天,大数据智能物流日趋成为标配,电商物流的竞争力将越发着眼于全球物流能力。"他认为,这主要体现为全球化网络、跨境智能供应链以及对全球物流资源的整合能力。这也将成为希望谋得长远发展的物流企业未来的主要发力点。

(4)物流数智化。"数智化物流"的一个重要特点,是通过大数据、物联网、人工智能等新技术、新模式,打造一个覆盖全国、联通全球的智能物流基础设施网络。目前,国家层面的智能物流基础设施网络,主要有交通运输部、国家发改委等部门和科研机构、物流企业等多方组建的"国家交通运输物流公共信息平台",旨在促进物流产业链各环节信息互通与资源共享;在企业层面,主要有菜鸟联合全球物流企业打造的智能物流骨干网。2019年5月28日,2019全球智慧物流峰会在杭州举行,阿里巴巴集团CEO、菜鸟网络董事长张勇在峰会上以"数智化"总结未来智慧物流的前景,并表示"未来的物流一定是从数字化到数智化,数智世界将是我们共同面临的时代"。

3. 现代物流与传统物流的区别

传统物流与现代物流的区别主要表现在以下几个方面。

(1)传统物流只提供简单的位移,现代物流则提供增值服务。

(2)传统物流是被动服务,现代物流是主动服务。

(3)传统物流实行人工控制,现代物流实施信息管理。

(4)传统物流无统一服务标准,现代物流实施标准化服务。

(5)传统物流侧重点到点或线到线服务,现代物流构建全球服务网络。

(6)传统物流是单一环节的管理,现代物流是整体系统优化。

3.1.3 电子商务与物流的关系

1. 物流是电子商务的重要组成部分

电子商务的本质是商务,商务的核心内容是产品交易,而产品交易会涉及四方面：产品所有权的转移，货币的支付，有关信息的获取与应用，产品本身的转交，即商流、资金流、信息流、物流。其中信息流既包括产品信息的提供、促销行销、技术支持、售后服务等内容，也包括诸如询价单、报价单、付款通知单、转账通知单等商业贸易单证，还包括交易方的支付能力、支付信誉等。商流是指产品在购、销之间进行交易和产品所有权转移的运动过程，具体是指产品交易的一系列活动。资金流主要是指资金的转移过程，包括付款、转账等过程。在电子商务环境下，这四个部分都与传统情况有所不同。商流、资金流与信息流的处理都可以通过计算机和网络通信设备实现。物流，作为"四流"中最为特殊的一种，是指物质实体的流动过程，具体是指运输、储存、配送、装卸、保管、物流信息管理等各种活动。对于少数产品和服务来说，可以直接通过网络传输的方式进行配送，如各种电子出版物、信息咨询服务等。而对于大多数产品和服务来说，物流仍要经由物理方式传输。

过去，人们对物流在电子商务中的重要性认识不够，对于物流在电子商务环境下应发生变化也认识不足，认为对于大多数产品和服务来说，物流仍然可以经由传统的经销渠道。但随着电子商务的进一步推广与应用，物流能力的滞后对其发展的制约越来越明显。物流的重要性对电子商务活动的影响被越来越多的人所注意。

2. 物流是实现电子商务的保证

物流作为电子商务的重要组成部分是实现电子商务的重要保证。由电子商务流程图可以知道，离开了现代物流，电子商务过程就不再完善。

3. 物流保证生产的顺利进行

无论是在传统的贸易方式下，还是在电子商务下，生产都是产品流通之本，而生产的顺利进行需要各类物流活动的支持。生产的全过程从原料的采购开始，便要求有相应的供应物流活动将所采购的材料送到位，否则，生产就难以进行；在生产的各工艺流程之间，也需要有原材料、半成品的物流过程，即所谓的生产物流，以实现生产的流动性；部分余料、可重复利用物资的回收，也需要所谓的回收物流；废弃物的处理需要废弃物物流。可见，整个生产过程实际上包含了系列化的物流活动。合理化、现代化的物流，通过降低费用从而降低成本、优化库存结构、减少资金占压、缩短生产周期，保障了现代化生产的高效运行。相反，缺少了现代化的物流，生产将难以顺利进行，无论电子商务是多么便捷的贸易形式，仍将是无米之炊。

4. 物流服务于商流

在商业活动中,产品所有权在购销合同签订的同时,便由供方转移到了需方,而产品实体并没有因此而到达需方。在电子商务条件下,客户通过网络购物,完成了产品所有权的交割过程,但电子商务活动并未结束,只有产品和服务真正到达客户手中,商务活动才告终结。在整个电子商务中,物流实际上是以商流的后续者和服务者的姿态出现的。没有现代化的物流,轻松的商务活动只会退化为一纸空文。

5. 物流是实现以客户为中心理念的根本保证

电子商务的出现,在最大限度上方便了最终消费者。他们不必到拥挤的商业街挑选自己所需的产品,而只要坐在家里,上网浏览、查看、挑选,就可以完成购物活动。但试想,他们所购产品迟迟不能到货,抑或商家送货非自己所购,那消费者还会上网购物吗?物流是电子商务实现以客户为中心理念的最终保证,缺少现代化物流技术与管理,电子商务给消费者带来的便捷等于零。

3.1.4 电子商务物流的特点

电子商务时代的来临,给全球物流带来了新的发展,使物流具备了一系列新特点。

1. 服务化

电子商务环境下的物流以使客户满意为第一目标。具体来说,它通过提供客户所期望的服务,在积极追求自身交易扩大的同时,强调实现与竞争企业服务的差异化,努力提高客户满意度。在电子商务下,物流业将会向介于供货方和购货方之间的第三方发展,会以服务作为第一宗旨。在电子商务中,物流配送中心离客户最近、联系最密切,产品都是通过它到达客户手中。美、日等国物流企业成功的要诀,无一不在于它们都十分重视对客户服务的研究。

2. 信息化

电子商务时代,物流信息化是电子商务的必然要求。物流信息化表现为物流信息的产品化、物流信息收集的数据库化和代码化、物流信息处理的电子化和计算机化、物流信息传递的标准化和实时化、物流信息存储的数字化等。因此,条码技术(barcode)、数据库技术(database)、电子订货系统(electronic ordering system,EOS)、电子数据交换、快速反应(quick response,QR)及有效的客户反映(effective customer response,ECR)、企业资源计划等技术与观念在我国的物流中将会得到普遍的应用。信息化是一切的基础，没有物流的信息化，任何先进的技术设备都不可能应用于物流领域，信息技术及计算机技术在物流中的应用将会彻底改变世界物流的面貌。

3. 自动化

自动化的基础是信息化，自动化的核心是机电一体化，自动化的外在表现是无人化，自动化的效果是省力化，另外还可以扩大物流作业能力、提高劳动生产率、减少物流作业的差错等。物流自动化的设施非常多，如自动识别系统、自动分拣系统、自动存取系统、自动导向车、货物自动跟踪系统等。这些设施在发达国家已普遍用于物流作业流程中，而在我国，虽然物流业起步较晚，但是经过多年的发展，物流信息化水平在不断得以提升。

4. 网络化

物流领域网络化的基础也是信息化，这里指的网络化有两层含义：①物流配送系统的计算机通信网络，包括物流配送中心与供应商或制造商的联系要通过计算机网络，另外与下游客户之间的联系也要通过计算机网络通信，如物流配送中心向供应商提出订单这个过程，就可以使用计算机通信方式，借助于增殖网上的电子订货系统和电子数据交换技术来自动实现，物流配送中心通过计算机网络收集下游客户订货的过程也可以自动完成。②组织的网络化，即所谓的企业内部网。比如，中国台湾地区的电脑业在 20 世纪 90 年代创造出了"全球运筹式产销模式"，这种模式的基本点是按照客户订单组织生产，生产采取分散形式，即将全世界的电脑资源都利用起来，采取外包的形式将一台电脑的所有零部件、元器件、芯片外包给世界各地的制造商去生产，然后通过全球的物流网络将这些零部件、元器件和芯片发往同一个物流配送中心进行组装，由该物流配送中心将组装的电脑迅速发给订户。这一过程需要有高效的物流网络支持，当然物流网络的基础是信息、计算机网络。

物流的网络化是物流信息化的必然，是电子商务下物流活动的主要特征之一。当今世界互联网等全球网络资源的可用性及网络技术的普及为物流的网络化提供了良好的外部环境，物流网络化势不可挡。

5. 智能化

这是物流自动化、信息化的一种高层次应用，物流作业过程大量的运筹和决策，如库存水平的确定、运输（搬运）路径的选择、自动导向车的运行轨迹和作业控制、自动分拣机的运行、物流配送中心经营管理的决策支持等问题,都需要借助大量的知识才能解决。在物流自动化的进程中,物流智能化是不可回避的技术难题。好在专家系统、机器人等相关技术在国际上已经有比较成熟的研究成果。为了提高物流现代化的水平,物流的智能化已成为电子商务下物流发展的一个新趋势。

6. 柔性化

柔性化本来是为实现"以客户为中心"理念而在生产领域提出的,但要真正做到柔性化,即真正地能根据消费者需求的变化来灵活调节生产工艺,没有配套的柔性化的物流系统是不可能达到目的的。20世纪90年代,国际生产领域纷纷推出弹性制造系统(flexible manufacturing system,FMS)、计算机集成制造系统(computer integrated manufacturing system,CIMS)、制造资源系统(manufacturing requirement planning,MRP)、企业资源计划以及供应链管理的概念和技术,这些概念和技术的实质是要将生产、流通进行集成,根据需求端的需求组织生产,安排物流活动。因此,柔性化的物流正是适应生产、流通与消费的需求而发展起来的一种新型物流模式。这就要求物流配送中心根据消费需求"多品种、小批量、多批次、短周期"的特色,灵活组织和实施物流作业。

7. 国际化

物流国际化,即物流设施的国际化、物流技术全球化、物流服务全体化、货物运输国际化、包装国际化和流通加工国际化等。物流国际化是按国际分工协作的原则,依照国际化管理,利用国际化的物流网络、物流设施和物流技术,实现货物在地区间的流动和交换,以促进区域经济的发展和世界资源优化配置。国际化物流正随着国际贸易和跨国经营的发展而不断完善。

另外,物流设施、产品包装的标准化,物流的社会化、共同化也都是电子商务物流模式的新特点。

3.2 电子商务物流活动

3.2.1 电子商务物流活动概述

电子商务的最终成功依赖于物流,电子商务物流活动的构成要素主要包括包装(packaging)、装卸搬运(handling)、流通加工(distribution processing)、运输

（transportation）、存储（warehousing and storage）等几个方面。

1. 电子商务物流的起点：包装

包装是在物流过程中为保护产品、方便储运、促进销售，按一定的技术方法采用容器、材料及辅助物等将物品包封，并予以适当的装饰标志的工作总称。包装是包装物及包装操作的总称，基本功能包括防护功能、方便与效率提高功能、促销功能、信息传递功能。

包装可分为商业包装和运输包装两种。商业包装以促进销售为主要目的；运输包装以强化运输、保护产品为目的。运输方式的选择将影响包装要求，包括产品的运输与原材料的运输。在权衡运输选择时，物流管理人员要考虑运输方式的改变而引起的包装费用的变化。

包装合理化的途径包括包装轻薄化、包装模数化、包装机械化、防止包装不足或包装过剩、包装绿色化。

2. 电子商务物流的接点：装卸搬运

装卸是指物品在指定地点以人力或机械装入运输设备或从运输设备卸下的活动。搬运是在同一场所内，对物品进行水平移动为主的物流作业。装卸搬运是指在同一地域范围内进行的、以改变物品的存放状态和空间位置为主要内容和目的的活动。具体来说，包括装上、卸下、移送、堆垛等活动。

3. 电子商务物流的价值途径：流通加工

流通加工是为了弥补生产过程的加工不足，更有效地满足用户或本企业的需求，使产需双方更好地衔接，将这些加工活动放在物流过程中完成，而成为物流的一个组成部分，它是生产加工在流通领域的延伸。

流通加工的功能包括促进销售、提高加工设备的利用率、提供原材料的利用率、提高被加工产品的质量、促进物流合理化等。流通加工有效地完善了流通，是物流中的要利润源，在国民经济中是重要的加工形式，也实现了电子商务物流的价值。

4. 电子商务物流的动脉：运输

运输是物流系统的首要构成因素，在物流系统中占有非常重要的作用。物流中的运输是指通过运输手段使货物在物流节点之间流动，实现买卖行为。其功能是为实现物品的空间位移、创造场所效用、物品存储。按照运输工具不同，运输方式可划分为公路运输、铁路运输、水路运输、航空运输、管道运输、磁悬浮列车六种基本方式。由于这六种运输方式在运载工具、线路设施、营运方式及技术经济特征等方面各不相同，有各自不同的适用范围，因此，又出现了把各种运输方式联合起来的多式联运。

运输合理化的途径主要包括：确定合理的运输距离；确定合理的运输环节；确定合理的运输工具；确定合理的运输时间；确定合理的运输费用；改进运输技术，提高运输作业效率；加强各种运输方式的紧密协作，实行多式联运；合理安排运输与其他物流环节间的比例关系。

5. 电子商务物流的中心：存储

存储包括两个既独立又有联系的活动：存货管理与仓储，在物流系统中是一个相对传统、完善的环节。在整个生产流通过程中，任何领域都客观存在，不能为其他物流活动所代替。即使在所谓的"零库存"、供应商管理库存的今天，存储也仅仅是由社会再生产的一个领域转移到了另一个领域。因此，存储作业是物流活动中一个不可缺少的重要环节，是任何其他经济活动不能替代的。

存储的功能包括供需调节功能、价格调节功能、调节货物运输能力功能、配送和流通加工功能以及陈列展示功能等。

存储主要通过各种仓库实现。许多重要的决策都与存储活动有关，包括仓库数目、存货量大小、仓库的选址、仓库的大小等。

6. 其他活动

另外，物流活动还包括订单处理（order processing）、预测（forecasting）、生产计划（production planning）、采购（purchasing 或 procurement）、客户服务（customer service）、选址（location）、物品回收（recycling）、废品处理（waste disposal）等内容。

3.2.2　电子商务物流活动的主要模式

对于从事电子商务的企业来说，目前可供选择的物流模式主要有企业自营物流模式、第三方物流模式、物流联盟模式和物流一体化模式。

1. 自营物流模式

自营物流模式是指企业依靠自身的运输能力完成物流配送业务。一些大型企业不仅拥有庞大的销售网络，还有覆盖整个销售区域的物流配送网，这些企业从事物流活动不需要新增物流配送投资，完全可利用现有物流网络和设施完成本企业的物流配送业务。

自营物流模式的优点：提高客户满意度；充分利用现有资源；信息沟通渠道畅

通；及时了解客户的需求信息。

自营物流的缺点：物流成本难以计算；不利于提高企业的核心竞争力；物流的管理难以专业化；物流规模难以扩大。

2. 第三方物流模式

第三方物流是指由供需双方之外的第三方去完成物流服务的物流运作方式。第三方物流随着物流业的发展而发展，是物流业发展到一定阶段的必然产物，是现代物流服务发展的必然趋势和物流专业化的重要形式。第三方物流的发展程度反映和体现了一个国家物流业的整体发展水平。

相对于自营物流，企业利用专业的第三方物流服务，具有如下优点：有利于企业集中核心业务，提高核心竞争力；降低成本；减少库存；提升企业形象；提高企业经营效率。

在我国目前的具体情况下，物流外包给第三方物流企业，有两点需要注意：①第三方物流尚未成熟，没有达到一定的规模化和专业化。②电子商务企业过分依赖物流企业，容易受制于人，在供应链关系中处于被动地位，物流企业的服务质量和效率将对电子商务企业的正常生产经营活动产生重大影响。

3. 物流联盟模式

物流联盟是指两个或两个以上的经济组织为实现特定的物流目标而采取的长期联合与合作。其目的是实现联盟参与方的"共赢"。物流联盟具有相互依赖、核心专业化、强调合作的特点，物流联盟是一种介于自营和外包之间的物流模式，可以降低前两种模式的风险。物流联盟是为了达到比单独从事物流活动更好的效果，企业间形成相互信任、共担风险、共享收益的物流伙伴关系，企业之间在物流方面通过契约形成优势互补、要素双向或多向流动的中间组织。

物流联盟模式的优点：电子商务企业与物流企业进行联盟，一方面有助于电子商务企业降低经营风险，提高竞争力，企业还可以从物流伙伴处获得物流技巧和管理技巧；另一方面也使物流企业有了稳定的货源。

物流联盟模式的缺点：物流联盟的长期性、稳定性会使电子商务企业改变物流服务供应商的行为变得困难，电子商务企业必须对今后过度依赖于物流伙伴的局面做周全考虑。

4. 物流一体化模式

物流一体化是基于供应链管理的思想，以物流系统为核心，从生产企业，经由物流企业、销售企业，直至消费者的供应链的整体优化和系统化，目的是使产品在供应链内迅速有效地移动，使各参与方企业都能获益，使整个社会获得明显的经济效益。物流一体化是在第三方物流的基础上发展起来的多边共赢的供应链物流模式，在这种模式下，物流企业通过与生产企业建立广泛的代理关系，与销售企业形成较为稳定的契约关系，从而将生产企业的产品或信息进行统一组合处理后，按订单要求配送到店铺。在电子商务时代，这是一种比较完整意义上的物流配送模式，是物流业发展的高级形式和成熟阶段。

物流一体化的优点：降低企业物流成本；有利于提高整个物流系统的运作效率和客户服务水平；易于形成协同竞争、共同发展的价值观，有利于强化核心竞争力。

物流一体的缺点：要求第三方物流具有较高的发展水平，需要较高的物流管理水平。

以上四种电子商务物流模式的比较见表3-1。

表 3-1 四种电子商务物流模式的比较

物流模式类型	自营物流模式	第三方物流模式	物流联盟模式	物流一体化模式
优势	电子商务企业对物流有较强的控制能力；物流部门与其他职能部门易于协调；企业容易保持物流供应链的稳定	电子商务企业可以将资源集中于自己的核心业务，降低经营成本，提高客户服务水平	联盟企业获得物流管理经验和物流技术	可以共享资源，提高整个供应链的竞争力，经济效益明显
劣势	物流基础设施要较大的资金投入；需要电子商务企业自身有较强的物流管理能力	我国第三方物流处于发展阶段，尚未成熟，受到第三方物流企业物流管理水平、服务能力水平的制约	选择和更换物流企业比较困难	要求第三方物流具有较高的发展水平，需要较高的物流管理水平

3.3 电子商务物流技术

电子商务技术的飞速发展，不仅给物流发展带来了新的机遇，也使物流具备了信息化、网络化、智能化、柔性化等一系列新特点。这些特点要求物流向系统化、社会优级和高效化的方向发展，因此传统的物流技术只有与现代的电子商务技术紧密地结合，才能得到发展，才能发挥更大的作用，电子商务物流也才能得到有效的发展。

电子商务物流技术是指在电子商务物流活动中把产品（或物品）进行移送和储存，为社会提供无形服务的技术。它的作用是把通过电子商务方式提供的各种产品（或物品）从生产者一方转移给消费者。物流技术水平的高低直接影响电子商务物流活动各项功能的完善和有效实现。

3.3.1 EDI、条码与 RFID 技术

1. EDI 技术

EDI 是一种信息管理或处理的有效手段，它可以对物流供应链上物流信息进行有效的运作，如传输物流单证等。EDI 在物流运作的目的是充分利用现有计算机及通信网络资源，提高交易双方信息的传输效率，降低物流成本。具体来说，主要包括：①对于制造业来说，利用 EDI 可以有效地减少库存量及生产线待料时间，降低生产成本；②对于运输业说，利用 EDI 可以快速通送报检，科学合理地利用运输资源，缩短运输距离，降低运输成本费用和节约运输时间；③对于零售业来说，利用 EDI 可以建立快速响应系统，减少商场库存量与空架率，加速奖金周转，降低物流成本；④也可以建立起物流配送体系，完成产、存、运、销一体化的供应线管理。

2. 条码技术

条码技术是在计算机的应用实践中产生和发展起来的一种自动识别技术。它是为实现对信息的自动扫描而设计的，是实现快速、准确而可靠地采集数据的有效手段。条码技术的应用解决了数据录入和数据采集的"瓶颈"问题，为供应链管理提供了有力的技术支持。物流条码是条形非对抗性的一个重要组成部分。它的出现，不仅在国际范围内提供了一套可靠的代码标识体系，而且为贸易环节提供了通用语言，为 EDI 和电子商务奠定了基础。物流条码标准化在推动各行业信息化、现代化建设和供应链管理的过程中将起到不可估量的作用。

3. RFID 技术

RFID（射频识别）是一种自动识别技术，是集编码、载体、识别与通信等多种技术于一体的综合技术。与其他自动识别技术一样，主要应用目标是实现信息系统的自动化信息采集，保证被识别物品的信息化管理。典型的 RFID 系统由 RFID 读写器和 RFID 标签组成，标签承载物品信息，作为标识附着于物品上；读写器利用感应无线电波、微波实现标签信息的识别与采集，并将信息输入信息管理系统。

RFID 不局限于视线，识别距离比光学系统远，射频识别卡具有读写能力，可携带大量数据、难以伪造并且有智能。

RFID 的应用：①仓储管理。将 RFID 系统用于智能仓库货物管理，有效地解决了仓库里与货物流动有关信息的管理。它不但增加了一天内处理货物的数量，还可以收集这些货物的一切信息。②生产线自动化。用 RFID 技术在生产线上实现自动控制和监视，能提高效率、降低成本。在各个流水线位置处能毫不出错地完成装配任务。③分析和预测。企业通过 RFID 对物流体系进行管理，不仅可对产品在供应链中的流通过程进行监督和信息共享，还可对产品在链中各阶段的信息进行分析和预测。

3.3.2 自动分拣系统

自动分拣系统（automatic sorting system）是先进配送中心所必需的设施条件之一。具有很高的分拣效率，通常每小时可分拣产品 6 000~12 000 箱；可以说，自动分拣机是提高物流配送效率的一项关键因素。它是第二次世界大战后在美国、日本的物流中心中广泛采用的一种自动分拣系统，该系目前已经成为发达国家大中型物流中心不可缺少的一部分。

该系统的作业过程可以简单描述如下：物流中心每天接收成百上千家供应商或货主通过各种运输工具送来的成千上万种产品，在最短的时间内将这些产品卸下并按产品品种、货主、储位或发送地点进行快速、准确的分类，将这些产品运送到指定地点（如指定的货架、加工区域、出货站台等），同时，当供应商或货主通知物流中心按配送指示发货时，自动分拣系统在最短的时间内从庞大的高层货架存储系统中准确找到要出库的产品所在位置，并按所需数量出库，将从不同储位上取出的不同数量的产品按配送地点的不同运送到不同的理货区域或配送站台集中，以便装车配送。

自动分拣系统一般由控制装置、分类装置、输送装置及分拣道口组成。

（1）控制装置的作用是识别、接收和处理分拣信号，根据分拣信号的要求指示分类装置按产品品种、按产品送达地点或按货主的类别对产品进行自动分类。这些分拣需求可以通过不同方式，如通过条码扫描、色码扫描、键盘输入、重量检测、语音识别、高度检测及形状识别等方式，输入到分拣控制系统中去，根据对这些分拣信号的判断，来决定某一种产品该进入哪一个分拣道口。

（2）分类装置的作用是接收控制装置发出的分拣指示，当具有相同分拣信号的产品经过该装置时，该装置动作，使之改变在输送装置上的运行方向进入其他输送机或进入分拣道口。分类装置的种类很多，一般有推出式、浮出式、倾斜式和分支式四种，不同的装置对分拣货物的包装材料、包装重量、包装物底面的平滑程度等有不同的要求。

（3）输送装置的主要组成部分是传送带或输送机，其主要作用是使待分拣产品贯通过控制装置、分类装置，在输送装置的两侧，一般要连接若干分拣道口，使分好类的产品滑下主输送机（或主传送带）以便进行后续作业。

（4）分拣道口是已分拣产品脱离主输送机（或主传送带）进入集货区域的通道，一般由钢带、皮带、滚筒等组成滑道，使产品从主输送装置滑向集货站台，在那里由工作人员将该道口的所有产品集中后或是入库储存，或是组配装车并进行配送作业。

以上四部分装置通过计算机网络联结在一起，配合人工控制及相应的人工处理环节构成一个完整的自动分拣系统。

自动分拣系统具有以下特点。

（1）能连续、大批量地分拣货物。由于采用大生产中使用的流水线自动作业方式，自动分拣系统不受气候、时间、人的体力等的限制，可以连续运行。同时由于自动分拣系统单位时间分拣件数多，因此自动分拣系统每小时的分拣能力相当于人工分拣系统连续运行 100 个小时以上，每小时可分拣 7 000 件包装产品，如用人工则每小时只能分拣 150 件左右，同时分拣人员也不能在这种劳动强度下连续工作 8 小时。

（2）分拣误差率极低。自动分拣系统的分拣误差率大小主要取决于所输入分拣信息的准确性大小，这又取决于分拣信息的输入机制。如果采用人工键盘或语音识别方式输入，则误差率在 3% 以上；如采用条码扫描输入，除非条码的印刷本身有差错，否则不会出错。因此，目前自动分拣系统主要采用条码技术来识别货物。

（3）分拣作业基本实现无人化。国外建立自动分拣系统的目的之一就是减少人员的使用，减轻员工的劳动强度，提高人员的使用效率。自动分拣系统能最大限度地减少人员的使用，基本做到无人化。分拣作业本身并不需要使用人员，人员的使用仅局限于以下工作。

① 送货车辆抵达自动分拣线的进货端时，由人工接货。
② 由人工控制分拣系统的运行。
③ 分拣线末端由人工将分拣出来的货物进行集载、装车。
④ 自动分拣系统的经营、管理与维护。

如美国一企业配送中心面积为10万平方米左右，每天可分拣近40万件产品，仅使用400名左右员工，其中大部分人员都在从事上述①、③、④项工作，自动分拣线做到了无人化作业。

3.3.3 GPS、BDS 与 GIS 技术

1. GPS 技术

全球定位系统（global positioning system，GPS），又称全球卫星定位系统，是一个中距离圆形轨道卫星导航系统。它可以为地球表面绝大部分地区（98%）提供准确的定位、测速和高精度的时间标准。系统由美国国防部研制和维护，可满足位于全球任何地方或近地空间的军事用户连续精确地确定三维位置、三维运动和时间的需要。该系统包括太空中的24颗GPS卫星；地面上1个主控站、3个数据注入站和5个监测站及作为用户端的GPS接收机。最少只需其中3颗卫星，就能迅速确定用户端在地球上所处的位置及海拔；所能连接的卫星数越多，解码出来的位置就越精确。

GPS 系统拥有多种优点：使用低频讯号，纵使天气不佳仍能保持相当强的讯号穿透性；全球覆盖（高达98%）；三维定速定时高精度；快速、省时、高效率；应用广泛、多功能；可移动定位；不同于双星定位系统，使用过程中接收机不需要发出任何信号，从而增加了隐蔽性，提高了其军事应用效能。

2. BDS 技术

中国北斗卫星导航系统（BeiDou navigation satellite system，BDS）是中国自行研制的全球卫星导航系统，也是继 GPS、GLONASS 之后的第三个成熟的卫星导航系统。北斗卫星导航系统（以下简称北斗系统）是中国着眼于国家安全和经济社会发展需要，自主建设、独立运行的卫星导航系统，是为全球用户提供全天候、全天时、高精度的定位、导航和授时服务的国家重要空间基础设施。

北斗卫星导航系统由空间段、地面段和用户段三部分组成，可在全球范围内全天候、全天时为各类用户提供高精度、高可靠定位、导航、授时服务，并且具

备短报文通信能力，定位精度为分米、厘米级别，测速精度 0.2 米 / 秒，授时精度 10 纳秒。

3. GIS 技术

地理信息系统（geographic information system，GIS）有时又称为"地学信息系统"。它是一种特定的十分重要的空间信息系统。它是在计算机硬、软件系统支持下，对整个或部分地球表层（包括大气层）空间中的有关地理分布数据进行采集、储存、管理、运算、分析、显示和描述的技术系统。

地理信息系统是一个获取、存储、编辑、处理、分析和显示地理数据的空间信息系统，其核心是用计算机来处理和分析地理信息。地理信息系统软件技术是一类军民两用技术，不仅应用于军事领域、资源调查、环境评估等方面，也应用于地域规划、公共设施管理、交通、电信、城市建设、能源、电力、农业等国民经济的重要部分。比如，基于 GIS 平台的 120 医疗急救指挥信息系统，就可以利用 GIS 技术定位呼救点，自动标注发病地点以及会面地点，并按照距离远近推荐 5 个就诊医院。

3.3.4 立体仓储技术

立体仓储技术主要应用于自动化立体仓库，自动化立体仓库又称自动化高架仓库或自动存储系统（AS/RS 系统）。它是一种基于高层货架、采用计算机进行控制管理、自动化存取输送设备、自动化进行存取作业的仓储系统。自动化立体仓库是实现高效率物流和大容量储藏的关键系统，在现代化生产和产品流通中具有举足轻重的作用。自动化立体仓库是当代货架储存系统发展的最高阶段，它与自动化分拣系统和自动导向车并称为物流技术现代化的三大标志。

自动化高层货架仓库是指用高层货架储存货物，以巷道堆垛起重机配合周围其他装卸搬运系统进行存取出入库作业，并由计算机全面管理和控制的一种自动化仓库。

广义地说，自动化仓库系统是在不直接进行人工处理的情况下，能自动地存储和取出物料的系统，是一个将毛坯、半成品、配套件或产品、工具等物料自动存取、自动检索的系统，是物流系统的重要组成部分。

自动化高层货架仓库主要由货架、巷道堆垛起重机、出入库配套机械设施和管理控制系统等部分组成。

3.4 电子商务物流系统

3.4.1 电子商务物流系统的概念及组成

1. 电子商务物流系统的概念

电子商务物流系统是指在实现电子商务特定过程的时间和空间范围内,由物流各个功能要素及其所需位移的产品或物资、包装设备、装卸搬运机械、运输工具、仓储设施、人员和通信设施等若干相互制约的动态要素所构成的具有特定功能的有机整体。

电子商务物流系统的目的是实现电子商务过程中产品或物质的空间效益和时间效益,在保证产品满足供给需求的前提下,实现各种物流环节的合理衔接,并取得最佳经济效益。电子商务物流系统既是电子商务系统中的一个子系统或组成部分,也是社会经济大系统的一个子系统。

2. 电子商务物流系统的构成

正如前面所描述的,物流系统是由运输、存储、装卸搬运和配送等各环节所组成的,它们也可以称为物流的子系统。作为物流系统的输入是运输、存储、搬运和装卸等环节所耗费的劳务、设备及材料等资源,经过处理转化成为物流系统的输出,即物流服务。

电子商务物流系统与传统的物流系统并无本质区别,不同之处在于电子商务物流系统强调一系列电子化、机械化、自动化工具的应用以及准确、及时的物流信息对物流过程的监督,它更强调物流的速度、物流系统信息的通畅和整个物流系统的合理化。随着电子商务交易过程中物流的流动过程,通畅的信息流把相应的运输、仓储、配送等业务活动联系起来,使之协调一致,这是提高电子商务物流系统整体运作效率的必要途径。如图3-1所示是一个简单的电子商务物流系统,框中的内容即为电子商务物流系统的主要结构模块。

3.4.2 物流系统的一般要素与功能

1. 物流系统的要素

1)物流系统的一般要素

(1)人的要素。人是所有系统的核心要素,也是系统的第一要素。

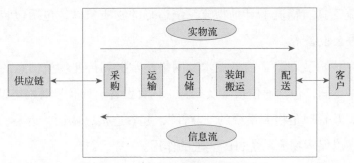

图 3-1 电子商务物流系统

（2）资金要素。资金是所有企业系统的动力。

（3）物的要素。物的要素包括物流系统的劳动对象，即各种实物。

（4）信息要素。信息要素包括物流系统所需要处理的信息，即物流信息。

2）物流系统的功能要素

物流系统的功能要素是指物流系统所具有的基本能力，这些基本能力有效地组合、联结在一起，变成了物流系统的总功能，便能合理、有效地实现物流系统的总目的。物流系统的功能要素主要包括运输、储存保管、包装、装卸搬运、流通加工、配送、物流信息等要素。

3）物流系统的支撑要素

（1）法律制度。法律制度决定物流系统的结构、组织、领导、管理方式，国家通过法律制度对其进行控制、指挥和管理，是物流系统的重要保障。

（2）行政命令（行政手段）。行政命令是决定物流系统正常运转的重要支持要素。

（3）标准化系统。标准化系统是保证物流环节协调运行，保证物流系统与其他系统在技术上实现联结的重要支撑条件。

（4）商业习惯。商业习惯是整个物流系统为了使客户达到满意所提供服务的基本要求，了解商业习惯，将使物流系统始终围绕客户进行运营，获取收益。

4）物流系统的物质基础要素

（1）基础设施。基础设施是组织物流系统运行的基础物质条件，包括物流场站、物流中心、仓库、物流线路、建筑、公路、铁路、港口等。

（2）物流装备。物流装备是保证物流系统开动的条件，包括仓库货架、进出库设备、加工设备、运输设备、装卸机械等。

（3）物流工具。物流工具是物流系统运行的物质条件，包括包装工具、维修保养工具、办公设备等。

（4）信息技术及网络。信息技术及网络是掌握和传递物流信息的手段，根据所需信息水平不同，包括通信设备及线路、传真设备、计算机及网络设备等。

（5）组织及管理是物流系统的"软件"，起着连接、调运、运筹、协调、指挥其他各要素，以保障物流系统目的实现的作用。

5）物流系统的流动要素

从"流"的角度来看，任何一个具体的物流业务可以分解为五个要素的结合，即流体、载体、流量、流向和流程。

2. 电子商务物流系统的功能

电子商务物流系统主要包括六大功能：订单管理、仓储与分拨、运输与交付、退货管理、客户服务、数据管理与分析等。

1）订单管理

订单管理包括接收订单、整理数据、订单确认、交易处理（包括信用卡结算、赊欠业务处理）等。

2）仓储与分拨

仓储与分拨中心主要有两个方面的业务：分拣与存货清单管理。

3）运输与交付

运输与交付具体包括确认运输需求、设计运输路线、运输作业实施等。

4）退货管理

退货管理承担货物的修复、重新包装等任务。

5）客户服务

客户服务包括售前和售后服务，主要是对客户的电话、传真、电子邮件的回复以及货物的安装和维修等工作。

6）数据管理与分析

对于客户提交的订单，电子商务物流系统能对相关数据进行分析，产生深度分析报告。

举一个例子来说，客户服务系统是电子商务物流作业系统中比较重要的一个系统，因为它直接面对客户，向客户提供企业的各种产品和多种服务，同时满足客户的要求，解决客户的问题，客户服务功能的强弱、客户服务水平的高低反映一个企业的管理和素质，影响着企业的形象，也对企业产品的推广和发展起到比较重要的作用。就第三方物流企业的电子商务网站的客户服务功能而言，最起码应当具有以下的功能。

1）客户登录功能

电子商务网站首先应当具有客户登录功能。登录网站的基本方式有两种。

（1）任何一个客户可以点击企业的网站地址，进入网站进行一般浏览和输入信息。这种登录不能够打开业务系统页面，不能获取业务信息。这种方式适用于一般客户和新客户。

（2）为用户设立权限和密码认证，用户登录网站后输入用户名和密码，获得系统认可后可以直接进入企业业务系统的某些功能模块，获取有关的业务信息。这种登录只适用于那些企业认可的老客户和有业务关系的客户。企业通常用所谓会员制来管理他们。所谓会员制，就是那些已经列入企业的客户名册、具有详细可靠信息、已经进入企业客户管理范围、享有一定的权利和义务的客户集合。一般客户要想成为会员客户，就得在作为一般客户登录网站后，填写客户信息调查表、输入真实详细的信息后，企业认可就可以成为会员客户，一般客户如果想和企业发生业务关系，如想委托物流配送中心为自己仓储、运输和配送，就必须要填写详细真实的客户信息表，因而很自然就成为企业的会员客户。

对于企业来说，客观上总是存在一般客户和会员客户，因此企业网站上这两种登录方式都是必要的。

2）客户信息调查和客户留言功能

客户信息调查和客户留言功能，主要是为新客户和一般客户设置的。这些客户可以登录网站，但是不能够进入业务系统。如果他们想获取业务信息，可能的途径只有两条：①填写客户信息表，说明自己的意向。②只填写客户留言，说明自己的情况和意向，等待企业的答复。这两个功能是企业收集新客户和一般客户信息的重要途径，对于企业增加会员客户、了解市场信息、扩大客户市场，都有重要的意义。因此这两个功能也是必需的。

3）客户呼叫和客户沟通功能

这是一个内容更广泛、更实用也更复杂的功能。客户呼叫和客户沟通，除了包括登录网站、填写信息的单向文字操作功能外，还包括电话、E-mail 等双向交互语音和文字操作功能，由于电话、传真的普遍使用，所以这种功能更加具有普遍性和实用性。

客户呼叫，包括客户呼叫企业和企业呼叫客户两个方向，呼叫形式包括电话、传真和 E-mail 等基本形式。客户沟通，也叫信息交互，包括信息往来和当面交谈两种形式。信息往来，可以通过 E-mail、客户留言和答复等形式，这些形式的信息交互在时间上不连续，可以相互错开，交互双方不需要同时在场。当面交谈则可以通过电话、聊天室等形式进行，它们在时间上是连续的，交互双方同时在场。

这两个功能，有的需要进入业务系统，留下记录或者执行业务系统的某些功能，如客户通过传真、信件、E-mail 等传来的订货合同与汇款信息等。

客户信息等都要在业务系统中留下记录。企业呼叫客户转送有关的业务信息，需要执行业务系统的有关功能、提取信息发给用户。因此，企业的网站应当具有多媒体转换功能，把语音信息转换成文字信息，把非格式化信息转换为格式化信息，这样才能够留下记录。

在比较高级的客户沟通功能中，还具有会员俱乐部的功能。即为所有会员客户设立了一个专门页面，让他们自由发表意见，相互交流经验和意见，甚至还提供一些在线娱乐方式，让会员客户在其中尽兴玩乐。

4）宣传广告功能

网站的广告宣传功能，主要是宣传企业、宣传产品来扩大影响、扩大吸引力，招揽一般客户、开发新客户而设置的。有人称，网上经济是一种"注意力经济"，谁的网站最引人注意，招揽的人多，谁就能够揽得更多客户，因此宣传广告功能的核心，就是要增加吸引力。这可以采取多种措施，如网站名字设计得有特色、容易引起人们的兴趣、简洁易记；页面设计得新颖别致、精美漂亮，点击方便迅速；采用醒目、简洁的文字说明、动画、艺术字体、旗帜广告等宣传企业和产品等；配合音乐、颜色、多媒体等建立一个协调的工作氛围；可能的话还可以设计一些趣味娱乐项目、新闻、小说阅读、科普知识、技术咨询、培训项目等，增加网站的吸引力。

5）客户信息储存和处理分析功能

网站的客户服务模式中，一个最重要的功能就是客户管理。客户管理的基本内容，一是要开发新客户；二是要管好会员客户。管好会员客户，首先要管好会员名册信息，要妥善收集、储存、维护好客户信息，包括客户基本信息和客户业务往来信息。管好客户基本信息，就是要维护好客户基本信息表。管好客户业务往来信息，就是要维护好业务往来表。要按客户重要顺序对业务往来表进行统计，求出各个客户的业务量、业务信誉程度。如果客户很多、管不过来，要根据客户的业务量和业务的信誉程度将客户分成 A、B、C 三类，进行分类管理，引入奖励竞争机制，防范客户风险。要根据客户的地区分布情况进行统计，制定客户市场的开发策略，开发新客户、开发新市场。

6）客户业务处理和信息反馈功能

企业电子商务网站的一个重要功能就是企业的业务处理信息系统。这是一个最基础的功能，企业的业务处理不好，则一切都谈不上。物流配送中心最基本的业务就是为客户储运配送客户的物资。储运配送的效果如何，是客户最关心的事情。要根据企业的业务处理流程，追踪每一笔业务，留下记录，这些记录可以提供客户查询。看到自己的业务处理的进度和处理质量，客户就能够放心。如果处理得好，就可以提高客户满意度、培养忠诚客户。忠诚客户的宣传，最容易吸引新客户，扩大客户市场，形成良性循环。当然如果处理不好，也会形成恶性循环，丧失客户。这就要求我们既要做好网上运作，也要做好网下的业务运作。

7）网上企业业务处理功能

企业的网上业务处理，就是企业的物流管理信息处理，包括企业物资的进货、储存、出库发运业务的信息处理。企业不同，具体的业务有可能不同。对于一般的第三方物流企业来说，应当具备以下一些基本功能：物资编码管理、仓库货位管理、车队管理、司机管理、物资入库管理、物资出库管理、运输调度管理、运输业务管理、客户管理、供应商管理、结算与成本管理、经济效益管理、系统维护等。

3.4.3 典型的物流系统分析

物流系统分析是指在一定的时间和空间里，对其所从事的物流活动和过程作为一个整体来处理，以系统的观点、系统工程的理论和方法进行分析研究，以实现其空间和时间的经济效益。更详细的描述是，从对象系统整体最优出发，在优化系统目标、确定系统准则的基础上，根据物流的目标要求，分析构成系统各级子系统的功能和相互关系，以及系统同环境的相互影响，寻求实现系统目标的最佳途径。

物流系统分析的目的就是要使输入（资源）最少，而输出的物流服务效果最佳。物流系统分析时要运用科学的分析工具和计算方法，对系统的目的、功能、结构、环境、费用和效益等，进行充分、细致的调查研究，收集、比较、分析和处理有关数据，建立若干个拟订方案，比较和评价物流结果，寻求系统整体效益最佳和有限资源配备最佳的方案，为决策者最后抉择提供科学依据。

物流系统分析的目的在于通过分析，比较各种拟订方案的功能、费用、效益和可靠习惯等各项技术、经济指标，向决策者提供可做出正确决策的资料和信息。所以，物流系统分析实际上就是在明确目的的前提下，来分析和确定系统所应具备的功能和相应的环境条件。

根据系统分析的基本含义，物流系统分析的主要内容有系统目标、系统结构、替代方案、费用和效益、系统模型、系统优化、系统的评价基准及评价等。

3.5 电子商务与供应链

3.5.1 供应链

供应链是一个由多种工具以及分销配送选择组成的网络，这个网络执行从原材料采购、将原材料转换成中间产品及最终成品，以及将成品分发配送到消费者手中等一系列功能。供应链涉及如零售商、分销商、运输商、存储商和多个层次的供应商等众多单位，以及销售、配送和定制生产等活动。一般来说，供应链涉及物流、资金流和信息流。无论是生产厂家或者是服务性行业都会涉及供应链。尽管每个行业的供应链复杂程度不同，但是供应链都是企业成败的关键因素之一。

3.5.2 供应链管理

供应链管理（SCM）包括一系列相互关联的管理方法，供应链管理的基本思想是，任何一个组织都是很多组织形成的相互联系、相互作用、相互依赖的链或工作网中的分子。所有团体、组织和个人在所有行为中至少有一部分是作为其他组织的客户或供应商。对于供应链管理，有许多不同的定义和称谓，如超市和日用消费品生产行业中的有效客户反应（ECR），服装行业应用的快速反应（QR）、准确响应（AR）、虚拟物流（VL）和连续补充（CR）等。

供应链很长并且很复杂，并可能涉及遍布全球各地的很多单位。因此，供应链里往往会存在质量和精确度等问题，特别是大量的人工操作，更加容易导致以上问题的出现。供应链的问题当中，最有代表性的一个是"牛鞭效应"问题。

牛鞭效应，是经济学中的一个术语，是指供应链上的一种需求变异放大的现象。信息流从最终客户端向原始供应商端传递时，无法有效地实现信息的共享，而供应链上的各个单位各自为政，从自己的观点出发解决遇到的问题，使得信息扭曲而逐级放大，导致需求信息出现越来越大的波动，此信息扭曲的放大作用在图形上很像一根甩起的牛鞭，因此被形象地称为"牛鞭效应"。可以将处于上游的供应方比作梢部，下游的用户比作根部，一旦根部抖动，传递到末端就会出现很大的波动。

3.5.3 电子商务与供应链管理

电子商务供应链管理意味着供应链管理和电子商务两者的整合。互联网和信息技术使得贸易双方可以基于实时需求信息对供应链的全过程进行协作管理。同时，这样的协作为消费者提供了准确的产品存货和价格信息。最终，企业效益得到最大化而客户的满意度也得到提升。

供应链在电子商务的环境下进行了重新设计并得到了发展。以下我们将对几个典型的供应链模式进行比较。

1. 传统供应链

传统供应链是由4个"串联"起来的梯队组成的一个供应链。每个梯队只接收有关当地库存水平和销售的信息。然后每个梯队按照当地供应商的存货水平、销售情况及以前的未取货订单来制定订单。

2. 缩减型供应链

缩减型供应链是指供应链中的梯队减少了。例如，对于亚马逊的供应链来说，这就代表了零售梯队已经融入信息流和物流。这是一个用ICT（信息和通信技术）来缩减梯队的供应链。作为提高供应链的动态性的有效机制，梯队缩减型供应链已经被Wikner、Towill和Naim（1991）确认。

3. 网上购物型供应链

网上购物是指生产商直接从最终消费者那里接到订单（像戴尔企业一样通过互联网），并在生产和分销的第一时间将产品直接邮购给最终消费者。

4. 供应商管理库存型供应链

供应商管理库存这个术语在很多行业和分销渠道都出现过。供应商管理库存可以用于供应链上任意两个端点，如供应商和其供货目的地。两者可以是制造商和分销商、制造商和它的内部子企业、供应商和原始设备制造商，或者是其他供应商和其供货目的地。供应商管理库存型供应链致力于提高库存管理水平并降低供应链成本。通过共享ERP系统数据，分销商拥有零售商的销售和库存水平的资料。在此情况下，零售商并不给分销商下订单，零售商相信分销商供给足够数量的库存来保证零售商有足够的（不是太多）库存。

将供应链管理整合到电子商务中具有以下优势。

（1）降低库存水平。电子商务供应链管理能使供应商和买家之间协作制订产品计划成为可能。在现今快速变化的市场环境下，低库存水平意味着更低的仓储费用和风险。

（2）增加客户满意度。电子商务物流管理帮助供应商获得不同客户所要求的产品数量、产品类型、供货时间和客户地点等准确订单信息。依此信息，供应商可以更精确地估计配送时间并迅速对客户的请求做出回应。

（3）利润最大化。电子商务物流管理通过合理调整订单次序为企业实现产能的最优化，因此提高了企业的利润。

（4）降低运作费用。电子商务化的运作模式增进了企业间的沟通和协调，降低出错率。同时，自动化的运作减少了对人员的需求，节省了劳动力成本。

（5）缩短产品生产时间。良好的生产计划和较低的出错率提高了产品生产的效率。

本章小结

电子商务是21世纪的商务工具，而现代物流将成为电子商务发展的支点。在信息化的电子商务时代，物流与信息流的配合也变得更重要，必须借助现代物流技术。只有正确而有效地将现代物流技术应用于电子商务物流管理中，才能很好地解决电子商务物流中存在的诸多问题，使电子商务物流更好地服务于电子商务活动，也使电子商务更好、更快地发展。

思考练习题

1. 名词解释

（1）条码技术

（2）射频识别技术

（3）电子商务物流系统

（4）供应链管理

2. 简述题

（1）电子商务物流的特征有哪些？

（2）电子商务物流系统的构成要素有哪些？

（3）电子商务系统的物流模式有哪几类？

（4）电子商务与供应链整合以后的优点有哪些？

实践实训

以小组为单位，选择你熟悉的某一传统行业，为其策划一个供应链管理方案。

参考文献

[1] 罗葳. 基于大数据的电子商务物流服务创新机制研究[J]. 经济研究导刊，2021（22）：34-36.

[2] 赵蕾，马丽斌. 基于电子商务的物流模式研究[J]. 商场现代化，2007（7）：82-83.

[3] 李玲. 跨境电子商务背景下国际物流供应链管理模式探究[J]. 辽宁经济管理干部学院学报，2021（4）：7-9.

[4] 孙霁. 电子商务下物流模式的探讨[J]. 商场现代化，2007（5）：82-83.

[5] 庞立伟，刘林林. 物流供应链管理低成本策略[J]. 合作经济与科技，2020（14）：92-93.

[6] 曹宁珂. 解读电子商务对物流及其管理的影响[J]. 风景名胜，2019（3）：181.

[7] 李会敏，周溪召. 电子商务下的物流发展研究[J]. 物流科技，2012（3）：57-60.

[8] 魏修建，严建援，张坤. 电子商务物流[M]. 北京：人民邮电出版社，2017.

[9] 李维国. 基于大数据的电子商务智慧物流发展[J]. 办公自动化，2021，26（14）：34-35，17.

[10] 李波，李想. "互联网+"背景下电商供应链发展探讨[J]. 商业经济研究，2020（24）：82-85.

[11] 李文华. 基于电子商务的物流管理信息系统的研究[D]. 长春：吉林大学，

2011.

[12] 陈香莲. 我国电子商务物流系统信息化研究 [J]. 物流工程与管理, 2013（1）: 123-124, 97.

[13] 谢明. 电子商务物流系统设计与集成化建设研究 [J]. 物流工程与管理, 2010（10）: 133-134.

[14] 孟晓明. 电子商务供应链管理与传统供应链管理的比较 [J]. 中国管理信息化, 2006（3）: 53-56.

[15] 李帅. 基于电子商务的物流与供应链网络优化问题研究 [D]. 沈阳: 沈阳理工大学, 2014.

[16] 张伟伟. 浅析电子商务背景下现代物流的发展路径 [J]. 全国流通经济, 2017（23）: 23-24.

[17] 徐旭. 物流学概论 [M]. 南京: 南京大学出版社, 2017.

[18] 蒋丛萃. 大数据背景下我国电子商务的发展现状和趋势研究——评《电子商务与物流管理》[J]. 电镀与精饰, 2020, 42（8）: 49.

[19] 石磊, 杨放敏. 基于电子商务平台的供应链管理 [J]. 市场周刊（理论研究）, 2010,（6）: 34-35, 94.

[20] 刘芷豪. 电子商务应用、供应链协同与流通产业集群的互动关系探讨 [J]. 商业经济研究, 2021（8）: 12-15.

[21] 罗秋云, 欧丹丽. 跨境电子商务与物流融合的困境及对策 [J]. 营销界, 2019（24）: 104-105.

第 4 章 网络营销

学习目标

1. 了解网络营销的基本概念、特点、理念与内容。
2. 讨论网络营销与传统营销的区别和联系。
3. 了解网络广告的基本概念及效果评估方式。
4. 了解网络营销的主要技术。
5. 掌握网络营销策略的基本理论与实施。
6. 分析开展网络营销的理论和实践意义。

知识架构

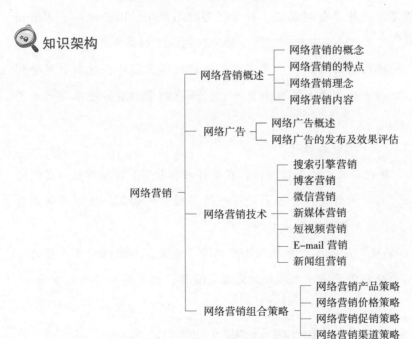

导入案例

2020 直播行业创新案例 TOP10

2020年，直播、短视频等经济新业态迅速崛起，它们在自身迅速发展的同时，也加快向生活、生产、消费各领域赋能。不少城市通过"直播+产业"提升核心竞争力，同时也通过将直播与公益活动、传播地域文化、城市营销、文旅融合等结合，形成高流量、高效益的线上新经济。以下是2020年直播行业创新案例TOP10[①]。

1. 陌陌："给乡村孩子的科学课"

2019年9月，由北京网络文化协会指导、陌陌科技主办的"给乡村孩子的科学课"正式启动。来自中国科技馆、北京自然博物馆、北京天文馆、国家动物博物馆、中国地质大学等知名科学研究机构的专家学者为22个省份的150所乡村学校的数万名孩子带来了10堂别开生面的科普教育课。

利用直播技术，让更多的知识触达偏远地区的学生，让他们也可以享受优质的教育资源，这是互联网时代科技的赋能，也是企业回馈社会、肩负责任与使命的初心。

2. 抖音："山里DOU是好风光"项目

"山里DOU是好风光"项目主要依托抖音平台，从流量倾斜、人才培训、产品扶持、官方认证等方面入手，帮助贫困县打造文旅品牌，促进当地持续增收，助力乡村振兴。据了解，除了贵州荔波，抖音还与河南栾川、山西永和、四川稻城亚丁、贵州雷山、河北涞源、湖北利川等贫困地区达成了相关合作。

互联网时代，地球村的目标正一步步实现，一些偏远贫困地区也渐渐享受到网络带来的便利。以抖音为代表的视频直播平台，正有效带动着当地旅游产业的发展。

3. 哔哩哔哩："二〇一九最后的夜"

B站一直集焦于喜欢二次元的年轻群体。在这样的背景下，B站首创的视频网站直播跨年的做法，可以看作是一个吸引更多年龄层用户的尝试。从节目播出后引起的热烈讨论来说，这无疑是一个成功的实践。

"二〇一九最后的夜"是专属于年轻人的元旦跨年晚会，所以相对于以往的跨年节目，此次B站充分利用了年轻人喜欢的弹幕、直播，大大增强了用户互动性。

---

① 之槐.2020直播行业创新案例TOP10[J].互联网周刊，2020（12）：18-19.

同时，在晚会节目选择上，B站融合了唱歌、舞蹈、相声、乐器表演、虚拟偶像等更多的表演形式。

4. 斗鱼："加衣行动为爱1"

为让高寒地区的孩子们感受到温暖和关爱，斗鱼直播联合公益组织"爱心衣橱"，共同发起"加衣行动为爱1"主题公益活动，向新疆伊犁特克斯县喀拉苏教学点的孩子们捐助冬衣。活动分为"公益拍卖""衣物装箱大挑战"以及线下"快乐的一天"陪伴式直播等多种形式，在寒冷的冬日，为新疆喀拉苏的孩子们送去温暖。

随着企业的发展壮大，一些企业开始越发重视平台的社会责任，斗鱼也是如此。基于自身的发展优势，斗鱼正在积极探索履行社会责任、传播正能量的方式。直播行业的发展为各行各业提供了新的发展机遇，也为行业内部树立了积极向上的标杆。

5. NOW直播：奇妙博物馆

NOW直播联合上海世博会博物馆以及10位优秀的讲解员，以"直播文化"的形式进行了10场主题各异的博物馆直播，开启了"奇妙博物馆"之旅。

作为时下流行的社交方式，直播的高互动性、强代入感和强渲染能力为传统文化和非遗文化的传播创造了良好的环境。它在唤醒传统文化内在生命力的同时，还给观众带来了一场便利、有趣的文化体验。

6. 虎牙：AI数字人

依托5G和AI的进一步发展，虚实结合技术将令直播在场景、人物和内容情节等方面突破时间和空间的限制，赋予直播新的内容。虎牙启动虚实结合开放平台HERO，并发布由虎牙与DK公会合作的直播AI数字人形象"晚玉"。

数字人的背后，是虎牙一套完整的解决方案，包含建模、驱动和渲染三大核心技术，运用了3D重建、人脸结构化、动作迁移和实时渲染、AR（增强现实）融合等多项技术。该AI数字人利用端边云协同的能力，解决了高精度人脸表情驱动、肢体驱动、高逼真3D渲染等多个对算力和时延都有苛刻要求的难题。

全息AR直播，无疑为直播行业注入了新的血液。直播系统凭借互动性强的特点，成为名副其实的"工具人"，逐渐向各行各业渗透，成为人们生活不可或缺的部分。

7. 映客直播："小映扶贫计划——寻找最美乡村代言人"

映客启动的"最美乡村代言人"培养计划，是希望利用平台的算法技术、产品优势，通过一系列包括流量支持、品牌升级营销、电商通路、红人带货等创新型赋能形式,助推新农人加速成长,全面开启和挖掘乡村价值,反哺贫困地区,实现乡村"造血"。

通过"直播扶贫"的方式,加大了对贫困地区自身优势的挖掘和宣传,促进了地区内生力的发展,这是新时代下自强不息奋斗精神的表现。

8. 酷狗直播:线上音乐综艺《声家班》

受疫情影响,线下商演活动逐渐向线上转型。酷狗直播打造的线上音乐综艺《声家班》,突破了场地和硬件的限制,让音乐人在家即可与网友互动,增大曝光量。《声家班》兼具音乐性与综艺性,通过竞技表演、趣味互动、对话访谈等环节为网友持续输出多元内容。

直播流行的当下,音乐行业也开始呈现多样化的发展模式。《声家班》通过酷狗直播平台,为年轻音乐人创造了更广阔的发展空间。

9. 碧桂园:数字营销时代的直播卖房

2020年5月5日晚,碧桂园在抖音平台直播卖房,覆盖76个城市的1.7万套精品房源,在持续2小时的直播中,主直播间连同29个分会场共吸引了近800万观众。据统计,直播期间碧桂园共实现认购约25亿元。

随着淘宝、抖音、快手等视频直播平台日渐成熟,实时互动、渲染力强的直播带货场景赢得了越来越多消费者的青睐,"万物皆可播"的营销形式正极大地重塑着各行各业。数字化深刻改变着人们社会生活的方方面面,而数字化营销也已经成为企业未来生存的必备技能。故专家点评为:适时而动。

10. 拼多多:旅游直播"云游中国"

为帮扶景区和文旅企业,满足消费者疫后即将逐渐升温的旅游需求,拼多多适时推出了"云游中国"系列旅游直播活动,希望通过线上"云游"模式,带动线下旅游消费。据拼多多介绍,活动首站落地湘西芙蓉镇。平台与该景区联动,通过实景在线展示、活动现场体验、导游互动讲解等方式,吸引近35万人参与,弹幕留言点赞超过600万条。

今天,网络时代已经来临,互联网上的商家、消费者以及产品和服务,形成了一个名副其实的虚拟市场。有了虚拟市场,网络营销应运而生。网络营销作为一个新生事物,在市场营销中发挥了很多传统营销不具备的作用,并且受到越来越多人们的关注。

4.1　网络营销概述

4.1.1　网络营销的概念

与许多新兴学科一样，"网络营销"同样也没有一个公认的、完善的定义。一些学者或网络营销从业人员对网络营销的研究和理解往往侧重某一方面：有些偏重网络本身的技术实现手段；有些注重网站的推广技巧；也有些人将网络营销等同于网上直销；还有一些把新兴的电子商务企业的网上销售模式也归入网络营销的范畴。

关于网络营销的概念，目前主要有这样几种定义。

（1）网络营销是企业整体营销战略的一个组成部分，是为实现企业总体经营目标所进行的，以互联网为基本手段营造网上经营环境的各种活动。

（2）网络营销是指基于互联网、移动互联网平台，利用信息技术与软件工具满足企业与客户之间交换概念、产品、服务的过程，通过在线活动创造、宣传、传递客户价值，并且对客户关系进行管理，以达到一定营销目的的新型营销活动。

（3）网络营销是指为发现、满足或创造客户需求，利用互联网（包括移动互联网）所进行的市场开拓、产品创新、定价促销、宣传推广等活动的总称。

（4）网络营销是指借助计算机网络、数据通信来实现企业营销目的的活动。

总的来说，尽管目前对网络营销还难以给出完善、严格的定义，但是从上述内容可以看出，网络营销的突出特点是以互联网作为手段，从而达到营销的目的。广义地说，凡是以互联网为主要手段进行的、为达到一定营销目标的营销活动，都可称为网络营销（或叫网上营销），也就是说，网络营销贯穿于企业开展网上经营的整个过程，从信息发布、信息收集，到开展网上交易，网络营销一直都是一项重要内容。

4.1.2　网络营销的特点

随着互联网技术发展的成熟以及互联网成本的降低，互联网像一种"万能胶"将企业、团体、组织以及个人跨时空联结在一起，使得信息的交换变得"唾手可得"。市场营销中最重要也是最本质的是组织和个人之间进行信息传播和交换，如果没有信息交换，交易也就是无本之源。因此，网络营销具有如下特点。

（1）跨时空性。由于互联网具有超越时间约束和空间限制进行信息交流的特点，使得脱离时空限制达成交易成为可能，企业能有更多的时间和更大的空间进行营销，可24小时随时随地提供全球性营销服务。在此以前，任何一种营销理念和营销方式都是在一定的范围内去寻找目标客户，而网络营销是在一种无国界的、开放的、全球的范围内去寻找目标客户。市场的全球性带来的是更大范围成交的可能性、更广域的价格和质量的可比性。

（2）交互性。网络营销可以借助互联网进行产品目录展示，提供有关产品信息的在线查询，与客户进行双向沟通，收集市场情报，进行产品测试和客户满意度调查等，与客户建立长久、稳定的关系。

（3）个性化。基于互联网的网络营销促销是一对一的、理性的、客户主导的、非强迫的、循序渐进式的，而且是一种低成本和人性化的促销，可以避免推销员强势推销的干扰，并通过信息提供和交互式交谈，与客户建立长期友好的关系。

（4）多媒体性。网络营销充分利用互联网可以传输多种媒体信息（如文字、声音、图像、流媒体等）的特性，使交易信息可以多种形式存在和交换，充分发挥营销人员的创造性和能动性。

（5）成长性。随着互联网的普及应用，网络使用者数量快速增加，逐步年轻化，而且多数是中产阶级，受教育程度高，这部分群体购买力强，而且具有很强的市场影响力，因此网络营销是一项极具开发潜力的市场渠道，具有无限的发展空间。

（6）整合性。一方面，互联网络上的营销由发布产品信息至收款、售后服务组成，因此也是一种全程的营销渠道。另一方面，企业可以借助互联网将不同的传播营销活动进行统一设计、规划、协调和实施，以统一的传播方式向客户传达信息，避免了因传播方式的不一致而产生的消极影响。

（7）高效性。在网络营销中，由于计算机可以存储大量的信息，能够满足客户的信息查询需求，传送的信息数量与精确度远远超过其他媒体，并能适应市场需求，及时更新产品或调整价格。因此，开展网络营销能及时、有效地了解和满足客户的需求，提高营销效果和效率。

（8）超前性。互联网络是一种功能最强大的营销工具，它兼具渠道、促销、电子交易、互动客户服务，以及市场信息分析与提供的多种功能。它所具备的一对一营销能力，正符合营销的未来趋势。

（9）经济性。在网络营销中，通过互联网进行信息交换，代替传统营销中的实物交换：①可以减少印刷与邮递成本，实现无店面销售、免交租金、节约水电与降低人工成本，有效减少了经营成本。②可以简化营销过程，降低由于迂回多次交换带来的损耗，提高营销效益。

（10）技术性。网络营销是建立在以高技术作为支撑的互联网基础上的，企业实施网络营销必须有一定的技术投入和技术支持，才能改变传统的组织形态，提升信息管理部门的功能。网络营销与传统营销相比，技术要求更高。

4.1.3 网络营销理念

营销理念是企业制定营销战略、实施营销策略、组织开展营销活动所遵循的一系列指导思想的总称。网络营销作为一种全新营销理念，具有很强的实践性，它的发展速度是前所未有的。主要的网络营销理念有以下几种。

1. 社会市场营销观念

社会市场营销观念认为，企业的任务是确定目标市场需求、欲望和利益，并且在保持和增进消费者与社会福利的情况下，比竞争者更有效率地使目标客户满意。这不仅要求企业满足目标客户的需求与欲望，而且要考虑消费者及社会的长远利益，即将企业利益、消费者利益与社会利益有机地结合起来。

2. 客户让渡价值理论

这一理论认为，在市场营销观念指导下，企业应致力于客户服务和客户满意。而要实现客户满意，需要重视客户让渡价值。客户让渡价值是指客户总价值与客户总成本之间的差额。客户总价值是指客户购买某一产品或服务所期望获得的一组利益，包括产品价值、服务价值、人员价值和形象价值等。客户总成本是指客户购买某一产品所耗费的时间、精神、体力以及所支付的货币资金等，因此客户总成本包括货币成本、时间成本、精神成本以及体力成本等。

营销工作者了解客户让渡价值的重要意义在于，它能够提醒企业想方设法向客户提供比竞争对手具有更多客户让渡价值的产品，吸引更多的潜在客户购买其产品。一切影响客户让渡价值的因素在网络营销中都将会发生变化。网络营销能否获得成功取决于企业能否有效地利用这些变化来提高客户让渡价值。

3. 服务市场营销理论

服务市场营销是指服务企业通过取得客户满意和忠诚来促进相互有利的交换，最终获取适当的利润和企业长远发展的方法。从服务营销观念理解，消费者购买了产品仅仅意味着销售工作的开始而不是结束,企业关心的不仅是产品的成功售出,更注重的是消费者在享受企业通过产品所提供的服务的全过程的感受。

4. 整体营销理论

这种理论是制造商和经销商营销思想上的整合,两者共同面向市场,协调使用各种不同的传播手段,发挥不同传播工具的优势,联合向消费者开展营销活动,寻找调动消费者购买积极性的因素,达到刺激消费者购买的目的。

5. 大市场营销理论

大市场营销是指企业为了进入特定的市场,并在那里从事业务经营,在策略上应协调地运用经济的、心理的、政治的、公共关系等手段,以博得外国或地方各方面的合作与支持,从而达到预期的目的。

大市场营销理论发展了市场营销观念和社会营销观念:①在企业与外部环境关系上,突破了被动适应的观念,认为企业不仅可以通过自身的努力来影响,而且可以控制和改变某些外部因素,使之向有利于自己的方向转化。②在企业与市场和目标客户的关系上,突破了过去那种简单发现、单纯适应与满足的做法,认为应该打开产品通道,积极引导市场和消费,创造目标客户需要。③在市场营销手段和策略上,在原有的市场营销组合中,又加进了政治权利(power)和公共关系(public relations)两种重要手段,从而更好地保证市场营销活动的有效性。

6. 绿色市场营销理论

绿色市场营销观念是指企业在绿色消费需求的推动下,保护环境、充分利用环境资源、绿色资源,研发绿色产品,把日常生活中的废品和大自然的绿色资源变成消费品,从而满足消费者的需求和企业的营销理念。它是以消费者的绿色消费需求为基础,综合利用各种资源进行企业营销的过程。这种绿色市场营销观念有利于社会环境、有利于人们的健康,是现代人们比较推崇的营销观念。

4.1.4 网络营销内容

网络营销包含的内容很广,可以分为:①针对新兴的网上虚拟市场,及时了解和把握网上虚拟市场的客户特征和客户行为模式的变化,为企业在网上虚拟市场进行营销活动提供可靠的数据分析和营销依据。②在网上开展营销活动来实现企业目标。

具体来说,网络营销内容主要包括以下几个方面。

（1）网上市场调查。网络营销主要利用互联网的交互式信息沟通渠道来实施调查，所采取的方法包括直接在互联网上发布问卷进行调查和通过网络搜索收集市场调查中需要的各种资料等。网上市场调查应关注如何利用有效的工具和手段实施调查与收集整理资料，提高调查效率和效果，以及如何获取想要的资料信息，并分析有用的信息。

（2）网络消费者行为分析。网络消费者有着与传统市场群体截然不同的特性，因此要使得网络营销活动达到预期的效果，必须深入了解网络消费者的需求特征、偏好、购买动机和购买行为模式。另外，互联网作为良好的信息沟通平台和工具，已经成为许多有相同兴趣爱好的人员聚集交流的场所，并且形成一个个特征鲜明的网上虚拟社区，网上消费者行为分析的关键之一就是了解这些虚拟社区的消费群体的特征和喜好。

（3）网络营销策略制定。在采取网络营销实现企业营销目的时，必须制定与企业自身相适应的营销策略，这是由于不同企业在市场中所处的地位往往是不同的。网络营销虽然是非常有效的营销工具，但企业实施网络营销时也是需要投入的，且有风险。因此，企业在制定网络营销策略时，也应该考虑到其他各种因素对网络营销策略制定的影响，如产品周期的影响等。

（4）网络产品和服务策略。作为有效的信息沟通渠道，网络除了销售传统的有形产品之外，还可以成为一些无形产品（如软件和远程服务）的销售载体，从而改变了传统产品的营销策略。因此，作为网上产品和服务的营销，必须结合互联网的特点重新考虑产品的设计、开发、包装和品牌等传统产品策略。

（5）网络价格营销策略。网络作为一种新兴的信息交流和传播工具，从诞生开始坚持的就是自由、平等和信息基本免费的策略。因此，在制定网上价格营销策略时，也必须考虑到互联网对企业定价的影响和互联网本身独特的免费思想。

（6）网上渠道选择与直销。互联网对企业最大的影响是对其营销渠道的影响。借助互联网交易双方直接互动的特性，可以建立网上直销的销售模式，改变传统渠道中的多层次选择和管理与控制的问题，最大限度地降低营销渠道中的营销费用。企业建设网上直销渠道时必须进行一定的投入，同时可能还需要改变传统的经营管理模式。

（7）网络促销与网络广告。通过互联网进行信息沟通最大的优势是可以使沟通双方突破时空限制进行直接交流，并且简单、高效，费用低廉。这就使得在网上开展促销活动非常有效。值得注意的是，开展网上促销活动必须遵循互联网的信息交流与沟通规则，特别要遵守虚拟社区的礼仪。网络广告作为最重要的促销工具，主要依赖互联网第四媒体的功能，具有交互性和直接性的特点，具有报纸、杂志、无线广播和电视等传统媒体无法比拟的优势。

（8）网络营销管理与控制。网络营销作为在互联网上开展的营销活动，必将面临许多传统营销活动从未遇到过的新问题，如网络产品质量保证问题、客户隐私保护问题和信息安全保护问题等，这些问题在网络营销中都需要被重视和进行有效控制，否则网络营销效果可能适得其反，甚至会产生很大的负面效应。

4.2 网络广告

4.2.1 网络广告概述

1. 网络广告的定义

网络广告就是在网络上做的广告，是广告主利用一些受众密集或有特征的网站来发布商业信息。事实上，对于网络广告的定义，不同的部门有不同的理解。例如，网络广告的技术定义为：网络广告是指以数字代码为载体，采用先进的电子多媒体技术设计制作，通过互联网广泛传播，具有良好的交互功能的广告形式。而网络广告的法律定义又可以分为狭义和广义两个方面，狭义的定义是指互联网信息服务提供者通过互联网在网站或网页上以旗帜、按钮、文字链接、电子邮件等形式发布的广告；广义的定义则为具有有偿性、依附性、目的性、商业性特点的网上信息都可界定为网络广告。

总的来说，我们可以将网络广告定义为，以促进企业的产品销售为目的的，通过支付一定费用来利用网站上的广告横幅、文本链接、多媒体的方法，在互联网刊登或发布广告，通过网络传递到互联网用户的一种高科技广告运作方式。

2. 网络广告的产生与发展趋势

互联网产生于20世纪80年代，自诞生起它的发展便非常迅速。作为一种新的广告形式，网络广告最早起源于1993年的美国。互联网作为一种崭新的媒体在世界范围的快速普及，导致了网络广告业的迅速崛起。互联网行业发展日新月异，互联网广告作为"伴生物"，也随行业巨头、行业风口流转和追随。其中最重要的转折莫过于，在 4G 大范围普及，用户注意力逐渐转移到手机、平板电脑等移动设备的背景下，移动互联网逐渐成为行业主流，互联网广告亦是如此。据艾瑞咨询数据，2013—2019 年，移动广告占网络广告的比重从 12.1%一路暴涨至 82.8%，已成网络广告的核心。

网络广告未来发展趋势如下。

（1）网络广告的形式已经开始复杂化和多样化。

（2）价格透明化势在必行。"价格战"一直非常激烈，有些网站为了创造知名度，增加一些市场份额，而大肆降低价格。

（3）管理更加规范化，这其中有两个方面因素推动：①国家对网络广告管理的重视。②网站本身也需要把网络广告管理完善化和规范化，以使其逐步走向成熟。

（4）客户趋向多样化。很多行业都开始介入网络广告，希望通过网络广告来推广形象和自己的产品。

3. 网络广告的形式

随着网络营销实践的开展，网络广告的形式也不断翻新，给企业提供更多选择的同时，也吸引更多的人来点击浏览。以下列举一些常见的网络广告形式。

（1）按钮广告。按钮广告的特点是体型小巧，通常被放置在页面左右两边缘，抑或灵活地穿插在各个栏目板块中间。目前常使用动态 GIF 或者 Flash 按钮广告，费用低廉、效果佳，为广告主所广泛使用。按钮广告的不足在于它要求浏览者主动点选，才能了解到企业或产品的更为详细的信息，因此具有被动性和有限性。

（2）旗帜广告。旗帜广告又称为横幅广告，是一个表现商家广告内容的图片，放置在广告商的页面上，是互联网上最早出现的广告形式，也是目前最基本的广告形式。浏览者只要点击就可以链接到某一网站，以进一步看到广告主所要说明的更详细的信息。旗帜广告一般是使用 GIF、JPG 等格式的图像文件，可以使用静态图形，也可以用多帧图像做成动画。新兴的 Rich Media、Java 等技术赋予了旗帜广告更强的表现力和交互性，但一般需要用户使用的浏览器有插件支持。

（3）文字链接广告。文字链接广告采用文字标识的方式，点击后可以链接到相关网页。同时它的广告位安排灵活，可以出现在页面的任何位置，可以竖排也可以横排。每一行就是一个广告，点击任何一行都可以进入相应的广告页面。它是一种对浏览者干扰较少，但效果显著的网络广告形式。

（4）主页广告。现在越来越多的企业已经建立或开始建立自己的网站，企业可以将需要发布的信息分门别类地制作成网页，让消费者全面了解企业及其产品或服务。主页广告要让消费者了解尽可能多信息的同时，还要注意主页内容的知识性和趣味性，并且要经常更新内容，只有这样才能吸引和留住更多的浏览者，从而真正实现广告目标。

（5）电子邮件广告。电子邮件是网民最常使用的互联网工具。电子邮件广告具有针对性强、费用低廉的特点，且广告内容不受限制。

（6）视频广告。视频广告是利用流媒体技术提供的新型广告形式。在整合了网络广告的交互性与电视广告的冲击力后，视频广告能够实现实时的影音在线播放。主要有页面嵌入方式、浮动方式、弹出方式等形式。

（7）弹出式广告。弹出式广告在访问者进入该页面之前，就抢先以大尺寸弹出的形式将相关广告信息推荐给浏览者，使人在意外之间加以关注。弹出式广告迫使网民不得不浏览其广告内容，因此广告效果较好，也受到广告商们的青睐。但是，弹出式广告也激起了许多网民的极大不满。

（8）全屏广告。用户打开浏览页面时，广告将以全屏方式出现3~5秒，可以使用静态页面，也可以使用动态的Flash效果，然后逐渐缩成普通的旗帜广告尺寸，进入正常阅读页面。该种形式对于广告主来说，是一种广告效果巨大的广告形式。因为在广告进行收缩的这段时间里，全屏广告基本上对用户浏览广告没有任何干扰，拥有强大的视觉冲击力。

（9）画中画广告。这是一种将大型广告放置在页面中间的网络广告形式，具有广告位置明显、干扰度低、页面承载内容量大、互动性强等优点。

（10）即时通信工具。现在网上有各种即时通信工具，如腾讯的QQ，用户数量庞大。一个拥有大量用户群的软件，理所当然地成为一个极好的广告媒体，而且它是基于互联网的应用软件。

4.2.2　网络广告的发布及效果评估

1. 网络广告的发布

1）网络广告的发布方式

广告主如何通过互联网发布企业的广告？从目前来看，一般有以下几种方式。

（1）主页形式。这是常用的发布网络广告的方式之一。这种情况下，企业可对广告的内容、画面结构、互动方式等因素进行全面的、不受任何约束的策划。这不但是一种企业形象的树立，还是宣传产品的良好工具。因此，建立自己的主页，对于大企业来说，是一种必然的趋势。但是，网站也不能像传统媒体广告那样所有的页面全都被广告所充斥，一个网站除了提供广告，还应该提供一些其他的非广告信息，以增加网站访问量。

（2）互联网内容提供商。互联网内容提供商由于提供了大量的互联网用户需要的感兴趣的免费的信息服务，因此网站的访问量非常大。如新浪、搜狐、网易等门户网站，它们提供了新闻、评论、生活、财经等内容。目前，这样的网站是网络广告发布的主要阵地，其主要形式是旗帜广告。

（3）专类销售网。专类销售网是一种专类产品直接在互联网上进行销售的方式。现在这样的网站越来越多，例如汽车之家、太平洋电脑网以及搜房网等。以汽车之家为例，消费者在网站输入自己所需汽车的类型、价位、品牌或者型号等信息，就可以搜索到完全满足消费者需要的汽车的各种细节，当然还包括何处可以购买到此种汽车的信息。类似地，其他类别产品的代理商和销售商也可以注册加入相应的专类销售网络，从而无须付出太大的代价就可以将企业的产品及时地呈现在用户面前。

（4）免费的互联网服务。由于互联网上广告内容繁多，即使企业建有自己的主页，也需要用户主动通过大量的搜索和查询，才能看到广告的内容。而免费的互联网服务能帮助企业将广告主动送至使用该免费服务又想查询此方面内容的用户手中。目前，在互联网上有许多免费的服务，如网易的免费邮箱。

（5）黄页形式。在互联网上有一些专门提供查询检索服务的网络服务商站点，如中国114黄页、58同城等。这些站点就如同电话黄页一样，按类别划分，便于用户进行站点的查询。在其页面上，都会留出一定的位置给企业做广告。

（6）网上报纸或杂志。在互联网蓬勃发展的今天，一些世界著名的报纸或杂志，如美国的《华尔街日报》《商业周刊》，国内的《人民日报》《文汇报》《中国日报》等，纷纷在互联网上建立自己的主页。更有一些新兴的网上报纸与杂志，反响也非常好，每天访问的人数不断上升。对于注重广告宣传的企业，在这些网上杂志或报纸上做广告也是一个不错的选择。

（7）虚拟社区和公告栏（BBS）。虚拟社区和公告栏是网上比较流行的交流沟通渠道，任何用户只要遵循一定礼仪都可以成为其成员。任何成员都可以在上面发表自己的观点和看法，因此发表与企业产品相关的评论和建议，可以起到非常好的口碑宣传作用。这种方式的好处是宣传是免费的，但要注意遵循网络礼仪，否则将适得其反。

（8）新闻组。新闻组也是一种常见的互联网服务，与公告牌相似，人人都可以订阅成为新闻组的一员。成员可以在其上阅读大量的公告，也可以发表自己的公告，或者回复他人的公告。新闻组是一种很好的讨论与分享信息的方式。对于一个企业来说，选择在与本企业产品相关的新闻组上发表自己的公告将是一种非常有效的、传播自己的信息的渠道。与 BBS 一样，新闻组发布信息也是免费的，同样也要遵守相应网络礼仪。

2）网络广告发布注意事项

（1）慎重选择网络广告服务提供商。随着互联网的迅猛发展，现已涌现出大批网络广告服务提供商可供挑选，它们的服务内容、服务质量和服务费用可能存在很大的差异。选择服务优良、收费公道的网络广告服务提供商是企业成功开展网络营销的重要环节。

（2）避免只考虑购买网站首页广告。广告的最终目的是扩大产品的市场知名度，从而增加销售量和销售额，为此许多企业喜欢将网络广告投放到网站首页上。虽然网站首页的访问量一般较高，能产生大量的网页浏览数，但是由于网站首页的访问人群存在主题不明确、目的性不强的特点，客观上会造成广告缺乏针对性，导致广告效果不理想，同时造成资金的浪费，最终使广告主对网络广告失去信心，放弃对网络广告的投放。

（3）不要单纯追求网络广告的投放量。广告主做广告是为了更好地销售其产品，如何用最少的广告费换取销售量的大幅增长，是所有广告主所面临的问题。由于目前网络广告的平均费用较传统媒体低，因而在广告投放上，很多时候广告主会相信只要在某个页面上大量投放广告，所得到的广告效果就一定好。其实未必。

（4）减少强迫式广告的使用。在网上冲浪时常常会碰到这样的情况：打开一个网页，会弹出一个广告窗口，关闭这个窗口后每当刷新或是浏览该网页时，这个广告窗口又会弹出来，令人不胜其烦。一些营销人员认为这样可以提高网络广告的效果，其实不然，因为人们很容易对强迫式广告非常反感。

2. 网络广告的效果评估

网络广告效果评估是指网络广告活动实施以后，通过对广告活动过程的分析、评价及效果反馈，以检验广告活动是否取得了预期效果的行为。通过对网络广告的效果进行有效评估，可以完善广告计划、提高广告水平、促进广告业务。例如，通过网络广告效果的评估，可以检验原来预定的广告目标是否正确，网络广告形式是否运用得当，广告发布时间和网站的选择是否合适，广告费用的投入是否经济合理，等等。

1）网络广告的效果评估指标

网络广告效果的评估指标有以下几种。

（1）点击率。点击率是指网上广告被点击的次数与被显示次数之比。它一直都是网络广告最直接、最有说服力的评估指标之一。点击行为表示那些准备购买产品的消费者对产品感兴趣的程度。因为广告点击者有可能是那些受广告影响而形成购买决策的客户，或者是对广告中的产品或服务感兴趣的潜在客户。如果能准确识别出这些客户，并针对他们进行有效的定向广告和推广活动，对业务开展有很大的帮助。

（2）二跳率。二跳量与到达量的比值称为广告的二跳率，该值初步反映广告带来的流量是否有效，同时也能反映出广告页面的哪些内容是购买者所感兴趣的，进而根据购买者的访问路径来优化广告页面，提高转化率和线上交易额，提升网络广告投放的精准度，并为下一次的广告投放提供指导。

（3）业绩增长率。评估部分直销型电子商务网站所发布网络广告最直观的指标就是网上销售额的增长情况，因为根据网站服务器端的跟踪程序可以判断买主是从哪个网站链接而来、购买了哪些产品等情况，从而对广告效果有了最直接的体会和评估。

（4）回复率。回复率可以反映网络广告发布期间及之后一段时间内客户表单提交量，企业电子邮件数量的增长率，收到询问产品情况或索要资料的电话、信件、传真等的增长情况，等等。回复率可作为辅助性指标来评估网络广告的效果，但需注意它应该是由于看到网络广告而产生的回复。

（5）转化率。转化被定义为受网络广告影响而形成的购买、注册或者信息需求。有时，尽管客户没有点击广告，但仍会受到网络广告的影响而购买产品。

广告主在对网络广告效果进行评估时，可以选择单一指标评估法或者综合指标法。广告主明确广告的目标后，可以选取适当的单个指标来对网络广告效果进行评估的方法。当广告目标不明确或者目标较多时，广告主、网络广告代理商和服务商可结合自身的具体要求，运用多个指标进行综合的效果评估。

2）网络广告的评估方式

网络广告效果评估可以通过以下几种方式进行。

（1）访问统计软件。使用一些专门的软件（如WebTrends、Accesswatch、SiteFlow-M等），可随时监测广告发布的情况，并能进行分析、生成相应报表，广告主可以随时了解在什么时间、有多少人访问过载有广告的网页，有多少人通过广告直接进入广告主自己的网页，等等。

（2）广告管理软件。广告主可以从市场研究监测企业购买或委托软件企业专门设计适合需要的广告管理软件，用以对网络广告进行检测、管理与评估。

（3）反馈情况。统计HTML表单的提交量以及E-mail的数量在广告投放后是否大量增加，来判断广告投放的效果。如果投放之后目标受众的反应比较热烈，反馈大量增加，则可以认为广告的投放是成功的。

3）网络广告的评估原则

进行评估工作必须遵循一定的原则，这些原则是贯穿整个工作过程的指导思想，所以必须明确。同样，网络广告的效果评估工作也要遵循特定的原则。

（1）相关性原则。相关性原则要求网络广告的效果评估内容必须与广告主所追求的目的相关，为度量结果而确定广告目标（defining advertising goals for measured advertising results，DAGMAR）方法是这一原则的很好体现。举例说来，倘若广告的目的在于推出新产品或改进原有产品，那么广告评估的内容应针对广告受众对品牌的印象；若广告的目的在于在已有市场上扩大销售，则应将评估的重点放在受众的购买行为上。

（2）有效性原则。评估工作必须达到测定广告效果的目的，要以具体的、科学的数据结果而非虚假的数据来评估广告的效果。所以，那些掺入了很多水分的高点击率等统计数字用于网络广告的效果评估是没有任何意义的、是无效的。这就要求采用多种评估方法，多方面综合考察，使对网络广告效果进行评估得出的结论更加有效。

4.3 网络营销技术

4.3.1 搜索引擎营销

搜索引擎营销是根据用户使用搜索引擎的方式，利用用户检索信息的机会尽可能将营销信息传递给目标用户。搜索引擎营销是网络营销的一种新形式，其本质就是企业有效地利用搜索引擎来进行网络营销和推广，对于网站推广、网络品牌、产品推广、在线销售等具有明显的效果，通过较高的搜索引擎排名来增加网站的点击率（浏览量），增加产品或服务的销售额。

搜索引擎营销是一种精准营销技术，能够在消费者寻找产品的关键时刻，向其提供合适的广告。传统的线上/线下精准营销方法是基于搜索大量的数据库和客户资料信息，而搜索引擎营销是基于进行关键字搜索的特定时刻，是一种更加有效的方法。搜索引擎在几分钟的时间里，最能把握用户的需求，它可以根据用户的喜好和倾向投放最有效的广告。搜索引擎营销的点击率（CTR）一般为1%~5%，并且很稳定。

搜索引擎营销的基本模式主要包括：免费登录分类目录、付费登录分类目录、搜索引擎优化、关键词竞价排名、固定排名、购买关键词广告等。

1. 免费登录分类目录

免费登录分类目录是最传统的网站推广手段。由于目前大多数搜索引擎都开始收取费用，免费登录分类目录的营销效果已经不尽如人意，以当前的发展趋势，这种方式将逐步退出网络营销的舞台。

2. 付费登录分类目录

付费登录分类目录是在网站缴纳相应费用之后才可以获得被收录的资格。固定排名服务是在付费登录基础上展开的。此类模式与网站本身的设计基本无关，主要取决于费用，但其营销效果也存在日益降低的问题。

3. 搜索引擎优化

搜索引擎优化（SEO）是按照一定的规范，通过对网站功能和服务、网站栏目结构、网页布局和网站内容等网站基本要素的合理设计，增加网站对搜索引擎的友好性，使得网站中更多的网页能被搜索引擎收录，同时在搜索引擎中获得较好的排名，从而通过搜索引擎的自然搜索尽可能多地获得潜在用户。搜索引擎优化包括网站内容优化、关键词优化、外部链接优化、内部链接优化、代码优化、图片优化、搜索引擎登录等。

4. 关键词竞价排名

竞价排名即网站缴纳费用后才能被搜索引擎收录，费用越高者排名越靠前。竞价排名服务，是由客户为自己的网页购买关键词排名，然后按点击计费的一种服务。通过修改每次点击付费价格，用户可以控制自己在特定关键词检索结果中的排名，也可以通过不同的关键词捕捉到不同类型的目标访问者。竞价排名见效快，只要充值并设置关键词价格后，即刻进入搜索引擎排名前列。

5. 固定排名

固定排名是一种收取固定费用的推广方式，企业在搜索引擎购买关键词的固定排位，当用户检索这些关键词信息时，企业的推广内容就会出现在检索结果的固定位置上。这种方式可以避免非理性的关键词"价格战"，但当某一关键词变成"冷门"时，可能会使得企业资源浪费。

6. 购买关键词广告

购买关键词广告即在搜索结果页面显示广告内容，实现高级定位投放，用户可以根据需要更换关键词，相当于在不同的页面轮换投放广告。关键词广告显示的位置与搜索引擎密切相关，有些出现在检索结果的最前面，有些出现在检索结果页面的专用位置。

随着搜索引擎技术的不断进步以及互联网用户对搜索引擎依赖程度的不断加深，搜索引擎营销作为一种新型的互联网营销方式近年来得到了快速发展，越来越多地被我国企业作为主要的网络营销手段。

4.3.2 博客营销

博客，英文是 Blog（Web Log 的缩写），意思是网络日记。博客这种网络日记的内容通常是公开的，用户可以发表自己的网络日记，也可以阅读别人的网络日记，因此可以将 Blog 理解为一种个人传播自己思想、观点、知识等，带有知识集合链接的出版方式。随着博客用户数量的持续增长，博客已经成为一种网络营销工具。

博客营销是通过博客网站或博客论坛接触作者和浏览者，利用博客作者个人的知识、兴趣和生活体验等传播产品信息的营销活动。博客营销的本质是以网络信息传递形式表现个人思想、表现个人体验，以网络信息传递分享个人知识资源。

为了有效地实施博客营销，可以采取以下几种策略。

1. 制订博客营销计划，精心安排博客内容

为了达到较好的博客营销效果，需要制订一个中长期博客营销计划，计划的主要内容包括从事博客写作的人员计划、每个人的写作领域选择、博客文章的发布周期等。由于博客写作内容有较大的灵活性和随意性，因此博客营销计划实际上并不是一个严格的"企业营销文章发布时刻表"，而是从一个较长时期来评价博客营销工作的一个参考。因而应进行精心的编辑，将同行或客户关心的内容进行分类和组合，使企业博客成为一个优秀的信息平台。这样就会吸引同行或客户来访问，并不断扩大影响力，从而达到营销传播的效果。

2. 创造良好的博客环境

利用博客进行企业信息传播需要一个长期的、日积月累的过程。因此，企业应坚持长期利用博客，不断地更换其内容，这样才能发挥其长久的价值和应有的作用，吸引更多的读者。因此进行博客营销的企业有必要创造良好的博客环境，采用合理的激励机制，激发博客的写作热情，促使企业博客们有持续的创造力和写作热情。可以开展一些与企业有关的体育和娱乐活动，将个人兴趣与工作相结合，让博客文章成为工作内容的延伸，鼓励企业员工在正常工作之外的个人活动中坚持发布有益于企业的博客文章，这样经过一段时间的积累，将会有比较丰富的信息，企业在网络上的信息会越积越多，被潜在用户发现的机会也就大大增加了。

3. 协调个人观点与企业营销策略之间的分歧

博客营销以博客的个人行为和观点为基础，网络营销活动属于企业营销活动。博客营销应正确处理个人观点与企业立场的关系问题。如果博客文章都代表企业的官方观点，类似于企业新闻或者公关文章，那么博客文章就失去了个性特色，很难获得读者的关注，从而失去了信息传播的意义。但是，如果博客文章只代表个人观点，而与企业立场不一致，就有可能会损害企业利益。因此，企业应该培养一些有良好写作能力的员工进行写作，所写的东西既要反映企业情况，又要保持自己的观点性和信息传播性，这样才会获得潜在用户的关注。

4. 综合利用博客资源和其他营销资源，进行整合营销

博客营销并非是独立的，只是企业营销活动的一个组成部分，企业应将博客文章内容与企业网站的内容策略和其他媒体资源相结合，产生良好的互动。在很多企业的网站中载入的大都是些严肃的企业简介和产品信息等，而博客文章内容

题材和形式多样,因而更容易受到用户的欢迎。通过在企业网站上增加博客内容以个人的角度从不同层面介绍与企业业务有关的问题,可丰富企业网站内容,为用户提供更多的信息资源。而将产品在博客上进行营销,除了找到对产品感兴趣的人之外,产品也要有一个能吸引人的点,可以用来和博客上的消费者进行沟通,如健身器材企业的博客尽量要发布相关的健美、养身的理念和知识,使企业的产品嵌入这些知识点中来。

4.3.3 微信营销

微信营销是以安卓系统、苹果系统的手机或者平板电脑中的移动客户端进行的区域定位营销,商家通过微信公众平台,结合微信会员云营销系统展示商家微官网、微会员、微推送、微支付、微活动、微 CRM、微统计、微库存、微提成、微提醒等,已经形成了一种主流的线上线下微信互动营销方式。微信不存在距离的限制,用户注册微信后,可与周围同样注册过的"朋友"形成一种联系,用户订阅自己所需的信息,商家通过提供用户需要的信息,推广自己的产品,从而实现点对点的营销。

以下是微信营销常用的几种策略。

1. "意见领袖型"营销策略

企业家、企业的高层管理人员大都是意见领袖,他们的观点具有相当强的辐射力和渗透力,对大众言辞有着重大的影响作用,潜移默化地改变着人们的消费观念,影响人们的消费行为。微信营销可以有效地综合运用意见领袖的影响力和微信自身强大的影响力,刺激需求,激发购买欲望。

2. "病毒式"营销策略

微信即时性和互动性强,可见度、影响力以及无边界传播等特质特别适合病毒式营销策略的应用。微信平台的群发功能可以将企业拍的视频、制作的图片和宣传的文字群有效地发给微信好友。企业更是可以利于二维码的形式发送优惠信息,这是一个既经济实惠又有效的模式。客户主动为企业做宣传,激发口碑效应,将产品和服务信息传播到互联网甚至生活中的每个角落。

3. "视频、图片"营销策略

运用"视频、图片"营销策略开展微信营销,可以为潜在客户提供个性化、差异化服务。此外,还需要善于借助各种技术,将企业产品、服务的信息传送到潜在客户的大脑中，为企业赢得竞争的优势，打造出优质的品牌服务。

微信营销是网络经济时代企业营销模式的一种创新。微信营销以移动互联网为主要沟通平台，配合传统网络媒体和大众媒体，通过有策略、可管理、持续性的线上线下沟通，建立和转化、强化客户关系，实现客户价值。与传统营销方式相比，微信营销主张通过"虚拟"与"现实"的互动，建立一个涉及研发、产品、渠道、市场、品牌传播、促销、客户关系等更"轻"、更高效的营销全链条，整合各类营销资源，达到以小博大、以轻博重的营销效果。

4.3.4 新媒体营销

新媒体是相对于报刊、户外、广播、电视四大传统媒体而言的，新媒体被形象地称为"第五媒体"，它是新的技术支撑体系下出现的媒体形态，主要是指网络传播视频、音频及图文资讯的媒体形态。新媒体营销是以新媒体平台，包括但不限于微博、微信、门户网站、视频网站等为传播和购买渠道，把相关产品的功能、价值等信息传送到目标受众，以便形成记忆和喜欢，从而实现品牌宣传、产品销售目的的营销活动。

新媒体既具有互动性、即时性、大众性和多元性等有别于传统媒体的特点，也具有以下几个特点。

1. 目标客户精准定向

新媒体涵盖丰富多彩和多样化的内容，微信、微博、博客、论坛等让每个人都可以成为信息发布者，浩瀚如烟的信息中涉及各类生活、学习、工作等的讨论都展现出前所未有的广度和深度。通过对社交平台大量数据的分析，企业可以利用新媒体有效地挖掘用户的需求，为产品设计开发提供很好的市场依据。

2. 与用户的距离拉近

相对于传统媒体只能被动接受而言，新媒体传播的过程中，接受者可以利用现代先进的网络通信技术进行各种形式的互动，这使传播方式发生了根本的变化。移动网络及移动设备的普及，使得信息的实时及跨越时空的传播成为可能。新媒体营销实现了随时随地的信息传播，营销效率大大提高。

3. 企业宣传成本降低

新媒体改变了传统媒体信息传播的形态，由一点对多点变为多点对多点，并且新媒体形态多样，很多平台对大众免费开放，信息的发布、共享、传播和创造均只需要较低的成本,为企业提供了一个良好的营销平台。

4. 营销方式碎片化

随着新媒体终端逐渐向手机移动端转移,人们的阅读越来越碎片化,用钱砸一个电视广告就能产生一个新品牌的时代已经过去。传统营销思维下,需要传递的无非是企业的品牌形象、战略动向、新闻动态、产品评析、消费者故事等。而在碎片化的新媒体环境下,营销拼的不再是文案,而是创意,是随时随地的热点、借势;拼的不再是媒体关系,而是"眼球"效应。

4.3.5 短视频营销

短视频营销是内容营销的一种,短视频营销主要借助短视频,通过选择目标受众人群,并向他们传播有价值的内容,以吸引他们了解企业的品牌、产品和服务,最终达成交易。做短视频营销,最重要的就是找到目标受众人群和创造有价值的内容。短视频营销的好处有以下几点。

1. 短视频是更具表达力的内容业态

内容营销时代已然来临,品牌营销已和以往形式不同,相比于单一讲述品牌故事,短视频更致力于用情感和角色来打动用户,从而让他们与品牌的产品或服务建立情感纽带。当讲述情怀、引发共鸣的营销成为趋势时,相较于传统手段,短视频的优势就凸显了出来。短视频比起图文视频,内容更具三维立体性,结合声音、动作、表情等于一体,可以让用户更真切地感受到品牌传递的情感,是更具备表达力的内容业态。

2. 短视频是新人类的社交名片

年轻化已成为品牌绕不开的一门必修课,"90后""95后"是年轻化用户的分水岭,这一代人是互联网时代的原住民,纸媒、电梯楼宇广告等传统媒介渠道已不足以引起他们的关注。相反,快速兴起的社交网络使得围猎"90后"的社交场所成为品牌直达年轻受众的最有效途径。数据显示,短视频是当下年轻化受众最潮流的社交方式。"你玩短视频吗?""玩呀!你关注我,最近我拍了个短视频需要点赞分享。"像这样的对话,在当今的年轻人交流中广泛存在。短视频已成为新人类的社交名片,如此便进一步促进了短视频营销的迅猛发展。

3. 短视频是大脑更喜欢的语言

研究数据表明,大脑处理可视化内容的速度要比纯文字快60 000多倍。可见,从生理角度的人体本能来分析，人们更乐于接受短视频。同时，当下"年轻人很忙"的生活节奏催生地铁上看、上厕所看、等车也要看的现状，短小精悍的短视频更符合当下忙时代时间碎片化场景的需求。这就意味着品牌使用短视频作为与用户交流的语言将更容易被受众接受，更容易实现品效合一的传播效果。

4.3.6 E-mail 营销

E-mail 是一种公认的高效、廉价的网上营销手段。E-mail 营销是一个广义的概念，泛指所有符合许可营销原理的 E-mail 营销方式，有时又特指通过 E-mail 投放广告的营销方式。目前，E-mail 营销主要存在以下几种形式：许可式 E-mail 营销、非许可式 E-mail 营销、选择性加入（opt-in）邮件列表营销、双重选择性加入（double opt-in）邮件列表营销、选择性退出（opt-out）邮件列表营销。

4.3.7 新闻组营销

新闻组是一个基于网络的计算机组合，这些计算机被称为新闻服务器，不同的用户通过一些软件可连接到新闻服务器上，阅读其他人的信息且可以参与讨论。新闻组是一个完全交互式的超级电子论坛，是任何一个网络用户都能进行相互交流的工具。

网络的发展向人们提供了多样化的营销手段，利用网络上的新闻组来开展营销活动也是一种应用较多的营销手段。虽然说这种手段比较耗时，但它在吸引潜在客户方面是很有效率的。许多成功企业在起步阶段都采取了这种营销手段。

1. 积极参与新闻组中的讨论

应用这种营销手段的第一步就是要参与新闻组中的讨论。在讨论中，如果碰到可以解答的问题，应该主动回答这些问题，这样就可以显示出你的学识和专长。可以在每条你发送出去的解答信息下方署上你的名字和联系方式，便于人们与你联系。对那些反映良好的解答信息，也可以在其他不同主题的新闻组中反复加以利用。一条好的解答信息往往可以为你带来几个新的潜在客户。

2. 利用免费心理

由于互联网上的每个人都希望能得到免费的、高质量的有用信息，所以可以试着写几篇关于你参与过讨论的新闻组的报告，并在末尾附上一些能够吸引人们访问网站的话；或者利用你的自动响应设备来回答人们所要得到的信息；甚至也可以利用报告来引导那些需要更多信息的人来访问你的网站,当然前提是你的网站必须有这种工具。值得注意的是,不能在报告中带有过多的广告色彩,因为你的目的是告诉人们在你的网站上能够获得更多的有用信息,从而激发人们访问该网站的热情。

3. 优化新闻组

每周可以同时向几个不同的新闻组发送信息。在这个过程中,对新闻组进行筛选,有些新闻组的反应不能如你所愿,那么你就要有意识地把它们排除掉。如果你这样做了,那么很快,你就会拥有一组可以为你所用的较大规模的新闻组,潜在的网络营销对象数量也会相应地增加。

值得注意的是,在利用新闻组开展营销的过程中,要避免进入一个认识误区,就是认为直接把有用信息发送到新闻组中对自己不利,因为在新闻组当中是不允许发布任何广告的。其实不然,如果读者认为信息好的话,为了获得更多的免费信息,他们会顺着你字里行间暗含的信息而直接访问你的网站,接着可能就会购买该网站上的产品了。

4.4 网络营销组合策略

营销组合是一整套能够影响需求的企业可控因素,这些因素包括产品、价格、促销和渠道,是开展营销的工具和手段。由于网络营销是在网上虚拟市场中开展营销活动,实现企业的营销目标,在面对与传统市场有差异的网上虚拟市场时,必须满足互联网和网上消费者的一些特有需求特征。因此,我们将在网络环境下,分别从产品策略、价格策略、促销策略以及渠道策略四个方面论述网络营销组合策略。

4.4.1 网络营销产品策略

1. 网络营销产品的概念

根据网络营销产品在满足消费者需求中的重要性,网络营销产品的整体概念可分为以下五个层次。

(1) 核心利益层次。核心利益是指产品能够提供给消费者的基本效用或益处,是消费者真正想要购买的基本效用或益处。例如,消费者购买食品是为了满足充饥和营养的需要；购买计算机，是为了利用它作为上网的工具等。同一种产品可以有不同的核心需要，如人们对服装、鞋帽的需要，有些以保暖为主，有些则以美观为主。所以，要了解客户需要的核心，以便进行有针对性的生产经营。

（2）有形产品层次。有形是指产品在市场上出现时的具体物质形态，主要表现在品质、特征、式样、商标、包装等方面，它们是核心利益的物质载体。

（3）期望产品层次。在网络营销中，消费者处于主导地位，消费呈现个性化的特征，不同的消费者可能对产品要求不一样，因此产品的设计和开发必须满足消费者个性化的消费需求。

（4）延伸产品层次。延伸产品是指由产品的生产者或经营者提供的、消费者有需求的、主要是帮助消费者更好地使用核心利益的服务，如提供信贷、质量保证、免费送货、售后服务等。

（5）潜在产品层次。潜在产品层次是指在延伸产品层次之外，由企业提供能满足客户潜在需求的产品层次，它是产品的一种增值服务，它与延伸产品的主要区别是客户虽然没有潜在产品层次但是仍然可以很好地使用客户需要产品的核心利益和服务。

2. 网络营销产品策略的主要类型

（1）产品定位策略。产品定位策略是指企业对经营的产品赋予某些特色，使产品在用户中树立某种特定的形象，主要包括：①功能定位策略是通过对产品各种功能的表现、强调，为客户提供比竞争对手更多的收益和满足，借此使客户对产品产生印象，实现产品某类功能的定位。②包装定位策略。产品的独特性是产品"活"的灵魂，是战胜竞争对手最有力的武器，独一无二的包装也可以使产品成为吸引客户目光的焦点。③品牌定位策略是进行品牌定位点开发的策略，品牌定位点的开发是从经营者角度挖掘品牌产品特色的工作。④对比定位策略是指通过与竞争品牌的比较，确立自己的市场地位。

（2）新产品开发策略。进入电子商务时代，客户的消费行为和消费需求发生了根本性的变化，消费需求将变得更加多样化。个性化客户可直接参与生产和产品流通，向商家和生产厂家主动表达自己对产品的需求，企业可以根据客户的需求设计、生产出产品。新产品开发有以下几种类型和方法。

①全新产品，即开发一种全新的产品。这种策略主要应用于创新企业。进入网络时代，在产品开发的过程中，如果有很好的产品构思和服务概念，就可以凭

借这些产品构思和服务概念使新产品开发获得成功。这种策略也是网络时代中最有效的策略之一。

②新产品线，即企业首次进入市场的新产品。互联网技术的扩散速度非常快，利用互联网迅速模仿和研制开发出已有产品是一条捷径。但在网络时代，新产品开发速度加快和产品生命周期缩短，所以这种策略只能作为一种防御性策略。

③现有产品线外新增加的产品，即补充企业现有产品线的新产品。由于在网络时代，市场需求差异性加大，市场分工越来越细化，每种新产品只能针对较小的细分市场，这种策略不但能满足不同层次的差异性需求，而且风险较低，是一个比较有效的策略。

④现有产品的改良或更新，即提供改善功能或较大感知价值并且能替换现有产品的新产品。在网络营销市场中，客户挑选产品的范围、权利等大大增加。企业为了满足客户的需求，就必须不断改进现有产品和进行更新换代，否则就会被市场淘汰。

⑤降低成本的产品，即提供功能相同但成本相对低廉的产品。在网络时代，客户虽然注意个性化消费，但客户的消费行为将变得更加理智，更加注重产品的性价比，因此，提供相同功能但成本更低的产品更能满足日益成熟的市场需求。

⑥重新定位的产品，即以新市场或细分市场为目标的现有产品。随着网络经济的快速发展，市场的细分趋势更趋明显，网站的电子商务业务从单一走向多元，细化到人们生活的各个方面，以提供更专注和具有吸引力的内容与服务。因此，重新定位产品是企业为了适应和满足客户日益突出的个性化需求，提高客户的忠诚度，实现客户对电子商务网站营销产品的核心利益或服务需求的新产品策略。

以上产品开发策略各有其优势和特点，企业可以根据自己的实际情况在产品策略中选取适合的新产品开发方式，以利于在激烈的市场竞争中取胜。

（3）产品组合策略。产品组合策略是指企业根据其经营目标、自身实力、市场状况和竞争态势，对产品组合的广度、深度和关联度进行不同的结合，有以下三种类型。

①扩大产品组合策略。该策略也称全线全面型策略，即扩展产品组合的广度和深度，增加产品系列或项目，扩大经营范围，以满足市场需要。这将有利于综合利用企业资源，扩大经营规模，降低经营成本，提高企业竞争能力；有利于满足客户的多种需求，进入和占领多个细分市场。但扩大产品组合策略要求企业具有

多条分销渠道，采用多种促销方式，对企业资源条件要求较高。

②缩减产品组合策略。缩减产品组合策略是指降低产品组合的广度和深度，减少一些产品系列或项目，集中力量经营一个系列或少数产品项目，提高专业化水平，以求从经营较少的产品中获得较多的利润，故也称市场专业型策略。该策略有利于企业减少资金占用，加速资金周转；有利于集中广告促销、分销渠道等目标，提高营销效率。

③产品延伸策略。产品延伸又可以分为向上延伸、向下延伸以及双向延伸三种。向上延伸即由原来经营低档产品，改为增加经营高档产品，可提高企业及现有产品的声望；向下延伸即由原来经营高档产品，改为增加经营低档产品；双向延伸即由原经营中档产品，改为增加经营高档和低档产品。

4.4.2 网络营销价格策略

在进行网络营销时，企业应在传统营销定价模式的基础上，利用互联网的特点，特别重视价格策略的运用，以巩固企业在市场中的地位，增强企业的竞争力。价格策略是企业营销策略中最富有灵活性和艺术性的策略，是企业营销组合策略中的重要组成部分，是企业的一种非常重要的竞争手段。

在企业进行网络营销决策时，必须对各种因素进行综合考虑，从而采用相应的定价策略。很多传统营销的定价策略在网络营销中得到应用,同时也得到了创新。根据影响营销加工因素的不同，网络定价策略可以分为以下几种。

1. 折扣定价策略

在实际营销过程中，网上产品可采用传统的折扣价格策略，主要有以下几种形式。

（1）数量折扣策略。企业在网上确定产品价格时，可根据消费者购买产品所达到的数量标准，给予不同的折扣。购买数量越多，折扣可越大。在实际应用中，其折扣可采取累积数量折扣和非累积数量折扣两种策略。

（2）现金折扣策略。在B2B方式的电子商务中，为了鼓励买主用现金购买或提前付款，企业常常在定价时给予一定的现金折扣，以加快企业资金周转。

（3）交易折扣策略。可以充分调动中间商的积极性，利用中间商来努力推销产品。

（4）季节折扣策略。为了鼓励中间商淡季进货或激励消费者淡季购买，降低企业因压货所造成的资金占用负担和存储费用,均衡企业生产。

2. 个性化定价策略

消费者往往对产品的外观、颜色、样式等方面具有内在的个性化需求。个性化定价策略就是利用网络互动性和消费者的需求特征来确定产品价格的一种策略。网络的互动性能即时获得消费者的需求,使个性化营销成为可能,也将使个性化定价策略有可能成为网络营销的一个重要策略。这种个性化服务是网络产生后营销方式的一种创新。

3. 自动调整、议价策略

根据季节变动、市场供求状况、竞争状态及其他因素的不同,在计算收益的基础上,企业设立自动调价系统,自动进行价格调整。同时,企业建立与消费者直接在网上协商价格的集体议价系统,使价格具有灵活性和多样性。例如,近年来网络团购的兴起,就是应用了集体议价的方式。

4. 定制定价策略

定制定价策略是指在企业能实行定制生产的基础上,利用网络技术和辅助设计软件,帮助消费者选择配置或者自行设计能满足自己需求的个性化产品,同时承担自己愿意付出的价格成本。这种策略是利用网络互动性的特征,根据客户的具体要求来确定产品价格的一种策略。网络的互动性使个性化营销成为可能,也将使个性化定价策略成为网络营销的一个重要策略。定制生产一般分为两类:一类是面对工业组织市场的定制生产;另一类是针对消费者市场的定制生产。

5. 使用定价策略

使用定价,就是客户通过互联网注册后可以直接使用某企业的产品,客户只需要根据使用次数进行付费,而不需要完全购买产品。使用定价策略:①减少了企业为完全出售产品进行大量不必要的生产和包装的浪费。②还可以吸引过去那些有顾虑的客户使用产品,扩大市场份额。采用按使用次数定价,一般要考虑产品是否适合通过互联网传输,是否可以实现远程调用。目前,适合使用定价策略的产品有软件、音乐、电影等。

6. 拍卖竞价策略

网上拍卖是目前发展比较快的领域,是一种市场化、合理的定价方式。经济学家认为,市场要想形成最合理价格,拍卖竞价是最合理的方式。网上拍卖由消费者通过互联网轮流公开竞价,在规定时间内价高者赢得。现有的拍卖竞价方式主要有以下几种。

（1）竞价拍卖。使用这一方式最多的是 C2C 的交易，包括二手货、收藏品等，普通产品也可以以拍卖的方式进行出售。例如，索普企业将企业的一些库存积压产品放到网上拍卖。

（2）竞价拍买。竞价拍买是竞价拍卖的反向过程。消费者提出一个价格范围，求购某一产品，由商家出价。出价可以是公开的或隐蔽的，消费者将与出价最低或最接近的商家成交。

（3）集体议价。集体议价是指由消费者集体议价。在互联网出现以前，这一种方式在国外主要是多个零售商结合起来，向批发商（或生产商）以数量换价格。互联网出现以后，普通的消费者也能使用这种方式购买产品。

7. 低价定价策略

借助互联网进行销售，比传统销售渠道的费用低廉。网上销售价格一般比市场价格要低。采用低价定价策略就是在公开价格时一定要比同类产品的价格低。采取这种策略，一方面是由于通过互联网，企业可以节省大量的成本费用；另一方面也是为了扩大宣传、提高市场占有率并占领网络市场这一新型的市场。

8. 免费价格策略

免费价格策略是市场营销中常用的策略。主要用于促销和推广产品，是指企业为了实现某种特殊的目的，将产品和服务以零价格形式提供给客户使用的价格手段。免费价格策略有四种形式：①产品和服务完全免费，即产品（服务）从购买、使用和售后服务的所有环节都实行免费。②对产品和服务实行限制免费，即产品（服务）可以被有限次使用，超过一定期限或次数后，取消这种免费服务。③对产品和服务实行部分免费，如一些著名研究企业的网站公布部分研究成果，如果要获取全部成果必须付款作为企业客户。④对产品和服务实行捆绑式免费，即购买某产品或者服务时赠送其他产品和服务。

网络营销中产品实行免费价格策略是要受到一定的环境制约的，并不是所有的产品都适合于免费价格策略。只有那些适合互联网特性的产品才适合采用免费价格策略。一般来说，免费产品具有下列特性。

（1）数字化产品。易于数字化的产品可以通过互联网实现零成本的配送。企业只需要将这些免费产品放置到企业的网站上，便可使用户通过互联网自由地下载使用。

（2）无形化特点。通常采用免费价格策略的大多是一些无形产品，它们只有通过一定的载体才能表现出一定的形态，如软件、信息服务（如期刊、电台、电视台等媒体）、音乐制品、图书等。

（3）零制造成本。零制造成本主要是指产品开发成功后，只需要通过简单复制就可以实现无限制的生产，这一点是免费的基础。对这些产品实行免费价格策略，企业只需要投入研制费用即可，至于产品的生产、推广和销售则完全可以通过互联网实现零成本运作。

（4）成长性产品。采用免费价格策略，一般是利用产品的成长性推动和占领市场，为占领未来的市场打下坚实的基础。

（5）冲击性。采用免费价格策略的主要目的是推动市场成长，开辟出新的市场领地，同时对原有市场产生巨大的冲击。

（6）间接收益。采用免费价格策略的产品（服务），可以帮助企业通过其他渠道获取收益。这种收益方式也是目前大多数ICP（网络内容服务商）的主要商业运作模式。

4.4.3　网络营销促销策略

在传统的市场环境下，企业的促销活动已形成一套有效的、完整的模式。互联网的出现，极大地改变了原有的市场营销理论存在的基础，使得网络促销在方式、手段、环境条件等方面都发生了深刻的变化。企业家和企业营销人员必须充分认识这一点，才有可能从传统的促销模式中迅速转变过来，在现代市场营销理念的指导下，正确运用各种新的促销方法，吸引越来越多的消费者转向网络购物，提高产品在网络市场中的占有率。

1. 网络促销的概念与特点

网络促销是指利用现代化的信息与互联网技术向虚拟市场传递有关产品和劳务的信息，以激发消费者购买欲望和购买行为的各种活动。它具有以下三个明显的特点。

（1）网络化。网络促销是通过现代信息技术和网络技术传递产品和劳务的性能、功效及特征等信息。它是建立在现代计算机与通信技术基础之上的，并且随着计算机和信息技术的不断改进而改进。因此，网络促销不仅需要营销人员熟悉传统的营销技能，而且需要相应的计算机和信息技术知识，包括各种软件的操作和某些硬件的使用。

（2）虚拟化。网络促销是在互联网上进行的。互联网是一个新兴媒体，是一个连接世界各国的大网络，它在虚拟的网络社会中聚集了广泛的人口，融合了多种文化成分。所以，从事网上促销的人员需要摆脱实体市场的局限，采用虚拟市场的思维方式。

（3）全球化。互联网虚拟市场的出现，将所有的企业，不论是大企业，还是中小企业，都推向了一个世界统一的市场。传统区域性市场已被打破。全球性的竞争迫使每个企业都必须学会在全球统一的大市场上做生意。

2. 网络促销策略

网络促销策略包括针对购买动机的促销策略、针对购买过程的促销策略和针对不同环境的促销策略。

1）针对购买动机的促销策略

（1）引起客户购买动机的条件，包括内在的需要和外在的诱因或刺激。内在需要主要是满足人们生理上对物质的需求。当人的生理需要得到满足以后，还会受到各种各样的外在诱惑以满足心理需求（图 4-1）。因此，促销活动应根据产品的功能特性，采用不同的促销方式，如对于功能性产品，应重点阐述其功能性指标，可在耐用、简单、方便和物美价廉等方面设计促销理念。网络客户的购买动机是指在网络购买活动中，能使网络客户产生购买行为的某些内在的驱动力。

（2）针对购买动机的促销策略。客户的动机是复杂的，营销者必须发现某产品和品牌所能满足的动机和需求，并围绕这些动机去制定营销组合。

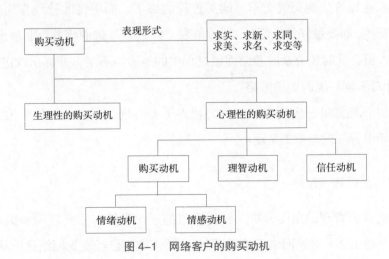

图 4-1　网络客户的购买动机

（3）引发网络客户购买动机的因素，主要有产品的特性、产品的价格和产品的便捷性。

2）针对购买过程的促销策略

客户在网上的购买过程是客户行为形成和实现的过程，客户网络购买的过程一般可以分为以下五个阶段。

（1）诱发需求。网络购买过程的起点是诱发需求，因此要针对产品特性设计促销理念。例如，对于满足生理需要、安全需要的产品，放大其使用功能特性，以诱发客户的购买动机；对于归属需要、尊重需要、自我实现需要的产品或服务，应从个人价值取向、个性化发展等方面设计促销理念，以独特的产品品质诱发客户的购买欲望。

（2）收集信息。在购买过程，收集信息的渠道主要有内部渠道和外部渠道。内部渠道是指客户个人所储存、保留的市场信息，包括购买产品的实际经验、对市场的观察及个人购买活动的记忆等；外部渠道是指客户可以从外界收集信息的通道，包括个人渠道、商业渠道和公共渠道等。

（3）比较选择。一位好的促销人员，不会回避竞争对手的产品，相反会主动将竞争对手的产品与自己的产品进行比较，不同厂家生产的同一功能的产品，都有各自的优势，促销人员要抓住自己产品的优点并合理放大，诱导客户购买。

（4）购买决策。经过前面一系列的促销活动，让客户基本有了比较强烈的购买欲望，此时，要站在客户的立场上，为客户制定购买方案，让客户以最高性价比购得所需产品，帮助客户完成购买决策。

（5）购后评价。购买成交不是购买过程的终了，而应将此过程作为下一次购买过程的开始，即要做好售后服务工作，争取"回头客"，进而培养企业的忠诚客户。作为销售人员，此时还应及时总结促销过程中的经验与不足，并提出改进方法。

3）针对不同环境的促销策略

客户的心理需求、生活方式和行为特点千差万别，企业必须集中力量，在最有效的市场中开展网上营销活动。

4.4.4 网络营销渠道策略

从传统营销管理的角度分析，销售渠道的层次设计、相互匹配及全面管理是一件很繁杂的工作。对于网络营销渠道而言，销售渠道已经变为网络这一单一层次，其作用、结构和费用与传统营销渠道相比有很大的变革和进步。

网络分销渠道是指通过网络提供产品或服务以供客户使用或消费的过程以及有关的一整套相互依存的机构，它涉及信息沟通、资金转移和产品转移等。狭义的网络分销渠道是指生产者借助计算机、网络软硬件技术创建网络平台，并依靠这个平台在将产品或服务从生产者转移到消费者的过程中，能够实现分销渠道所涉及的商流、物流、资金流、信息流等功能的传递目的。

1. 网络营销渠道的类型

（1）网络直销。网络直销是指生产商通过网络直销渠道直接销售产品给客户或用户。目前通常的做法有两种：①企业在互联网上建立自己的网站，申请域名，制作主页和销售网页，由网络管理员专门处理有关产品的销售事务。②企业委托信息服务商在其网站发布信息，企业利用有关信息与客户联系，直接销售产品。网络直接营销渠道一般适用于大型产品和生产资料的交易。

（2）网络间接销售。为了克服网络直销的缺点，网络交易中介机构应运而生。中介机构成为连接买卖双方的纽带，使网络间接销售成为可能。中国产品交易中心、商务产品交易中心、中国国际商务中心等都属于此类中介机构。此类机构在发展过程中仍然有很多问题需要解决，但其在未来虚拟网络市场的作用是其他机构所不能替代的。间接营销渠道一般适用于小批量产品和生活资料的交易。

（3）双道法。双道法是指企业在进行网络分销决策时，同时使用网络直接渠道和网络间接销售渠道，以达到销售量最大的目的。在买方市场条件下，通过两条渠道销售产品比一条渠道更容易实现"市场渗透"。

2. 网络营销渠道策略

1）增值策略

（1）产品信息增值。产品信息增值主要体现在对生产商产品信息的发布、组织和展示方面（信息加工——信息价值链）。

（2）客户信息增值。互联网给企业提供了一个收集客户信息的有效途径。通过网络渠道的建设，企业完全有能力获取大量的客户信息，并通过数据库处理或CRM系统进行有效的挖掘和最终的利用。

2）整合策略

（1）上上整合。它是指企业内、企业外、互联网线上整合。

（2）上下整合。利用互联网强大的技术优势，与网下的传统营销资源和渠道完美组合，主要包括线上的客户线下做和线下的产品线上推。

3）双道策略

（1）网上营销与离线营销相结合。同时使用传统的、非网络的营销以及网上营销来宣传和销售产品。

（2）直销渠道和中介渠道相结合。双道策略还包括企业同时使用直销渠道和中介渠道，以实现销售利益最大化的网络市场渗透策略。

4）延伸策略

延伸是指多方位、立体化的延伸，包括信息传播的延伸、营销手段的延伸和营销范围的延伸。

（1）信息传播的延伸。采取联合促销和主动定期推荐产品，组织关系化的产品，提供个性化服务等方式实现信息传播的延伸。

（2）营销手段的延伸。通过建立在线交易平台实现营销手段的延伸。

（3）营销范围的延伸。通过门户型网站的搜索引擎，B2B网站的商家信息发布、产品目录、虚拟市场等电子中介实现营销范围的延伸。

3. 网络渠道冲突

渠道冲突是指渠道成员发现其他渠道成员从事的活动阻碍或者不利于本组织实现自身的目标，从而发生的种种矛盾和纠纷。渠道冲突包括垂直渠道冲突（又叫纵向冲突）、水平渠道冲突（又叫横向渠道冲突）以及多渠道冲突（又叫交叉冲突）。

由于生产商在传统渠道的基础上，加进了网络营销渠道，因此网络渠道冲突大部分属于多渠道冲突，具体有以下几种冲突形式。

（1）直销网络渠道与传统渠道的冲突。

（2）网络渠道与传统渠道的冲突。

（3）传统中间商渠道与其传统渠道的冲突。

（4）网络渠道之间的冲突。

网络渠道的冲突处理有以下几种方式。

（1）开展网上经营，但对传统的中间商提供一些企业网站上没有的优惠或者是限制网络渠道的优惠。

（2）运用奖赏与传统渠道分享销售报酬，以此达到双赢。

（3）利用产品线差异化来保持传统中间商的市场地位，以不同的产品类型、名称或规格来错开它们之间的竞争,减少冲突的发生。

(4)避免在生产商自己的网站上进行销售。可以把产品的销售直接指向中间商,通过中间商的网络来销售。

本章小结

网络营销是以互联网为主要手段进行的、为达到一定营销目标的营销活动。网络营销具有跨时空性、交互性、个性化、多媒体性、成长性、整合性、高效性、超前性、经济性以及技术性等特点。

网络广告是网络营销的一种重要形式。网络广告的形式多种多样,可以是网页上的按钮广告、旗帜广告、文字链接广告,也可以是主页广告、电子邮件广告、视频广告、弹出式广告、全屏广告、画中画广告等,甚至即时通信工具也可以成为网络广告的载体。由于网络广告形式的多样化,其发布方式也是多样的,主要有主页形式、互联网内容提供商、专类销售网、免费的互联网服务、黄页形式、网上报纸或杂志、虚拟社区和公告栏(BBS)以及新闻组。通常我们可以采用点击率、二跳率、业绩增长率、回复率、转化率等指标或者这些指标的组合来反映网络营销的效果。

目前,主流的网络营销技术有 E-mail 营销、新闻组营销、搜索引擎营销、博客营销以及新兴的微信营销。其中电子邮件营销是一种公认的高效、廉价的网上营销手段。

营销组合是一整套能够影响需求的企业可控因素,这些因素包括产品、价格、促销和渠道,是开展营销的工具和手段。本章结合互联网自身的特点,从这四个方面详细阐述了网络营销的组合策略。

思考练习题

1. 什么是网络营销?与传统营销相比,网络营销带来了哪些营销模式的变革?其特点和优势又是什么?
2. 如何提高网络广告发布的效果?举例说明。
3. 思考如何整合使用不同的网络营销技术?
4. 比较网络营销组合策略与传统的营销组合策略的异同。
5. 网络营销产品与传统营销产品的内涵有什么差异?

实践实训

以小组为单位,选择你熟悉的某一传统行业,为其策划一个网络营销方案。

参考文献

[1] 陈颖. 基于网络营销环境下直播带货商业模式的经济分析 [J]. 中国商论,2021(16):18-20.

[2] 邢花. 传统品牌企业互联网营销推广研究 [J]. 营销界,2021(29):13-15.

[3] 王夏,蔡宝玉. "互联网+"时代企业市场营销优化策略探析 [J]. 商业经济研究,2018(19):49-51.

[4] 孙璐. 新经济环境下网络营销问题探讨 [J]. 技术与市场,2021,28(5):183-185.

[5] 张亚丽. 消费者主导下的企业网络营销策略研究 [J]. 商讯,2021(11):125-126.

[6] 吕宇栋. 基于新媒体的网络营销新渠道 [J]. 成功营销,2018(12):76-77.

[7] 曲金玲,朱艳艳. 新媒体时代中小企业营销整合策略 [J]. 商场现代化,2020(23):35-37.

[8] 阎斌. 新媒体时代的网络营销策略创新研究 [J]. 现代营销(下旬刊),2015(8):58.

[9] 梁珏菲. 试析新媒体背景下市场营销方式的转变 [J]. 今传媒,2019,27(8):82-83.

[10] 李欣忆. 企业新媒体营销中存在的问题及对策 [J]. 传播力研究,2018,2(17):202-203.

[11] 文丹. 新媒体视角下网络社区广告营销策略分析——以哔哩哔哩为例 [J]. 新媒体研究,2019,5(11):67-68.

[12] 张锴. 现代营销中的网络广告定位策略研究 [J]. 营销界,2019(20):131-132.

[13] 彭劲杰,龙若兰. 大数据环境下移动网络广告精准营销策略探究 [J]. 管理观察,2018(13):72-73.

[14] 陈通. 网络广告的变革对传统营销策略的影响分析 [J]. 数码设计,2017,6(10):20-21.

[15] 薛伟莲, 李倩影. 新媒体环境下中小企业网络营销发展策略研究 [J]. 电子商务, 2015（10）: 53-54.

[16] 王晶. 基于 4C 理论的跨境电商企业网络营销策略研究 [J]. 科技经济导刊, 2021, 29（22）: 215-216.

[17] 杨丽华, 董凌宏, 梁含悦. 跨境电商企业网络营销渠道整合的影响因素研究——基于 BOSSGOO300 家企业的调查分析 [J]. 特区经济, 2018（11）: 94-98.

[18] 吴娉娉. 珠三角地区跨境电商运营模式及制约因素分析 [J]. 广东开放大学学报, 2016, 25（5）: 16-20.

[19] 涂江川. "互联网+" 时代网络营销发展及创新探讨 [J]. 现代商业, 2021（21）: 21-23.

[20] 柳晓娟. 移动互联网时代经济型酒店的网络营销策略研究 [J]. 中国商论, 2018（12）: 15-16.

[21] 何述芳, 李金海. 移动互联网时代下的网络口碑营销策略研究 [J]. 中国集体经济, 2018（27）: 66-67.

第 5 章 电子商务安全与支付

 学习目标

1. 了解电子商务安全问题、计算机病毒及其分类。
2. 掌握防火墙技术的概念。
3. 掌握电子商务安全技术在实际中的运用。
4. 理解电子支付及第三方支付的平台。
5. 理解移动支付的模式及流程。

 知识架构

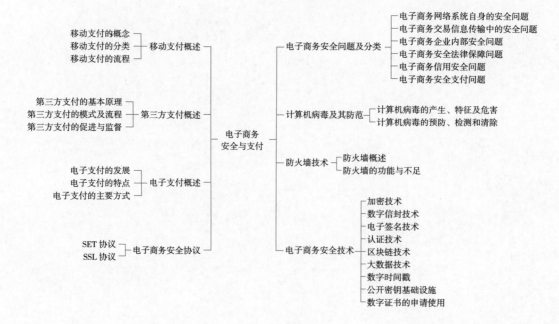

🔍 **导入案例**

办理信用卡、贷款诈骗

郭某在一家网站中填写了个人信息想要办理贷款，当天就接到了自称平台工作人员的电话，对方称将马上帮助他办理贷款。郭某十分高兴，根据对方的要求办理了一张银行卡等待贷款到账。之后工作人员便称能帮助他以最低的利息申请更大金额的贷款，但是需要他先向刚办理的银行卡转账5万元证明还款能力。为了争取更多的贷款，郭某按照对方指示向卡内转账5万元并将手机收到的验证码告知对方，随后收到短信提示5万元已被取走。

分析：部分大学生因生活费不足、超前消费的理念或尝试创业需要资金等理由，会有办理信用卡或贷款的需求，却因为没有稳定的还款能力而无法实现。诈骗分子利用他们的这种现状，通过建立假贷款网站平台、办理信用卡网页，并以月息低、无须担保、手续简单等条件诱使大学生步入陷阱。一旦受害学生进行办理，便以手续费、验证还款能力等借口令其汇款。

手段解析：犯罪分子通过建立虚假网站或通过短信、邮件群发信息，称可为资金短缺者办理信用卡、提供贷款，且无须担保，方便快捷。一旦受害人信以为真，便以预付利息、保证金等为由实施诈骗。

<small>资料来源：七台河公安，常见电信网络诈骗手法及典型案例。</small>

电子商务的交易过程中，安全问题涉及电子商务的各个环节和参加交易的各个方面，因此需要采取不同的对策来解决。另外，交易过程除涉及交易双方外，还涉及网上银行、认证中心和法律等各方面的问题。可见，电子商务安全问题的解决是一个系统工程，需要大家一起推广并完善电子商务法律。

5.1 电子商务安全问题及分类

5.1.1 电子商务网络系统自身的安全问题

1. 网络信息泄露

在电子商务中，商业机密的泄露主要包括：①交易双方进行交易的内容被第三方窃取。②交易一方提供给另一方使用的文件被第三方非法使用。攻击者主要通过截获和窃取的方式造成信息泄露。如果没有采用加密措施或加密强度不够，攻击者可能通过在互联网、公共电话线、搭线、电磁波辐射范围内安装截取装置或在数据包通过的网关和路由器时截获数据。

2. 文件信息篡改

文件信息篡改在电子商务中表现为商业信息的真实性和完整性缺失的问题。当攻击者掌握了信息的格式和规律后，通过各种技术手段和方法，将网络上传输的信息数据在中途篡改，如修改消息次序、时间，注入伪造消息等，然后再发向目的地，破坏数据的真实性和完整性。对企业网站而言，网页的篡改，尤其是含有攻击、丑化色彩的篡改，会对企业形象与信誉造成严重损害。

3. 信息伪造

由于掌握了数据的格式，并可以篡改通过的信息，如果不进行身份识别，攻击者就有可能假冒交易一方的身份，以破坏交易、破坏被假冒一方的信誉或盗取被假冒一方的交易成果等，主要有：①虚开网站和商店，给用户发电子邮件，收订货单。②给伪造的用户发恶意的电子邮件，穷尽商家资源，使合法用户不能正常访问网络资源，使有严格时间要求的服务不能及时得到响应。③伪造用户，发大量的电子邮件，窃取商家的产品信息和用户信用等。

4. 信用威胁

交易者否认参加过交易，如买方提交订单后不付款，或者输入虚假银行资料使卖方不能提款；用户付款后，卖方没有把产品发送到客户手中，使客户蒙受损失。

5. 计算机病毒

计算机病毒问世以来，各种新型病毒及其变种迅速增加，互联网的出现又为病毒的传播提供了最好的媒介。不少新病毒直接利用网络作为自己的传播途径，还有众多病毒借助网络传播得更快，动辄造成数百亿美元的经济损失。

5.1.2 电子商务交易信息传输中的安全问题

在商业交易过程中数据传输存在的主要问题有信息被非法浏览或非法改动、数据被截取、数据被伪造、信息被延误等。信息被非法改动和浏览是指交易信息在网络传输的过程中被他人非法浏览、重改修或删除，使信息不再真实和完整；数据被截取就是商业机密的泄露。

5.1.3 电子商务企业内部安全问题

首先，员工在工作时常常会忽略一些基本的网络安全准则。其次，某些被上司指责、被企业解雇或者被停职的员工怀有报复心理，他们有可能会故意地传播病毒或者有意删除重要文件，从而损害企业的网络。最后，一些好奇心重的员工爱打听消息，这中间可能会有一些商业间谍为竞争对手打探某些非法渠道的信息。

5.1.4 电子商务安全法律保障问题

电子商务安全的法律保护问题，涉及两个基本方面：①电子商务交易本身的安全问题，主要通过民商法加以保护。②计算机及其网络本身引发的安全性问题及相关的法律法规。我国目前虽然已经出台了专门针对电子商务交易的法律法规，但是面对日新月异的商务模式、迅速发展的交易形态、线上与线下深度融合的各种新交易形式，难以快速出台较为完善的安全保障规范性条文。所以，我们应当充分利用已经公布的有关交易安全和计算机安全的法律法规，保护电子商务交易的正常进行，并在不断的探索中，逐步建立适合中国国情的电子商务方面的法律制度。

5.1.5 电子商务信用安全问题

目前，我国经济处于飞速发展阶段，但局部市场还很不成熟，社会信用体系仍不健全，市场经济体系与市场机制尚不规范，仍有较大的完善空间，还需建立完善的信用体系制度。从电子商务的流程来看，信息、交易、支付、物流等环节都存在信用风险，每个交易对象也有信用风险存在。实践中，很多企业都是在看到一些电子商务成功案例后，被诱人的经济利益吸引，而盲目照搬其电子商务模式，却未考虑企业现状、产品特色，未考虑可能面临的信用体系带来的挑战，以致出现许多阻碍，电子商务活动在很多情况下无法顺畅运行。电子商务过程中的非诚信行为，主要表现在以下几个方面。

（1）网络商务信息的不真实。产品宣传信息与实际不符，在网络宣传时，对产品的性能指标等描述模糊或夸大其词，致使消费者不能得到与预期一致的产品；消费者注册时提交的不真实信息，会给企业的业务处理带来难度。

（2）购买的产品与交付的产品不一致。由于种种原因，卖方交付的产品与买方购买的产品不一致，使买方受到损失。

（3）拿货不付款、拿款不发货，或者不及时交货、不及时付款。某些B2C网站在收到消费者的货款后不发货，或不及时发货，使消费者的利益受到侵害；某些消费者采用货到付款支付方式，却在收到货物后拒绝付款，或不及时付款，以及消费者收到货物之后的无故退货，都增加了企业的营销成本。

（4）产品的售后服务得不到保证。企业所承诺的售后服务在消费者购买产品后得不到保障，致使消费者享受不到应有的服务，影响到产品的整体价值。

（5）信息的安全性得不到保障。由于种种原因，消费者的注册信息、购物记录等个人隐私信息被泄密；购物过程中，传输的信息被窃听或截取；支付时，安全性受到威胁。

（6）物流质量得不到保证。在物流过程中，货物不能及时送达、物流中货物受损、服务态度粗暴等，都使物流质量受到影响。

5.1.6 电子商务安全支付问题

网上交易是电子商务的重要内容之一，因而网上支付是电子商务的重要组成部分，自然使电子支付系统的安全问题对于整个电子商务系统的安全与信用都显得尤为重要。在影响电子商务的诸多因素中，研究和开发适合于电子商务交易的电子支付安全系统具有十分重要的地位，可以说，支付安全是整个电子商务安全的重中之重。

电子商务的网上支付存在多种形式，根据支付手段的不同可以分为银行卡系统、电子现金系统和电子支票系统等，其中银行卡是目前互联网上最流行的支付手段。从支付信息安全性的角度出发，银行卡支付一般又可分为三类：未加密银行卡信息的支付、加密银行卡信息的支付、使用第三方进行验证的支付。这些支付方式各有长短。第一种支付方式由于不考虑安全问题，所以实现起来最为简单，却无法保证用户信息的安全性；第二种支付方式一般采用安全电子交易（SET）和安全套接层协议（SSL）来加密银行卡支付的信息；第三种支付方式通过引入第三方完成一方到另一方支付的收款和授权。

5.2 计算机病毒及其防范

5.2.1 计算机病毒的产生、特征及危害

1. 计算机病毒的产生

计算机病毒不是来源于突发或偶然的因素。病毒是一种比较完美的、精巧严谨的代码，按照严格的秩序组织起来，与所在的系统网络环境相适应并配合起来，并且需要有一定的长度，这个基本的长度从概率上来讲是不可能通过随机代码产生的。因此，现在流行的病毒是由人为故意编写的，多数病毒可以找到作者和产地信息。

2. 计算机病毒的特征

1）程序性（可执行性）

计算机病毒与其他合法程序一样，是一段可执行程序，但它不是一个完整的程序，而是寄生在其他可执行程序上，享有一切程序所能得到的权力。病毒运行时，与合法程序争夺系统的控制权。计算机病毒只有在计算机内得以运行时，才具有传染性和破坏性。也就是说计算机 CPU 的控制权是关键问题。

2）传染性

传染是病毒的基本特征。计算机病毒是一段人为编制的计算机程序代码，这段程序代码一旦进入计算机并得以执行，它就会搜索其他符合其传染条件的程序或者储存介质，确定目标后再将自身代码插入其中，以达到自我繁殖的目的。只要一台计算机感染病毒，如不及时处理，那么病毒会在这台计算机上迅速扩散，其中的大量文件会被感染。而被感染的文件又成为新的传染源，再与其他机器进行数据交换或通过网络接触，病毒会继续进行传染。

3）潜伏性

电脑病毒潜伏性主要有两种表现：①病毒程序不用专用检测程序是检查不出来的，因此病毒可以潜伏在磁盘或磁带里几天，甚至几年，一旦时机成熟，得到运行机会，就四处繁殖、扩散，继续危害。②计算机病毒的内部往往有一种触发机制，不满足触发条件时，计算机病毒除了传染外没有别的破坏。触发条件一旦得到满足，有的在屏幕上显示信息、图形或特殊标识，有的则执行破坏系统的操作，如格式化磁盘、删除磁盘文件、对数据文件做加密、封锁键盘以及使系统死锁等。

4）可触发性

因某个事件或数值的出现，诱使病毒实施感染或进行攻击的特性称为可触发性。为了隐藏自己，病毒必须潜伏，少做动作。如果完全不动，一直潜伏，病毒既不能感染也不能进行破坏，便失去了杀伤力。病毒既要隐藏又要维持杀伤力，它必须具有可触发性。

5）破坏性

计算机病毒都是一种可执行程序，而这一可执行程序又必然要运行，所以对系统来讲，所有的计算机病毒都存在一个共同的危害，即降低计算机系统的工作效率，占用系统资源。计算机病毒的破坏性主要取决于计算机病毒设计者的目的，如果病毒设计者的目的在于彻底破坏系统的正常运行，那么这种病毒对于计算机系统进行攻击造成的后果是难以估计的，它可以毁掉系统的部分数据，也可以破坏全部数据并使之无法恢复。

6）攻击的主动性

病毒对系统的攻击是主动的，不以人的意志为转移的。也就是说，从一定的程度上讲，计算机系统无论采取多少严密的保护措施都不可能彻底地消除病毒对系统的攻击，而保护措施充其量是一种预防的手段而已。

7）隐藏性

计算机病毒的隐藏性表现为：①传染的隐藏性。一般不具有外部表现，不易被人发现。②病毒程序存在的隐藏性。一般的病毒程序都夹在正常程序之中，很难被发现，而一旦病毒发作，往往已经给计算机系统造成了不同程度的破坏。

3. 计算机病毒的危害

1）病毒激发对计算机数据信息的直接破坏作用

大部分病毒在被激发的时候直接破坏计算机的重要信息数据，所利用的手段有格式化磁盘、改写文件分配表和目录区、删除重要文件或者用无意义的"垃圾"数据改写文件、破坏 CMOS 设置等。

2）占用磁盘空间和破坏信息

寄生在磁盘上的病毒总要非法占用一部分磁盘空间。引导型病毒的一般侵占方式是由病毒本身占据磁盘引导扇区，而把原来的引导区转移到其他扇区，也就是引导型病毒要覆盖一个磁盘扇区。被覆盖的扇区数据永久性丢失，无法恢复。文件型病毒利用一些 DOS 功能进行传染，这些 DOS 功能能够检测出磁盘的未用空间，把病毒的传染部分写到磁盘的未用部位去。所以在传染过程中一般不破坏磁盘上的原有数据，但非法侵占了磁盘空间。一些文件型病毒传染速度很快，在短时间内感染大量的文件，每个文件都不同程度地加长了，进而造成磁盘空间的严重浪费。

3）抢占系统资源

除少数病毒外，大多数病毒在动态下都是常驻内存的，这就必然抢占一部分系统资源。病毒所占用的基本内存长度大致与病毒本身长度相当。病毒抢占内存，导致内存减少，一部分软件不能运行。除占用内存外，病毒还抢占中断，干扰系统运行。计算机操作系统的很多功能是通过中断调用技术来实现的。病毒为了传染激发，总是修改一些有关的中断地址，在正常中断过程中加入病毒的"私货"，从而干扰了系统的正常运行。

4）影响计算机运行速度

病毒进驻内存后不但干扰系统运行，还影响计算机的运行速度，主要表现在以下几方面。

（1）病毒为了判断传染激发条件，总要对计算机的工作状态进行监视，这对于计算机的正常运行状态而言既多余又有害。

（2）有些病毒为了保护自己，不但对磁盘上的静态病毒加密，而且进驻内存后的动态病毒也处在加密状态，CPU每次寻址到病毒处时要运行一段解密程序把加密的病毒解密成合法的CPU指令再执行，病毒运行结束时再用一段程序对病毒重新加密。这样CPU要额外执行数千条乃至上万条指令。

（3）病毒在进行传染时同样要插入非法的额外操作，特别是传染软盘时不但计算机速度明显变慢，而且软盘正常的读写顺序被打乱，会发出刺耳的噪声。

5）计算机病毒错误与不可预见的危害

计算机病毒与其他计算机软件的一大差别是病毒的无责任性。编制一个完善的计算机软件需要耗费大量的人力、物力，经过长时间的调试完善后软件才能推出。但在病毒编制者看来既没有必要这样做，也不可能这样做。很多计算机病毒都是个别人在一台计算机上匆匆编制调试后就向外抛出。反病毒专家在分析大量的病毒后发现，绝大部分病毒都存在不同程度的错误。错误病毒的另一个主要来源是变种病毒。有些初学计算机者尚不具备独立编制软件的能力，出于好奇或其他原因修改别人的软件造成错误。计算机病毒错误产生的后果往往是不可预见的，反病毒工作者曾经详细指出"黑色星期五病毒"存在 9 处错误、"乒乓病毒"有 5 处错误等。但是人们不可能花费大量的时间去分析数万种病毒的错误所在。大量含有未知错误的病毒扩散传播，其后果是难以预料的。

5.2.2　计算机病毒的预防、检测和清除

1. 计算机病毒的预防

在计算机系统中，如果病毒破坏了没有备份的文件，那么后果不堪设想。而隐形病毒和多态性病毒给入侵检测带来了更大的难度。在计算机病毒检测及防御的过程中，系统管理员如果能采用有效的防范措施和相应的技术手段，就能很好地避免系统受到病毒的侵扰，或者在受到病毒的感染后能够把损失降到最低。病毒的防范就是根据病毒及系统的特征，设计合理的计算机病毒防范体系架构和各种规章制度，以便及时发现病毒侵入，采取相应的手段阻止病毒的进一步传播与破坏，恢复受影响的计算机系统和数据，使其不会进一步破坏系统。

对于单机计算机系统，在应对计算机病毒方面应该具有病毒防御杀毒软件，功能好的病毒防御杀毒软件应具备以下特征。

（1）病毒扫描：对计算机病毒的检测有三种方式：对磁盘文件的扫描、对系统进行动态的实时监控，以及当前最流行的病毒云查杀技术。一款杀毒软件同时提供这三种功能是非常必要的，系统实时监控保护更是不可少。由于计算机病毒的更新变异速度快，所以对于新型病毒，原来的特征码比对杀毒方式对其是无能为力的，目前云查杀是一种很好的解决办法，通过云端的比较查杀能够很及时地发现各种新型的计算机病毒。

（2）实时监控：利用杀毒软件对系统运行的过程进行同步监控，不断地扫描系统中的动态可疑文件。例如，杀毒软件对计算机内存监控并调用系统文件的一种操作模式。由于病毒的存在，程序将在对象访问之前对它进行扫描，如果发现病毒，应用程序会将染毒对象移除或阻止访问。

由于计算机病毒防御杀毒软件起到的作用相当有限，所以在日常工作和生活中，应加强专门针对病毒的防范措施。

（1）打开系统防火墙和自动更新，及时安装系统的补丁文件；安装最新的计算机病毒防御杀毒软件及防火墙并及时升级。经常为计算机做"体检"，用防御杀毒软件对系统进行全面的病毒检查及漏洞扫描。

（2）禁止浏览来历不明的网站，因为这些网站的背后可能隐藏着大量的病毒程序；到正规网站浏览或下载文件；网上冲浪时一定要开启杀毒软件的实时监控功能及防火墙，特别是要开启"网页监控"功能，防止计算机遭遇恶意程序及软件的侵害。

（3）不要轻易打开来历不明的电子邮件中的附件，因为附件中可能有病毒。

（4）利用 U 盘、移动硬盘进行交换数据前，先对 U 盘、移动硬盘进行杀毒处理，避免在插入 U 盘或移动硬盘时病毒程序传入计算机系统，同时也阻断病毒的传播途径。

计算机病毒的防御有很多细节值得注意，同时也有很多方面要考虑，这里只是简单地总结了一下当前的计算机病毒的基本概念特征及相应的预防措施。建议在以后的学习中养成病毒防御的良好习惯，才能够使病毒无藏身之地。

2. 计算机病毒的检测

检测磁盘中的计算机病毒可分成检测引导型计算机病毒和检测文件型计算机病毒。这两种检测从原理上讲是一样的，但由于各自的存储方式不同，检测方法是有差别的。

1）比较法

比较法是用原始备份与被检测的引导扇区或被检测的文件进行比较。比较时可以靠打印的代码清单（比如 DEBUG 的 D 命令输出格式）进行比较，或用程序来进行比较（如 DOS 的 DISKCOMP、FC 或 PCTOOLS 等其他软件）。这种比较法不需要专用的查计算机病毒程序，只要用常规 DOS 软件和 PCTOOLS 等工具软件就可以进行。而且用这种比较法还可以发现那些尚不能被现有的查计算机病毒程序发现的计算机病毒。因为计算机病毒传播得很快，新的计算机病毒层出不穷，但是目前还没有通用的、能查出一切计算机病毒的，或通过代码分析可以判定某个程序中是否含有计算机病毒的查毒程序，发现新计算机病毒就只有依靠比较法和分析法，有时必须结合这两者来一同工作。

2）加总比对法

根据每个程序的档案名称、大小、时间、日期及内容，加总为一个检查码，再将检查码附于程序的后面，或是将所有检查码放在同一个数据库中，再利用此加总对比系统，追踪并记录每个程序的检查码是否遭更改，以判断是否感染了计算机病毒。一个很简单的例子就是当您把车停下来之后，将里程表的数字记下来。

那么下次您再开车时，只要比对一下里程表的数字，那么您就可以断定是否有人偷开了您的车子。这种技术可侦测到各式计算机病毒，但最大的缺点就是误判率高，且无法确认是哪种计算机病毒感染的。对于隐形计算机病毒也无法侦测到。

3）搜索法

搜索法是用每一种计算机病毒体含有的特定字符串对被检测的对象进行扫描。如果在被检测对象内部发现了某一种特定字节串，就表明发现了该字节串所代表的计算机病毒。国外将这种按搜索法工作的计算机病毒扫描软件叫做 Virus Scanner。计算机病毒扫描软件由两部分组成：①计算机病毒代码库，含有经过特别选定的各种计算机病毒的代码串。②利用该代码库进行扫描的扫描程序。目前常见的防杀计算机病毒软件对已知计算机病毒的检测大多采用这种方法。计算机病毒扫描程序能识别的计算机病毒的数目完全取决于计算机病毒代码库内所含计算机病毒的种类多少。显而易见，库中计算机病毒代码种类越多，扫描程序能认出的计算机病毒就越多。计算机病毒代码串的选择是非常重要的。短小的计算机病毒只有一百多个字节，长的有上万字节。如果随意从计算机病毒体内选一段作为代表该计算机病毒的特征代码串，可能在不同的环境中，该特征串并不真正具有代表性，不能用于将该串所对应的计算机病毒检查出来。选这种串作为计算机病毒代码库的特征串就是不合适的。

另外，代码串不应含有计算机病毒的数据区，数据区是经常变化的。一定要在仔细分析了程序之后选出最具代表特性的，足以将该计算机病毒区别于其他计算机病毒的字节串。选出特征代码串是很不容易的，是计算机病毒扫描程序的精华所在。一般情况下，代码串是连续的若干个字节组成的串，但是有些扫描软件采用的是可变长串，即在串中包含一个到几个"模糊"字节。扫描软件遇到这种串时，只要除"模糊"字节之外的字串都能完好匹配，则也能判别出计算机病毒。

除前面说的选特征串规则外，最重要的一条是特征串必须能将计算机病毒与正常的非计算机病毒程序区分开。如果将非计算机病毒程序当成计算机病毒报告给用户，则是假警报，这种"狼来了"的假警报太多，就会使用户放松警惕，等计算机病毒一来，破坏就严重了；再就是若将这假警报送给杀计算机病毒程序，会将好程序给"杀死"了。

4）分析法

使用分析法的通常是防杀计算机病毒技术人员。使用分析法的目的在于：

（1）确认被观察的磁盘引导扇区和程序中是否含有计算机病毒。

（2）确认计算机病毒的类型和种类，判定其是否是一种新的计算机病毒。

（3）搞清楚计算机病毒体的大致结构，提取特征识别用的字节串或特征字，增添到计算机病毒代码库供计算机病毒扫描和识别程序用。

（4）详细分析计算机病毒代码，制定相应的防杀计算机病毒措施。

上述四个目的按顺序排列，正好是使用分析法的工作顺序。使用分析法要求具有比较全面的有关计算机、DOS、Windows、网络等的结构和功能调用以及关于计算机病毒方面的各种知识，这是与其他检测计算机病毒方法不一样的地方。

要使用分析法检测计算机病毒，除了要具有相关的知识外，还需要反汇编工具、二进制文件编辑器等分析用的工具程序和专用的试验计算机。因为即使是很熟练的防杀计算机病毒技术人员，使用性能完善的分析软件，也不能保证在短时间内将计算机病毒代码完全分析清楚。而计算机病毒有可能在被分析阶段继续传染甚至发作，把软盘硬盘内的数据完全毁坏掉，这就要求分析工作必须在专门设立的试验计算机上进行，不怕其中的数据被破坏。在不具备条件的情况下，不要轻易开始分析工作，很多计算机病毒采用了自加密、反跟踪等技术，使得分析计算机病毒的工作经常是冗长和枯燥的。特别是某些文件型计算机病毒的代码可达10KB以上，与系统的牵扯层次很深，使详细的剖析工作十分复杂。

5）人工智能陷阱技术和宏病毒陷阱技术

人工智能陷阱技术是一种监测计算机行为的常驻式扫描技术。它将所有计算机病毒所产生的行为归纳起来，一旦发现内存中的程序有任何不当的行为，系统就会有所警觉，并告知使用者。这种技术的优点是执行速度快、操作简便，且可以侦测到各式计算机病毒；其缺点就是程序设计难，且不容易考虑周全。不过在这千变万化的计算机病毒世界中，人工智能陷阱扫描技术是一个至少具有主动保护功能的新技术。

宏病毒陷阱技术（macro trap）结合了搜索法和人工智能陷阱技术，依行为模式来侦测已知及未知的宏病毒。其中，配合OLE2技术，可将宏与文件分开，使得扫描速度变得飞快，而且可有效地将宏病毒彻底清除。

6）软件仿真扫描法

该技术专门用来对付多态变形计算机病毒（polymorphic mutation virus）。多态变形计算机病毒在每次传染时，都将自身以不同的随机数加密于每个感染的文件中，传统搜索法的方式根本无法找到这种计算机病毒。软件仿真技术则是成功地仿真 CPU 执行，在 DOS 虚拟机（virtual machine）下伪执行计算机病毒程序，安全并切实地将其解密，使其显露本来的面目，再加以扫描。

7）先知扫描法

先知扫描技术（virus instruction code emulation，VICE）是继软件仿真后的一大技术突破。既然软件仿真可以建立一个保护模式下的 DOS 虚拟机，仿真 CPU 动作并伪执行程序以解开多态变形计算机病毒，那么应用类似的技术也可以用来分析一般程序，检查可疑的计算机病毒代码。因此先知扫描技术将专业人员用来判断程序是否存在计算机病毒代码的方法，分析归纳成专家系统和知识库，再利用软件模拟技术（software emulation）伪执行新的计算机病毒，超前分析出新计算机病毒代码，以对付以后的计算机病毒。

3. 计算机病毒的清除

计算机病毒可分为转存式和非转存式两种。转存式病毒是指病毒感染其他程序时，对该程序要做的修改都存放在病毒代码中，感染该类病毒的文件是可以完整恢复的。非转存式病毒直接修改所感染的程序而不保存原来的信息，所以该类病毒感染的文件是不能完整恢复的。实际上，非转存式病毒是比较少的，因为病毒如果不对原来的信息进行保存，那么原文件因染毒而不能运行，病毒的隐蔽性就非常差，因而很容易被发现。

下面以转存式病毒为例，介绍病毒的清除方法。

（1）杀毒软件清除法。国内的病毒检测产品一般是以病毒的特征标识码为基础的针对具体病毒的判断技术，病毒的变种和不定时出现的未知病毒使其面临巨大的威胁。"基于特征"（signature-based）的病毒检测技术存在一大缺点：从安全威胁出现在网络上，到软件厂商发布更新版本，存在一个时间差。在这段时间里，信息安全极容易受到威胁。目前国内的杀毒软件主要是针对已知病毒的，这种被动式的方法使杀毒技术总是落后于病毒技术，虽然这类杀毒产品对病毒的控制起到了很大的作用，但它暴露出来的问题却越来越多。现在一种新型的灵活开放的病毒检测技术——"启发式"（heuristic）保护机制，能够通过模拟最新出现的安全威胁的功能来识别威胁。启发式杀毒代表着未来反病毒技术发展的必然趋势，具备某种人工智能特点的杀毒技术，向人们展示了一种通用的、不需升级（较少需要升级或不依赖于升级）的病毒检测技术和产品的可能性。在新病毒、新变种层出不穷，病毒数量迅速增加的今天，这种新技术的产生和应用具有重要的特殊意义。现在这方面的杰出杀毒软件代表有：360企业的杀毒软件，东方微点企业的微点主动防御软件，卡巴斯基反病毒软件。

一般来说，使用杀毒软件是能清除病毒的，但考虑到病毒在正常模式下是比较难清理的，所以需要重新启动计算机在安全模式下查杀。如果遇到比较顽固的病毒可以通过下载专杀工具来清除。再恶劣点的病毒就只能通过重装系统来彻底清除。

（2）重装系统并格式化硬盘是最彻底的杀毒方法。格式化会破坏硬盘上的所有数据，格式化前必须确定硬盘中的数据是否还需要，一定要先做好备份工作。格式化时一般是进行高级格式化；不要轻易进行低级格式化，低级格式化是一种损耗性操作，它对硬盘寿命有一定的负面影响。

（3）手工清除方法。手工清除计算机病毒对技术要求高，需要熟悉机器指令和操作系统，难度比较大，一般只能由专业人员操作，这里就不多做介绍了，有兴趣的话可以参考有关书籍来完成。

5.3 防火墙技术

5.3.1 防火墙概述

1. 防火墙的定义

防火墙原用于建筑物的消防分区，由"墙砖"组成；在汽车上则为一个金属装置，用来隔离引擎和乘客，在引擎爆炸时可以保护乘客的安全。在计算机领域，防火墙是指一种网络环境下的逻辑装置（硬件或软件），它阻滞某些通信的发生，而这些通信在该组织机构定义的安全策略中是被禁止的。即防火墙的基本任务是提供一种访问控制，它通过安全策略控制和最小权力连接模型原则来实现连接管理，管理那些来自完全没有信任的互联网与有一定风险的内部网络的连接。

2. 防火墙的分类

依据不同的准则，防火墙有不同的分类法，其基本准则有三个。

1）通信是发生在一个主机与一个网络之间还是几个网络之间

按照这个准则，防火墙可以分成个人防火墙和网络防火墙。个人防火墙是运行在被保护计算机上的软件。网络防火墙是在内部网和外部网之间建立的一个安全保护系统。一般是由软件（专用程序）和硬件设备组合而成的。所有内部网和外部网之间的信息访问都必须经过此保护系统，并在此进行权限检查和连接。只有被授权的访问信息才能通过此保护系统，从而使内部网络与外部网络逻辑隔离。

2）按通信是在网络层还是在应用层进行分析

按照这个准则，防火墙可分为网络层防火墙、应用层防火墙、网络防火墙。网络层防火墙作用在网络层，并且针对特定的 TCP/IP 协议。应用层防火墙作用在应用层，并且针对特定的应用层协议。网络防火墙以 TCP Wrapper 为具体实现。

3）是否保留有状态信息

按照这个准则，防火墙可以分为有状态防火墙和无状态防火墙两种。前者有以前的时刻信息，后者只有当前信息。

3. 防火墙原理

防火墙系统的实现技术主要分为分组过滤技术和代理服务技术两种。

1）分组过滤技术

分组过滤技术是一种简单、有效的安全控制技术，它通过在网络间相互连接的设备上加载允许/禁止来自某些特定的源地址、目的地址、TCP 端口号等规则，对通过设备的数据包进行检查，限制数据包进出内部网络。分组过滤技术的最大优点是对用户透明，传输性能高。但由于安全控制层次在网络层、传输层，安全控制的力度也只限于源地址、目的地址和端口号，因而只能进行较为初步的安全控制，对于恶意的拥塞攻击、内存覆盖攻击或病毒等高层次的攻击手段，则无能为力。分组过滤防火墙结构示意图如图 5-1 所示。

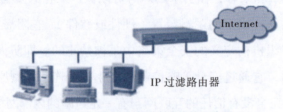

图 5-1　分组过滤防火墙结构示意图

2）代理服务技术

代理服务是运行于内部网络与外部网络之间的主机上的一种应用。当用户需要访问代理服务器另一侧主机时，对符合安全规则的连接，代理服务器会代替主机响应，并重新向主机发出一个相同的请求。当此连接请求得到回应并建立起连接之后，内部主机同外部主机之间的通信将通过代理程序将相应连接映射来实现。对于用户而言，似乎是直接与外部网络相连的，代理服务器对用户透明。由于代理机制完全阻断了内部网络与外部网络的直接联系，保证了内部网络拓扑结构等重要信息被限制在代理网关内侧，不会外泄，从而减少了黑客攻击时所需的必要信息。同时，内部网络到外部的服务连接也可以受到监控，代理服务程序可以将所有通过它的连接生成日志记录，以便检查安全漏洞和收集相关的信息。代理服务型防火墙数据的控制及传输如图5-2所示。

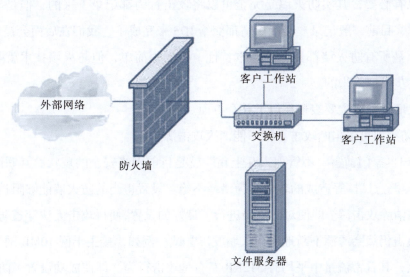

图 5-2 代理服务型防火墙数据的控制及传输

5.3.2 防火墙的功能与不足

防火墙主要具有以下几个功能。

1）包过滤

包过滤指的是能够有效阻止网络非法连接。早期的防火墙一般就是利用设置的条件，监测通过的包的特征来决定放行或者阻止的，包过滤是很重要的一种特性。虽然防火墙技术发展到现在有很多新的理念，但是包过滤依然是非常重要的一环，如同四层交换机首要的仍是要具备包的快速转发这样一个交换机的基本功能一样。通过包过滤，防火墙可以实现阻挡攻击，禁止外部/内部访问某些站点，限制每个IP的流量和连接数。

2）包的透明转发

事实上，由于防火墙一般架设在提供某些服务的服务器前，即服务器—防火墙—用户，用户对服务器的访问请求与服务器反馈给用户的信息都需要经过防火墙的转发，因此，很多防火墙具备网关的能力。

3）阻挡外部攻击

如果用户发送的信息是防火墙设置所不允许的，防火墙会立即将其阻断，避免其进入防火墙之后的服务器中。

4）记录攻击

如果有必要，其实防火墙是完全可以将攻击行为都记录下来的，但是出于效率的考虑，目前一般记录攻击的事情都交给 IDS 来完成了，我们在后面会提到。

以上是所有防火墙都具备的基本特性，虽然很简单，但防火墙技术就是在此基础上逐步发展起来的。

防火墙的不足主要表现在以下几个方面。

1）防火墙可以阻断攻击，但不能消灭攻击源

"各扫自家门前雪，不管他人瓦上霜"就是目前网络安全的现状。互联网上病毒、木马、恶意试探等造成的攻击行为络绎不绝。设置得当的防火墙能够阻挡它们，但是无法清除攻击源。即使对防火墙进行了良好的设置，使得攻击无法穿透防火墙，但各种攻击仍然会源源不断地向防火墙发出尝试。例如，接主干网 10MB 网络带宽的某站点，其日常流量中平均有 512KB 左右是攻击行为。即使成功设置了防火墙，这 512KB 的攻击流量依然不会有丝毫减少。

2）防火墙不能抵抗最新的未设置策略的攻击漏洞

就如杀毒软件与病毒一样，总是先出现病毒，杀毒软件分析出特征码后加入病毒库内才能查杀。防火墙的各种策略，也是在该攻击方式经过专家分析后给出其特征进而设置的。如果世界上新发现某个主机漏洞的黑客把您的网络选为第一个攻击对象，那么防火墙也没有办法帮到您。

3）防火墙的并发连接数限制容易导致拥塞或者溢出

由于要判断、处理流经防火墙的每一个包，因此防火墙在某些流量大、并发请求多的情况下，很容易导致拥塞，成为整个网络的瓶颈，影响性能。而当防火墙溢出的时候，整个防线就如同虚设，原本被禁止的连接也能从容通过了。

4）防火墙对服务器合法开放的端口的攻击大多无法阻止

某些情况下，攻击者利用服务器提供的服务进行缺陷攻击。例如，利用开放了3389端口取得没打过SP补丁的Win2K的超级权限、利用ASP程序进行脚本攻击等。由于其行为在防火墙一级看来是"合理"和"合法"的，因此就被简单地放行了。

5）防火墙对待内部主动发起连接的攻击一般无法阻止

"外紧内松"是一般局域网络的特点。一道严密防守的防火墙内部的网络是一片混乱也有可能。通过社会工程学发送带木马的邮件、带木马的URL（统一资源定位符）等方式，然后由中木马病毒的机器主动对攻击者进行连接，将铁壁一样的防火墙瞬间破坏掉。另外，防火墙内部各主机间的攻击行为，防火墙也只有如旁观者一样冷视而爱莫能助。

6）防火墙本身也会出现问题和受到攻击

防火墙也是一个OS（操作系统），也有着其硬件和软件，因此依然有着漏洞和Bug。所以其本身也可能受到攻击和出现软/硬件方面的故障。

7）防火墙不处理病毒

不管是funlove病毒还是CIH，在内部网络用户下载外网的带毒文件的时候，防火墙是不为所动的（这里的防火墙不是指单机/企业级的杀毒软件中的实时监控功能，虽然它们不少都叫"病毒防火墙"）。

5.4 电子商务安全技术

5.4.1 加密技术

加密就是用基于数学算法的程序和保密的密钥对信息进行编码，生成难以理解的字符串。研究加密的科学被称为密码学。密码学源于希腊krupto（意即"秘密"）和grath（意即"写作"）的组合。密码学是研究如何隐藏信息的科学，以便只有指定的接收者和发送者才能解读此信息。

将正常的文字（称为明文）转化为密文（难解的字符串）的程序称作加密程序。加密程序用数学方法将明文转成密文，称之为加密算法。目前有多种加密算法，有些是美国政府开发的，有些是IBM等企业开发的。若想了解加密算法的发展史及其各种加密算法的水平，可以阅读有关加密的专业书籍。

消息在发送到网络或互联网之前进行加密,接收方收到消息后对其解码称为解密。所用的程序称为解密程序,它是加密的逆过程。加密算法对保护安全至关重要,在美国是由国家安全局控制加密算法的发布。有些加密算法非常重要,美国政府甚至禁止公布其细节,也禁止出口这些算法。这就影响了那些销售加密软件或含加密软件的软件包的企业的收益。内含限制销售软件的页面都有"美国出口法律"的警告信息。

加密程序和算法的一个重要属性:即使有人知道加密程序的细节,没有密钥也无法解开加密的消息。也就是说,消息的保密性不依赖于对算法的保密,而依赖于对加密密钥的保密。加密程序和算法的另一个重要属性:加密消息的保密性不但取决于对密钥的保密,还取决于密钥的长度(单位:位)。40位的密钥是最低要求,更长的(如128位)密钥能提供更高程度的加密保障。当密钥足够长时,信息将无法被破解。

1. 对称密钥加密技术

对称加密又称私钥加密或单钥密码加密。

1)对称密钥加密原理

对称密钥加密用同一个密钥对信息进行加密和解密。由于加密和解密用的是同一密钥,因此发送者和接收者都必须知道密钥。用对称密钥对信息加密和解码的速度很快,效率也很高,但需要细心保存密钥。如果密钥泄露,以前的所有信息都失去了保密性,以后发送者和接收者进行通信时必须使用新的密钥。

2)对称密钥加密体制存在的问题

虽然,对称密钥加密技术比较容易处理,但却存在这样问题:通信双方如何安全交换密钥的问题。将新密钥发送和授权给双方是很困难的,关键是传输新密钥的信息必须进行加密,这又要求有另一个新密钥。

2. 非对称密钥加密技术

非对称加密也称公开密钥加密或双钥密码加密。

1)非对称密钥加密原理

非对称加密用两个数学相关的数字密钥对信息进行编码。其中一把作为公开密钥,通过非保密方式向任何有意与两把密钥持有人通信的人公开,公开密钥用加密算法来加密信息;另一把作为私人密钥由密钥拥有者保存,并用来解密收到的信息(图5-3)。

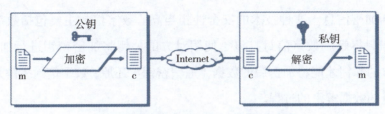

图 5-3　非对称密钥加密实现过程示意图

在公开密钥加密法中，用作公钥和私钥的两把钥匙，如果一把用于加密，另一把就可用于解密。这种加密方法的关键在于人们不能从公开密钥来推导得出私人密钥，也不能从私人密钥推导得出公开密钥。

2）非对称密钥的工作方式

（1）信息接收端首先产生一对密钥，其中一把作为私钥保存起来，另一把作为公钥，通过非保密方式传送给信息发送方。

（2）信息发送方使用接收到的公钥和公开密钥加密算法对发送的信息进行加密，产生密文。

（3）密文通过网络传送到信息接收方。

（4）信息接收方使用自己的私钥和公开密钥解密算法对密文进行解密，得到信息明文。当接收方要回信息时，接收方就要取得信息发起者的公钥来对反馈的信息进行加密。可见，所有的加密都是用公钥来完成的，而所有的解密都是用私钥来完成的。

3. 对称密钥和公开密钥结合

鉴于对称密钥和公开密钥加密技术的特点，在实际应用中将两种加密技术相结合，即 DES+RSA。对于网络中传输的数据用 DES 加密，而加密用的密钥则用 RSA 加密传送，这样既保证了数据安全，又提高了加密和解密的速度。

5.4.2　数字信封技术

数字信封是公钥密码体制在实际中的一个应用，是用加密技术来保证只有规定的特定收信人才能阅读通信的内容。

在数字信封中，信息发送方采用对称密钥加密信息内容，然后将此对称密钥用接收方的公开密钥加密（数字信封）之后，将它和加密后的信息一起发送给接收方，接收方先用相应的私有密钥打开数字信封，得到对称密钥，然后使用对称密钥解开加密信息。这种技术的安全性相当高。数字信封主要包括数字信封打包和数字信封拆解。数字信封打包是使用对方的公钥将加密密钥进行加密的过程，只有对方的私钥才能将加密后的数据（通信密钥）还原；数字信封拆解是使用私钥将加密过的数据解密的过程。

数字信封的功能类似于普通信封，普通信封在法律的约束下保证只有收信人才能阅读信的内容，数字信封则采用密码技术保证只有规定的接收人才能阅读信息的内容。数字信封中采用对称密码体制和公钥密码体制。信息发送者首先利用随机产生的对称密码加密信息，再利用接收方的公钥加密对称密码，被公钥加密后的对称密码称为数字信封。在传递信息时，信息接收方若要解密信息，必须先用私钥解密数字信封，得到对称密码，才能利用对称密码解密所得到的信息。这样就保证了数据传输的真实性和完整性。

在一些重要的电子商务交易中密钥必须经常更换，为了解决每次更换密钥的问题，对称加密技术和公开密钥技术结合使用，它克服了私有密钥加密中私有密钥分发困难和公开密钥加密中加密时间长的问题，使用两个层次的加密来获得公开密钥技术的灵活性和私有密钥技术的高效性。信息发送方使用密码对信息进行加密，从而保证只有规定的收信人才能阅读信的内容。采用数字信封技术后，即使加密文件被他人非法截获，因为截获者无法得到发送方的通信密钥，故不可能对文件进行解密。

5.4.3 电子签名技术

数字签名（又称公钥数字签名、电子签章）是一种类似写在纸上的普通的物理签名，但是使用了公钥加密领域的技术，用于鉴别数字信息。一套数字签名通常定义两种互补的运算，一个用于签名，另一个用于验证。就是只有信息的发送者才能产生别人无法伪造的一段数字串，这段数字串同时也是对信息的发送者发送信息真实性的一个有效证明。是非对称密钥加密技术与数字摘要技术的应用。

数字签名是附加在数据单元上的一些数据，或是对数据单元所作的密码变换。这种数据或变换允许数据单元的接收者确认数据单元的来源和数据单元的完整性，并保护数据，防止被人（如接收者）进行伪造。它是对电子形式的消息进行签名的一种方法，一个签名消息能在一个通信网络中传输。基于公钥密码体制和私钥密码体制都可以获得数字签名，主要是基于公钥密码体制的数字签名，包括普通数字签名和特殊数字签名。普通数字签名算法有 RSA、ElGamal、Fiat-Shamir、Guillou- Quisquarter、Schnorr、Ong-Schnorr-Shamir 数字签名算法、Des/DSA、椭圆曲线数字签名算法和有限自动机数字签名算法等。特殊数字签名有盲签名、代理签名、群签名、不可否认签名、公平盲签名、门限签名、具有消息恢复功能的签名等，它与具体应用环境密切相关。显然，数字签名的应用涉及法律问题，美国联邦政府基于有限域上的离散对数问题制定了自己的数字签名标准（DSS）。

数字签名的主要功能有保证信息传输的完整性、发送者的身份认证、防止交易中的抵赖发生。将摘要信息用发送者的私钥加密，与原文一起传送给接收者。接收者只有用发送者的公钥才能解密被加密的摘要信息，然后用哈希函数对收到的原文产生一个摘要信息，与解密的摘要信息对比。如果相同，则说明收到的信息是完整的，在传输过程中没有被修改，否则说明信息被修改过，因此数字签名能够验证信息的完整性。数字签名是个加密的过程,数字签名验证是个解密的过程。

数字签名有两种功效：①能确定消息确实是由发送方签名并发出来的，因为别人假冒不了发送方的签名。②数字签名能确定消息的完整性。因为数字签名代表了文件的特征，文件如果发生改变，数字摘要的值也将发生变化。不同的文件将得到不同的数字摘要。一次数字签名涉及一个哈希函数、发送者的公钥、发送者的私钥。

5.4.4 认证技术

认证技术是信息安全技术的一个重要方面，也是电子商务安全的主要实现技术。采用认证技术可以直接满足身份认证、信息完整性、不可否认和不可修改等多项网上交易的安全需求，较好地避免了网上交易面临的假冒、篡改、抵赖、伪造等种种威胁。

认证的目的有两个：① 确认信息的发送者的身份。②验证信息的完整性，即确认信息在传送或存储过程中未被篡改过。因此，认证技术主要涉及身份认证和报文认证两个方面的内容。身份认证用于鉴别用户身份，报文认证用于保证通信双方的不可抵赖性和信息的完整性。在某些情况下,信息认证比信息保密更为重要。例如，在很多情况下用户并不要求购物信息保密，而只需要确认网上商店不是假冒的（这就需要身份认证），确保自己与网上商店交换的信息未被第三方修改或伪造，并且网上商家不能赖账（这就需要报文认证）；商家也是如此。

从概念上讲，信息的保密与信息的认证是有区别的，加密保护只能防止被动攻击，而认证保护可以防止主动攻击。被动攻击的主要方法就是截收信息；主动攻击的最大特点是对信息进行有意的修改，使其推翻原来的意义。主动攻击比被动攻击更复杂，手段也比较多，它比被动攻击的危害更大，后果也特别严重。

5.4.5　区块链技术

区块链是一个信息技术领域的术语。从本质上讲，它是一个共享数据库，存储于其中的数据或信息，具有不可伪造、全程留痕、可以追溯、公开透明、集体维护等特征。基于这些特征，区块链技术奠定了坚实的信任基础，创造了可靠的合作机制，具有广阔的运用前景。2019年1月10日，国家互联网信息办公室发布《区块链信息服务管理规定》。2019年10月24日，在中央政治局第十八次集体学习时，习近平总书记强调，"把区块链作为核心技术自主创新的重要突破口""加快推动区块链技术和产业创新发展"。"区块链"已走进大众视野，成为社会的关注焦点。区块链技术的特征如下。

（1）去中心化。区块链技术不依赖额外的第三方管理机构或硬件设施，没有中心管制，除了自成一体的区块链本身，通过分布式核算和存储，各个节点实现了信息自我验证、传递和管理。去中心化是区块链最突出、最本质的特征。

（2）开放性。区块链技术基础是开源的，除了交易各方的私有信息被加密外，区块链的数据对所有人开放，任何人都可以通过公开的接口查询区块链数据和开发相关应用，因此整个系统信息高度透明。

（3）独立性。基于协商一致的规范和协议（类似比特币采用的哈希算法等各种数学算法），整个区块链系统不依赖其他第三方，所有节点能够在系统内自动安全地验证、交换数据，不需要任何人为的干预。

（4）安全性。只要不能掌控全部数据节点的51%，就无法肆意操控修改网络数据，这使区块链本身变得相对安全，避免了主观人为的数据变更。

（5）匿名性。除非有法律规范要求，单从技术上来讲，各区块节点的身份信息不需要公开或验证，信息传递可以匿名进行。

5.4.6　大数据技术

早在1980年，著名的未来学家阿尔文·托夫勒便在《第三次浪潮》一书中，将大数据热情地赞颂为"第三次浪潮的华彩乐章"。

2012年年末出版的《大数据时代》的作者、英国牛津大学网络学院互联网研究所治理与监管专业教授维克托·尔耶·舍恩伯格在书的引言中说，大数据正在改变人们的生活以及理解世界的方式，而更多的改变正蓄势待发。

大数据本身就是一个很抽象的概念，提及大数据，很多人也只能从数据量上去感知大数据的规模，如百度每天大约要处理几十PB的数据；脸书每天生成300TB以上的日志数据；据著名咨询企业IDC的统计，2011年全球被创建和复制的数据总量为1.8 ZB（1021），但仅仅是数据量并不能区分大数据与传统的海量数据。

大数据的价值体现在以下几个方面。

（1）对大量消费者提供产品或服务的企业可以利用大数据进行精准营销。

（2）做小而美模式的中长尾企业可以利用大数据做服务转型。

（3）在互联网压力之下必须转型的传统企业需要与时俱进，充分利用大数据的价值。

不过，大数据在经济发展中的巨大意义并不代表其能取代一切对于社会问题的理性思考，科学发展的逻辑不能被湮没在海量数据中。

著名经济学家路德维希·冯·米塞斯曾提醒过："就今日言，有很多人忙碌于资料之无益累积，以致对问题之说明与解决，丧失了其对特殊的经济意义的了解。"这确实是需要警惕的。

5.4.7 数字时间戳

1. 数字时间戳的定义

数字时间戳是用来证明信息的收发时间，是经过加密后形成的凭证文档。时间和签名一样都是证明电子商务交易文件的有效性内容。数字时间戳应当保证：

（1）信息文件加上去的时间戳与存储信息的物理媒介无关。

（2）对已加上数字时间戳的信息文件不能做任何改动和伪造。

（3）要想在某个信息文件中加上与当前日期和时间不同的时间戳是不可能的。

2. 数字时间戳产生过程

用户首先对需要加时间戳的文件提取摘要，然后将该摘要发送到提供数字时间戳服务的权威机构DTS，DTS对原摘要加上时间后，再用哈希函数和自己的私钥对加了时间戳的摘要进行数字签名，最后发送给原用户。数字时间戳的实现过程如图5-4所示。

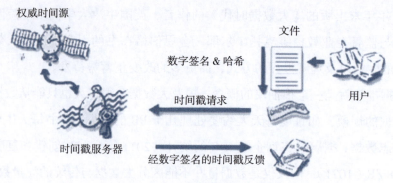

图 5-4 数字时间戳的实现过程

5.4.8 公开密钥基础设施

PKI 是 "public key infrastructure" 的缩写，意为 "公钥基础设施"。简单地说，PKI 技术就是利用公钥理论和技术建立的提供信息安全服务的基础设施。公钥体制是目前应用最广泛的一种加密体制，在这一体制中，加密密钥与解密密钥各不相同，发送信息的人利用接收者的公钥发送加密信息，接收者再利用自己专有的私钥进行解密。这种方式既保证了信息的机密性，又能保证信息具有不可抵赖性。目前，公钥体制广泛地用于 CA（certificate authority）认证、数字签名和密钥交换等领域。

PKI 的基础技术包括加密、数字签名、数据完整性机制、数字信封、双重数字签名等。

完整的 PKI 系统必须具有权威认证机构、数字证书库、密钥备份及恢复系统、证书作废系统、应用接口等基本构成部分，构建 PKI 也将围绕着这五大系统来着手构建。

（1）认证机构。认证机构即数字证书的申请及签发机关，CA 必须具备权威性。

（2）数字证书库。数字证书库用于存储已签发的数字证书及公钥，用户可由此获得所需的其他用户的证书及公钥。

（3）密钥备份及恢复系统。如果用户丢失了用于解密数据的密钥，则数据将无法被解密，这将造成合法数据丢失。为避免这种情况，PKI 提供备份与恢复密钥的机制。但须注意，密钥的备份与恢复必须由可信的机构来完成。并且，密钥备份与恢复只能针对解密密钥，签名私钥为确保其唯一性而不能进行备份。

（3）证书作废系统。证书作废系统是 PKI 的一个必备组件。与日常生活中的各种身份证件一样，证书有效期以内也可能需要作废，原因可能是密钥介质丢失或用户身份变更等。为此，PKI 必须提供作废证书的一系列机制。

（4）应用接口。PKI 的价值在于使用户能方便使用加密、数字签名等安全服务。因此完整的 PKI 必须提供良好的应用接口系统，使得各种应用能够以安全、一致、可信的方式与 PKI 交互，确保安全网络环境的完整性和易用性。

5.4.9 数字证书的申请使用

数字证书也叫数字标识，是一段包含用户身份信息、公钥信息以及证书认证中心数字签名的数据。数字证书用电子手段来证实一个用户的身份和对网络资源的访问权限，是各类终端实体和最终用户在网上进行信息交流及商务活动的身份证明，在电子交易的各个环节，交易各方都需验证对方数字证书的有效性，从而解决相互间的信任问题。

数字证书中信息的真实性是由证书认证中心的数字签名来确保的。认证中心作为权威的、可信赖的、公正的第三方机构，专门负责为各种认证需求提供数字证书服务。认证中心颁发的数字证书均遵循 X.509 标准。X.509 标准在编排公共密钥密码格式方面已被广为接受。X.509 证书已应用于许多网络安全系统，其中包括 IPSec（IP 安全）、SSL、SET、S/MIME。

数字证书的格式在 ITU 标准和 X.509 标准中进行定义。根据这项标准，数字证书内容包括证书申请者的信息和发放证书 CA 的信息。

一是申请者的信息，包括以下信息：

（1）版本信息，用来与 X.509 的将来版本兼容。

（2）证书序列号，每个由 CA 发行的证书有个唯一的序列号。

（3）CA 所使用的签名算法。

（4）发行证书 CA 的名称。

（5）证书的有效期限。

（6）证书主题名称。

（7）被证明的公钥信息，包括公钥算法、公钥的位字符串表示。

（8）含额外信息的特别扩展。

二是发放证书 CA 的信息，数字证书包含发行证书 CA 的签名和用来生成数字签名的签名算法。任何人收到证书后都能使用签名算法来验证证书是否是由 CA 的签名密钥签发的。

5.5 电子商务安全协议

5.5.1 SET 协议

安全电子交易协议（SET 协议）是 Visa 和 Master Card 在 1996 年提出的标准协议，它是针对互联网上在线支付的安全而设计的一个开放的规范。目前已被 IT 企业和金融业认可，成为事实上的标准。

基于 SET 的安全电子数据交换系统是一套网络动态认证过程，这个过程概括起来有以下三个步骤。

1. 注册登记

首先，由社会权威部门成立网络动态 CA。所有希望今后在网络空间上从事商务活动的买卖双方以及双方的发卡机构和代理银行等都必须事先将自己的详细情况在网络动态 CA 进行注册登记。只有进行了注册登记的用户才能够安全地在网上从事支付活动。

2. 加密处理

每个进行登记的用户都会得到两个加密处理的钥匙：一个是公钥；另一个是私钥。公钥用于提供对方解密有关的信息内容和加密回馈的信息内容。私钥用于自己解密得到的信息和加密发出的信息。SET 加密处理过程如图 5-5 所示。

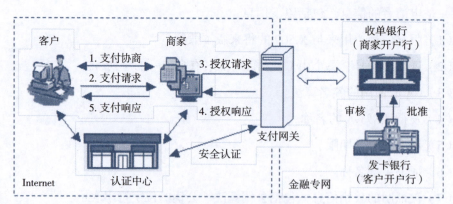

图 5-5 SET 加密处理过程

3. 动态认证

SET 协议利用数字认证或电子签名来提供网上的授权和身份确认，数字认证同时提供给消费者和商家。这些数字认证通常出自银行或信用卡企业，它和普通的信用卡实时交易的方法一样，但 SET 协议是通过互联网来实施这一切的。这种安全系统的长处主要在于它严格的加密技术和认证程序，一旦交易过程发生，数字认证将被解密，并对每一份交易的标记进行匹配。如果这种匹配失败，交易将被拒绝。SET 协议会将这些被拒绝的交易记录在案并定期检查，而这正是安全网络所必备的特点之一。

5.5.2 SSL 协议

1. SSL 协议概述

安全套接层（SSL）协议是由 Netscape 企业 1995 年研制推出的用于浏览器和 Web 服务器之间的安全连接技术，它面向 TCP/IP 的 C/S 应用程序提供了客户端和服务器的鉴别、数据完整性及信息机密性等安全措施。该协议已成为事实上的工业标准，广泛应用于互联网/内联网的服务器产品和客户端产品中，也是国际上最早应用于电子商务的一种由消费者和商家双方参加的信用卡/借记卡支付协议。

SSL 协议提供的服务主要有以下几种。

（1）认证性。SSL 使用数字证书来验证客户机和服务器的合法身份，确保数据发送到正确的客户机和服务器上。

（2）保密性。SSL 客户机和服务器之间通过密码算法和密钥的协商，建立起安全通道，在安全通道中传输的所有信息都经过了加密处理，以防止数据中途被窃取。

（3）完整性。SSL 利用密码算法和哈希函数，通过提取传输信息特征值保证信息的完整性。

2. SSL 的体系结构

SSL 的安全服务位于 TCP / IP 协议层和应用层之间，可用于保护正常运行于 TCP 之上的任何应用协议（HTTP、FTP、SMTP 或 Telnet），如图 5-6 所示。

SSL 协议由两层组成。

1）SSL 记录协议

SSL 记录协议建立在可靠的传输协议 TCP 基础上，定义了传输的格式，为高层协议提供数据封装、压缩、加密等基本功能的支持。

2）SSL 握手协议

SSL 握手协议位于记录层协议的上部，用于实际的数据传输开始之前，客户机和服务器之间的身份认证、加密算法协商、交换加密密钥等。SSL 握手协议将产生

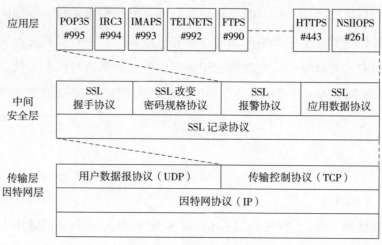

图 5-6 SSL 的体系结构

会话状态下所需的各种安全参数，即用来在 SSL 记录协议发送数据之前建立安全机制，包括定义会话所用的协议版本和加密算法，以及建立一套共享的秘密密钥。SSL 协议的大部分内容就是通信双方如何利用它来安全地协商出一份密钥。这层还包括 SSL 改变密码规格协议和 SSL 报警协议。

5.6 电子支付概述

5.6.1 电子支付的发展

近几年来，随着互联网和电子商务的迅速发展，特别是信息安全技术的进步，电子支付技术也不断发展，支付手段越来越多。发达国家在电子支付工具的研发和推广方面投入巨大，大都建成了覆盖全国的电子金融结算网络，如美国的 FEDWIRE、国际上的 SWIFT 与 CHIPS 资金支付结算网络等，为电子支付提供了良好的支撑环境。这些国家的电子支付已基本普及，为网络时代电子商务的发展奠定了基础。例如，以美、日为代表的发达国家在 20 世纪 80 年代就已经普及了信用卡。

我国的电子支付建设起步较晚，发展水平同发达国家存在很大差距。但我国近年来推广电子支付的力度较大，自 20 世纪 90 年代以来实施了如"三金工程"等一系列信息化工程和中国国家现代化支付系统的建设，为电子支付的应用提供了很好的基础。经过多年努力，我国也建成了多个电子支付结算系统。

1. 银行卡系

20世纪90年代前后，我国的商业银行就先后建立了各自的全国性或地区性的银行卡支付系统，但银行卡只能在本行进行支付结算。从1993年起，政府就开始进行银行卡跨行信息交换中心的建设，并于1997年开通运行。2002年3月，中国银联股份企业成立，这标志着我国银行卡跨区域的互联互通确立了统一标准。通过银联卡可方便快捷地进行跨行操作。同时，各银行发行的银行卡都已经开通了在线电子支付功能。

2. 电子汇兑系统

电子汇兑系统是用电子手段处理资金汇兑业务的系统，可以提高汇兑效率。目前的电子汇兑系统主要在银行专用网上运行。

电子汇兑系统一般采用多级结构，由全国、省级、市级和县级处理中心构成。银行营业点接受客户的汇兑请求后，将相关票据以电子方式发送给相应的处理中心，再由当地的银行营业点面向客户办理取款手续。目前，2/3以上的异地支付业务都通过电子汇兑系统来完成。

3. 网络银行系统

我国的网络银行于20世纪90年代后期开始发展。当时，随着互联网和电子商务的发展，我国的银行开始通过Web页面向用户提供银行业务。目前，网络银行提供的业务主要有在线电子支付、账户余额查询、转账、网上证券、投资理财等。到目前为止，国内大部分银行都建立了自己的网络银行系统。

4. 中国国家现代化支付系统

中国国家现代化支付系统（CNAPS）把商业银行（如中国建设银行）为客户提供的支付服务系统和中央银行为商业银行提供的清算服务系统二者整合在一起，通过这个统一平台，可以提供支付、清算、金融经营管理和货币政策等多种功能，该系统是我国全面实现金融电子化的基石。

5. 邮政金融系统

邮政拥有遍布全国城镇、农村的营业网点，因此它开办金融业务有着得天独厚的优势。邮政金融系统主要面向个人客户，提供储蓄、汇兑、支付等多种金融业务。邮政金融系统也加入了银联组织，发行的邮政绿卡可以在任何一个银联网点办理业务。

5.6.2 电子支付的特点

与传统支付方式相比较，电子支付有以下特点。

（1）电子支付采用先进的技术通过数字流转完成信息传输，其各种款项的支付都采用数字化的方式进行；而传统的款项支付则是通过现金的流转、票据的转让及以后的汇总等物理实体的流转方式来完成。

（2）电子支付的工作环境基于一个系统开发的支付平台（如互联网）之中；而传统的支付平台则是在比较封闭的系统中运行。

（3）电子支付使用最先进的通信手段，而传统支付使用的是传统的通信媒介。电子支付对软、硬件设施的要求很高，一般要求有联网的计算机、相关的软件及其他一些配套设施；而传统支付则对软、硬件设施没有这么高的要求。

（4）电子支付具有方便、快捷、高效、经济的优势。用户只要拥有可以联网的设备，便可以足不出户，在很短的时间内用比传统支付方式低得多的费用完成整个支付过程。

5.6.3 电子支付的主要方式

由于使用的传输网络、传输协议和支付程序的不同，在实践中衍生出了各种各样的电子支付工具。

1. 电子资金划拨

电子资金划拨（EFT）是 B2B 中电子支付的主要方式。电子资金划拨多为贷方划拨，即债务人作为发端人，向其代理行发出支付指令，发端人代理行通过中介银行或直接向受益人代理行发出支付指令，直至款项最终到达受益人。

2. 电子支票

电子支票（e-check）是一种借鉴纸张支票转移支付的优点，利用数字化网络将钱款从一个账户转移到另一个账户的电子付款形式。这种电子支票的支付是在与商户及银行相连的网络上以密码方式传递的，多数使用公用关键字加密签名或个人身份密码（PIN）代替手写签名。用电子支票支付，事务处理费用较低，而且银行也能为参与电子商务的商户提供标准化的资金信息。

3. 信用卡系统

这种电子支付方式的基本做法是通过专用网络或国际互联网以信用卡号码传

送做交易，持卡人就其所传送的讯息，先进行数字签名加密，然后将讯息本身、数字签名经 CA 认证机构的认证后，连同电子证书等一并传送至商家。它具体又分为账号直接传输方式、专用账号方式、专用协议方式。

4. 电子现金或数字货币

电子现金是一种以数据形式流通的货币。它把现金数值转换成为一系列的加密序列数，通过这些序列数来表示现实中各种金额的市值，用户在开展电子现金业务的银行开设账户并在账户内存钱后，就可以在接受电子现金的商家使用。

从目前支持电子现金的要件的不同来区分，电子现金可分为两类：智能卡（smart card）和电子钱包（E-purse）。

5.7　第三方支付概述

所谓第三方支付，就是一些和产品所在国家以及国内外各大银行签约，并具备一定实力和信誉保障的第三方独立机构提供的交易支持平台。在通过第三方支付平台的交易中，买方选购产品后，使用第三方平台提供的账户进行货款支付，由第三方通知卖家货款到达、进行发货；买方检验物品后，就可以通知付款给卖家，第三方再将款项转至卖家账户。

第三方支付又叫第三方（者）买单。购买者并非使用者，使用者并非最大的受益者，真正的受益者并非决策者，这就是第三方买单的逻辑。你消费，不用自己买单，产品或服务的提供商根本不收你的钱，而且你消费得越多，厂商还越高兴。这种消费模式之所以能够一直存在，是因为有第三方在替你买单，替产品或服务的提供商支付费用。

5.7.1　第三方支付的基本原理

除了网上银行、电子信用卡等手段之外，还有一种方式也可以相对降低网络支付的风险，那就是正在迅猛发展起来的利用第三方机构的支付模式及其支付流程，而这个第三方机构必须具有一定的诚信度。在实际的操作过程中，这个第三方机构可以是发行信用卡的银行本身。在进行网络支付时，信用卡号以及密码的披露只在持卡人和银行之间转移，降低了通过商家转移而导致的风险。

同样当第三方是除了银行以外的具有良好信誉和技术支持能力的某个机构时，支付也通过第三方在持卡人或者客户和银行之间进行。持卡人首先和第三方以替代银行账号的某种电子数据的形式（例如邮件）传递账户信息，避免了持卡人将银行信息直接透露给商家，另外也可以不必登录不同的网上银行界面，而取而代之的是每次登录时，都能看到相对熟悉和简单的第三方机构的界面。

第三方机构与各个主要银行之间签订有关协议，使得第三方机构与银行可以进行某种形式的数据交换和相关信息确认。这样第三方机构就能在持卡人或消费者与各个银行，以及最终的收款人或者是商家之间建立一个支付的流程。

5.7.2 第三方支付的模式及流程

第三方支付平台结算是典型的应用支付层架构，提供第三方结算电子支付服务的商家往往都会在自己的产品中加入一些具有自身特色的内容，但是总体来看，其支付流程都是付款人提出付款授权后，平台将付款人账户中的相应金额转移到收款人账户中，并要求其发货。有的支付平台会有担保业务，如支付宝担保业务是将付款人将要支付的金额暂时存放于支付平台的账户中，等到付款人确认已经得到货物（或者服务），或在某段时间内没有提出拒绝付款的要求，支付平台才将款项转到收款人账户中。

第三方平台结算支付模式的资金划拨是在平台内部进行的，此时划拨的是虚拟的资金，真正的实体资金还需要通过实际支付层来完成。图5-7所示的是有担保功能的第三方结算支付流程。

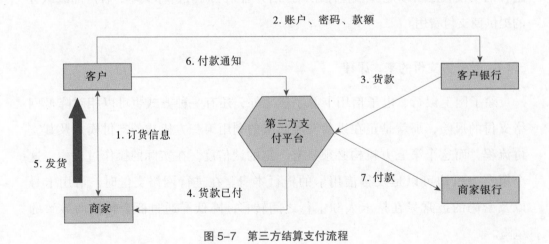

图5-7 第三方结算支付流程

5.7.3 第三方支付的促进与监督

1. 第三方支付存在的风险

1)监管机制及相关法律不健全

目前,我国还没有出台经过全国人大批准的针对第三方支付的相关法律,现有的可依据的法规有:《中华人民共和国电子签名法》《电子支付指引(第一号)》《支付清算组织管理办法(征求意见稿)》《非金融机构支付管理办法》《非金融机构支付管理办法实施细则》。

从上述相关法规条款我们看到,我国第三方支付监管的基本法律框架已有了,但存在下列问题:①监管法规依据较低,主要是部门规章,效果与法律相比差很远。②有关规范性法规文件仍处于征求意见状态,有待进一步完善。

2)沉淀资金的监管尚有缺陷

第三方支付系统一般会有大量资金沉淀,如果缺乏有效的管理,则可能存在资金安全的风险,并因此引发支付风险和其他相关风险。除了支付宝等少数支付平台交由银行专用账户管理来往资金外,其他第三方支付平台大多代替银行行使职能,因此可直接支配交易款项,这就有可能出现非法占用和挪用往来资金的情况,以及越权调用交易资金的风险,而且不受有关部门的监管。

第三方支付机构的备付金专用存款账户存管银行的监督管理制度的引入,规范了沉淀资金的管理,具有较强的现实性,值得肯定。但需要注意的是,在沉淀资金的具体问题上,如结算时间和利息归属问题上,《非金融机构支付管理办法》等有关法律未制定相关规定,这部分依然存在漏洞。

3)网络系统安全、防灾、防病毒问题

网上银行和网上支付的安全性是用户使用其服务的基础。一旦用户的信息(如银行账号、身份证号、交易密码等)泄露,将给用户带来损失。随着网上银行和网上支付的渗透率不断提高,账号和密码安全成为关注的焦点。当然网络系统安全、防灾、防病毒问题也是消费者使用第三方支付平台最关注的问题。第三方支付安全问题的主要情形有:①黑客侵入用户计算机盗取卡号信息和密码。②信息在互联网传输的过程中被黑客截取。③用户误入钓鱼网站等含有风险因素的网站,卡号和密码被盗取,这种情况发生的概率最大。

2. 第三方支付的促进与监管

监管在金融领域至关重要，监管的好与坏决定了其安全性和稳定性，为此，在监管方面有如下建议。

（1）构建以央行为主、多部门监管为辅的监管体系。第三方支付平台业务具有综合性的特点，涉及多部门的监管范围。国家工业和信息化部可以作为推进信息化建设、协调维护信息安全的主管部门。

（2）构建多样化备付金保障体制。备付金保障制度是指提取一定比例的客户资金用于建立客户备付金风险保障基金制度。

5.8 移动支付概述

5.8.1 移动支付的概念

移动支付是一种新的支付形式，正处在不断发展阶段中，其内容在不断丰富。目前人们对移动支付还没有一个标准统一的定义。

移动支付论坛（mobile payment forum）给出的定义是，移动支付是指进行交易的双方以一定信用额度或一定金额的存款，为了某种货物或者业务，通过移动设备从移动支付服务商处兑换得到代表相同金额的数据，以移动终端为媒介将该数据转移给支付对象，从而清偿消费费用进行商业交易的支付方式。

移动支付是指支付方为了购买实物或非实物形式的产品、交纳费用或接受服务，以手机、PDA 等移动终端为工具，通过移动通信网络，实现资金由支付方转移到受付方的支付方式。本质上讲，移动支付就是将移动网络与金融系统结合，把移动通信网络作为实现移动支付的工具和手段，为用户提供产品交易、交费、银行账号管理等金融服务的业务。移动支付应该属于电子支付与网络支付的更新方式，具有强烈的无线网络计算应用的特点。移动支付所使用的移动终端可以是手机，具备无线功能的 PDA、笔记本电脑、移动 POS 机等。

5.8.2 移动支付的分类

移动支付存在着多种形式，不同的形式实现的方式也不相同。考虑到分类体系的互斥性和完备性，结合目前移动支付发展现状，本书对移动支付做如下几种分类。

（1）根据交易金额的大小，可将移动支付分为微支付和宏支付两大类。微支付是指用款额特别小的电子商务交易，类似零钱应用，通常是指购买数字内容业务，如游戏和视频下载等。宏支付是指交易金额较大的支付行为，如在线购物或者近距离支付。

（2）根据无线传输方式，可将移动支付分为空中交易和 WAN（广域网）交易两种。空中交易是指支付需要移动终端通过基于 GSM/GPRS/CDMA1X 等网络系统，如通过发短消息购买电子邮箱；WAN 交易则主要是指移动终端在近距离内交换信息，而不通过移动通信运营商网络，例如使用手机上的红外线装置在自动贩售机上购买饮料。

（3）根据账号设立的不同，还可以将移动支付分为移动运营商代收费和银行卡绑定收费两种。移动运营商代收费是指移动运营商为用户提供信用，费用通过手机账户支付，操作简便；但由于国内金融政策的严格管制，属于金融政策的"灰色地带"，仅适用于小额支付。而银行卡绑定收费的支付方式是指银行为用户提供信用，将用户的银行账号或信用卡号与其手机号关联起来，费用从用户的银行账户或信用卡账户中扣除。这种收费方式符合金融法规，但需要移动运营商和金融机构配合，操作相对复杂。

（4）根据用户和商家的交互方式不同，可将移动支付分为"手机—手机""手机—移动 POS 机""手机—专用设备"三类。"手机—手机"方式是指付款方和收款方均为手机银行客户，付款方通过手机银行向收款方支付消费款项，双方均通过手机银行得到结算结果的通知。这种方式适用于有固定营业人员的消费场所，如出租车、批发市场等。"手机—移动 POS 机"是指收款方为和银行联网的商城、超市等，付款方通过手机银行支付消费款项，收款方通过移动 POS 机接收收款信息。这种方式适用于大型商场、超市、酒店消费。"手机—专用设备"的收款方是装备了红外线、蓝牙、USSD 等设备的专用设备，适用于小型商店等营业人员不固定的场所。

（5）根据支付时支付方与受付方是否在同一现场，可将移动支付分为远程支付和现场支付。现场支付是指在购物现场选购产品或服务，而通过手机或移动 POS 机等支付的方式。如在自动售货机处购买饮料、在报摊上买杂志，付停车费、加油费、过路费等。现场支付分为两种：①移动终端通过移动通信网络与银行以及商家进行通信完成交易。②只将手机作为 IC 卡的承载平台以及与 POS 机的通信工具来完成交易。远程支付也有两种：①支付渠道与购物渠道分开的方式，如通过网络购买产品或服务，而通过手机来支付费用。②支付渠道与购物渠道都通过手机的方式，如通过手机远程购买彩票等。

（6）根据移动运营商提供的移动支付业务类型不同，可分为移动运营商的代收费业务、小额支付业务和移动信用平台。代收费业务的特点是代收费的支付时间和额度固定，用户所缴纳的费用在移动通信费用的账单中统一结算。如个人用户的 E-mail 邮箱服务费代收。小额支付业务是移动运营商与银行合作，建立预存费用的账户，用户通过移动通信的平台发出划账指令代缴费用。如通过短信确认的方式购买彩票、通过短信或电话的方式缴付水电费用等。移动信用平台是运营商和信用卡发行单位合作，将用户手机中的 SIM 卡等身份认证技术与信用卡身份认证技术结合，实现一卡多用的功能。例如，在某些场合用接触式或非接触式 SIM 卡来代替信用卡，用户提供密码，进行信用消费。

5.8.3 移动支付的流程

图 5-8 描述了一个完整的移动支付过程。

消费者和商家在第三方信用机构（银行机构）申请注册，支付平台运营商取得认证资格。

（1）购买请求。消费者可以对准备购买的产品进行查询，在确定了准备购买

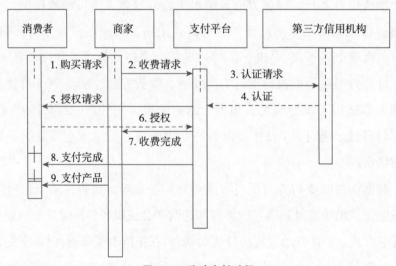

图 5-8　移动支付过程

产品之后，通过移动通信设备如手机，发送购买请求给商家。

（2）收费请求。商家在接收到消费者的购买请求之后，发送收费请求给支付平台。支付平台利用消费者账号和这次交易的序列号生成一个具有唯一性的代码，代表这次交易过程。

（3）认证请求。支付平台必须对消费者账号和商家账号的合法性与正确性进行确认。支付平台把消费者账号和商家账号信息发送给第三方信用机构，第三方信用机构再对账号信息进行认证。

（4）认证。第三方信用机构把认证结果发送给支付平台。

（5）授权请求。支付平台在收到第三方信用机构的认证信息之后，如果账号通过认证，支付平台把交易的详细信息，包括产品或服务的种类、价格等发送给消费者，请求消费者对支付行为进行授权。如果账号未能通过认证，支付平台把认证结果发送给消费者和商家，并取消本次交易。

（6）授权。消费者在核对交易的细节之后，发送授权信息给支付平台。

（7）收费完成。支付平台得到了消费者的支付授权之后，开始对消费者账户和商家账号进行转账工作，并且把转账细节记录下来。转账完成之后，传送收费完成信息给商家，通知他交付消费者产品。

（8）支付完成。支付平台传送支付完成信息给消费者，作为支付凭证。

（9）交付产品。商家在得到了收费成功的信息之后，把产品交给消费者。

由此可见，在整个移动支付的过程中，支付平台处于核心的地位，所有的交易信息都要由它进行传递。

本章小结

电子商务安全与电子支付是电子商务运作中密切联系的两个关键环节。本章在认真总结国外电子商务安全管理经验的基础上，以电子商务运作流程为主线，全面阐述了电子商务交易安全综合防范的思路，从技术、管理和法律三个方面对电子商务交易安全的理论问题与实践问题进行了深入论述，主要涉及交易安全保障的基本思路和框架体系，密码、认证和防火墙技术，标准、系统、用户、电子签名、法律保护等内容。在此基础上，本章系统介绍了电子支付系统和模式，介绍了第三方平台结算支付和移动支付，探讨了电子支付安全的技术、管理和法律保障方法。

思考练习题

1. 电子商务中的不诚信行为有哪些？
2. 计算机病毒的特征有哪些？
3. 防火墙的功能有哪些？
4. 简述对称密钥加密的实现过程。
5. 什么是数字时间戳？
6. 数字证书一般包括哪些内容？
7. 电子支付的特点是什么？
8. 移动支付可以哪些类型？

实践实训

结合具体案例，分析目前电子支付中面临的主要安全问题，并根据真实案例，设计出有针对性的应对措施。

参考文献

[1] 潘成蓉. 第三方跨境电子支付驱动跨境电子商务发展的策略分析[J]. 对外经贸实务，2018（3）：57-60.

[2] 王鹏程. 法律视野中的电子商务第三方支付平台[J]. 商场现代化，2018（12）：39-40.

[3] 陈杰. 信息化背景下企业安全交易技术发展与应用——评《电子商务信息安全技术及其应用》[J]. 中国安全生产科学技术，2020，16（2）：196.

[4] 刘永磊，金志刚，高天迎. 移动支付系统安全性研究综述[J]. 信息网络安全，2017（2）：1-5.

[5] 张建兵，程财军. 电子商务安全问题探析[J]. 现代商贸工业，2009（23）：253-254.

[6] 吕金秋. 移动电子商务安全问题分析及解决方案[J]. 中国商贸，2012（4）：44-45.

[7] 王福全. 浅谈电子商务安全问题[J]. 中国商贸，2012（9）：113-115.

[8] 刘树安. 电子商务安全问题研究[J]. 合作经济与科技，2012（21）：24-28.

[9] 李静，郭云峰. SET协议的电子商务支付安全加密方法[J]. 现代电子技术，

2020，43（11）：83-86.

[10] 刘晋辉. 计算机病毒技术分析[J]. 兵工自动化. 2012（1）：93-96.

[11] 纳颖，肖鸥. 对计算机病毒及防范措施研究[J]. 科技信息. 2012（3）：129.

[12] 李磊. 浅析计算机病毒及其防范措施[J]. 中国科技信息，2011（11）：96.

[13] 张旭珍，周剑玲，魏景新. 电子商务安全技术的研究[J]. 计算机与数字工程，2008（5）：121-124.

[14] 吴育宝. 探究现代计算机网络信息安全的重要性及防范措施——评《计算机网络与信息安全技术》[J]. 电镀与精饰，2020，42（4）：50.

[15] 王涛. 计算机病毒及其防范技术[J]. 信息与电脑（理论版），2018（13）：196-197.

[16] 于秀丽. 电子商务中第三方支付的安全问题研究[J]. 宏观经济管理，2017(s1)：134-135.

[17] 赵艳平. 浅议电子商务安全支付协议[J]. 科技经济市场，2010（12）：76-77.

[18] 安瑞超. 跨境电子商务与第三方支付管理的思考[J]. 现代营销（经营版），2019（2）：116.

[19] 吴毅君. 第三方支付解决电子商务支付安全的博弈分析[J]. 网络安全技术与应用，2017（8）：69+72.

[20] 夏沁方. 跨境电子商务中第三方支付法律问题研究[J]. 南阳师范学院学报，2017，16（8）：20-26.

[21] 于志军. 电子商务环境下移动支付的安全性分析[J]. 计算机与网络，2017，43（11）：13.

[22] 张子建. 网络营销创新模式在电子商务中的应用——基于第三方支付平台[J]. 商业经济研究，2021（12）：88-90.

[23] 刘燕云. 第三方支付风险及防范[J]. 中国金融，2018（20）：71-72.

第 6 章 电子商务网站规划与建设

学习目标

1. 了解电子商务系统战略规划的重要性。
2. 掌握电子商务系统战略规划的内容与方法。
3. 掌握一般电子商务系统体系的基本构成、各个部分的作用及其相互关系。
4. 掌握电子商务系统规划报告的撰写方法。

知识架构

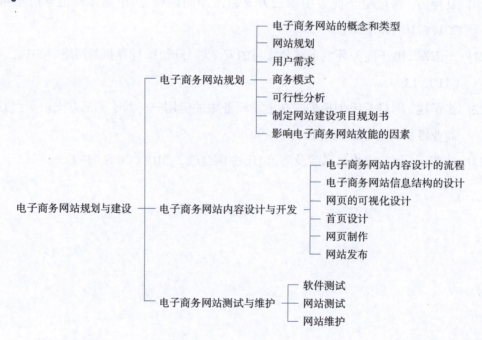

导入案例

电商助力海尔腾飞

海尔集团于 2000 年 3 月 10 日投资成立海尔电子商务有限企业，首开国内家电行业成立电子商务企业的先河。2000 年 4 月，海尔集团电子商务系统开始运行。海尔集团网站也成了名副其实的电子商务网站，除了具备一般信息发布型网站的基本内容之外，还建立了完善的网上零售（B2C）体系，可以快速满足用户的个性化需求，同时，面对供应商的企业间电子商务平台（B2B）也在展示着一个现代企业的风采。之后，海尔集团平台化运营主要基于两个方面：①海尔电器作为公司的渠道和营运中心，提供社会化的综合渠道服务中心。②青岛海尔作为制造中心，着力打造智慧家庭创新平台。

分析：在企业外部，海尔 CRM（客户关系管理）和 BBP 电子商务平台的应用架起了与全球用户资源网、全球供应链资源网沟通的桥梁，实现了与用户的零距离。在企业内部，计算机自动控制的各种先进物流设备不但降低了人工成本、提高了劳动效率，还直接提升了物流过程的精细化水平，达到质量零缺陷的目的。

6.1 电子商务网站规划

电子商务网站是电子商务系统运行的主要承担者和体现者，是企业开展网络经营活动的载体。一个电子商务网站往往是由按照最方便用户浏览的方式链接在一起的许多网页组成的，因而网站系统往往具有结构复杂与动态变化强的特点。为了建立一个便于浏览、功能强大的电子商务网站，在建站之前进行详细的规划是十分必要的。网站规划工作是网站建设中最重要的环节，也是最容易被忽视的环节。因此，如何规划设计一个满足用户需求、宣传企业产品、提高企业知名度的网站，是一个值得研究的课题。

6.1.1 电子商务网站的概念和类型

1. 电子商务网站的概念

电子商务网站是企业开展电子商务的基础设施和信息平台，是实施电子商务的企业或商家与服务对象之间的交互界面，是电子商务系统运转的承担者和表现者，是企业在互联网上的门户。

2. 电子商务网站的类型

由于建站目的和服务对象的不同，电子商务网站在规模、内容和风格等方面有着很大的不同。

按商务目的和业务功能，电子商务网站可以分为基本型电子商务网站、宣传型电子商务网站、客户服务型电子商务网站、完全电子商务运作型网站；按构建网站的主体，电子商务网站可以分为行业电子商务网站、企业电子商务网站、政府电子商务网站、服务机构电子商务网站；按照网站销售产品范围，电子商务网站可以分为销售单一产品的电子商务网站、销售一类产品的电子商务网站、销售各类产品的电子商务网站。

6.1.2 网站规划

建立网站是为了实现某一目的，这就需要有效的信息交流。为了做到这一点，必须对电子商务网站进行详细的规划。

1. 网站规划的步骤

进行电子商务网站规划时，通常分为以下七个步骤。

（1）确定电子商务网站的边界，明确规划目标、人物与要求。

（2）建立指定电子商务网站规划的组织。

（3）制定规划进度表：规定各个任务的先后次序、完成时间、使用的资源和人员分配。

（4）现行系统的调查与分析：调查当前企业的目标和任务、组织结构和管理体系，以及可利用资源和约束条件等。

（5）提出新的开发方案：确定新系统的目标、功能、结构、开发进度计划、成本、需求、开发的方式、方法等内容。

（6）可行性研究：新系统的必要性、开发方案的经济性、技术的可行性、组织管理和环境的可行性等。

（7）提出系统规划报告：包括绪论、系统建设背景、必要性和意义、系统的候选方案、可行性分析、几种方案的比较研究和建设性结论。

2. 网站规划的原则

网站是企业向用户和网民提供信息（包括产品和服务）的一种方式，是企业开展电子商务的基础设施和信息平台。当企业建立自己的网站时，网站的规划将贯穿网站建设的整个过程，是网站建设中最重要的环节。在网站规划中应注意以下几个原则。

1）目的性和用户需求原则

电子商务网站的设计是展现企业形象、介绍产品和服务、体现企业发展战略的重要途径，因此必须掌握目标市场的情况，调查受众群体是否喜欢新技术、其需求范围、受教育程度是否较高、是否经常上网等，从而做出切实可行的设计计划。要根据消费者的需求、市场的状况、企业自身的情况等进行综合分析，牢记以"消费者"为中心，而不是以"美术"为中心进行设计规划。电子商务网站建设的目的应该经过成熟考虑，其主要包含以下几点。

（1）目的性定义明确。目的性定义应该是明确的，而不是笼统地要做一个平台、要搞电子商务，应该清楚主要希望谁来浏览，具体要做到哪些内容，提供怎样的服务，达到什么效果等。

（2）从实际出发。电子商务网站的规划应该从实际出发，在当前的资源环境下能够实现，而不能脱离了自身的人力、物力、互联网基础以及整个外部环境等因素盲目制定目标，尤其是对外部环境的考虑通常容易被忽略，结果只能成为美好的一厢情愿。

（3）主次分明、循序渐进。如果电子商务网站建设的目标比较庞大，就应该充分考虑各部分的轻重关系和实现的难易度，想要一步登天通常会导致投入过大且缺少头绪，不如分清主次、循序渐进。

2）总体设计方案主题鲜明原则

在目的性明确的基础上，完成电子商务网站的构思创意即总体设计方案。对网站的整体风格和特色做出定位，规划网站的组织结构。

电子商务网站应针对所服务对象（机构或人）的不同而具有不同的类型。大致可以将其分为以下几种。

（1）基本信息型。主要面向用户、业界人士或者普通浏览者，以介绍企业的基本资料、帮助树立企业形象为主，也可以适当提供行业内的新闻或者知识信息。

（2）电子商务型。主要面向供应商、用户或者企业产品（服务）的消费群体，以提供某种直属于企业业务范围的服务或交易为主；这样的网站可以说是正处于电子商务化的一个中间阶段，由于行业特色和企业投入的深度广度的不同，其电商务化程度可能处于从比较初级的服务支持、产品列表到比较高级的网上支付的其中某一阶段。

（3）多媒体广告型。主要面向用户或者企业产品（服务）的消费群体，以宣传企业的核心品牌形象或者主要产品（服务）为主。无论从目的上还是实际表现手法上，相对于普通网站而言，这种类型更像一个平面广告或者电视广告。

在实际应用中，很多网站往往不能简单地归为某一种类型，无论是建站目的还是表现形式都可能涵盖了两种或两种以上类型。不管属于哪种类型的电子商务网站，都要做到主题鲜明突出，要点明确，以简单明确的语言和画面体现站点的主题。调动一切手段，充分表现网站的个性，体现电子商务网站的特点。

电子商务网站主页应具备的基本成分包括以下内容。

（1）页头：准确无误地标识站点和企业标志。

（2）E-mail 地址：用来接受用户咨询。

（3）联系信息：如普通邮件地址或电话。

（4）版权信息：声明版权所有者等。

3）企业专业特性介绍的原则

（1）对外介绍专业信息。对外介绍企业自身，最主要的目的是向外界介绍企业的业务范围、性质和实力，从而创造更多的商机。在介绍专业信息时应注意以下几点：应该完整无误地表述企业的业务范围（产品、服务）及主次关系；应该齐备地介绍企业的地址、性质、反馈信息；应该提供企业的年度报表，帮助浏览者了解企业的经营状况、方针和实力；如果是上市企业，应该提供企业的股票市值或者专门财经网站的链接，帮助浏览者了解企业的实力。

（2）对内提供信息服务。对内提供信息服务时，应该注意以下几点。

①信息的全面性。对所在行业的相关知识、信息的涵盖范围应该全面，然而内容本身不必做到100%全面。

②信息的专业性。所提供的信息应该是专业的、科学的并有说服力的。

③信息的时效性。所提供的信息必须至少是没有失效的，这保证了信息是有用的。

④信息的独创性。具有原创性、独创性的内容更能引起得到重视和认可，有助于提升浏览者对企业本身的印象。

4）网站版式设计原则

网页设计作为一种视觉语言，要讲究编排和布局，虽然主页的设计不等同于平面设计，但它们有许多相近之处，应充分加以利用和借鉴。

版式设计通过文字图形的空间组合，表达出和谐美。一个优秀的网页设计者也应该知道哪一段文字或图像该落于何处，才能使整个网页生辉。多页面站点页面的编排设计要求把页面之间的有机联系反映出来，特别要处理好页面之间和页面内的秩序与内容的关系。为了达到最佳的视觉表现效果，应讲究整体布局的合理性，使浏览者有一个流畅的视觉体验。

色彩是艺术表现的要素之一。在网页设计中，根据和谐、均衡和重点突出的原则，将不同的色彩进行组合，搭配来构成美丽的页面。根据色彩对人们心理的影响，合理地加以运用。按照色彩的记忆性原则，一般暖色较冷色的记忆性强；色彩还具有联想与象征的特质，如红色象征太阳；蓝色象征大海、天空和水面等。

网页的颜色应用并没有数量的限制，但不能毫无节制地运用多种颜色，一般情况下，先根据总体风格的要求定出一两种主色调，有CIS（企业形象识别系统）的更应该按照其中的VI（视觉识别系统）进行色彩运用。在色彩的运用过程中，还应注意一个问题：由于国家和种族、宗教和信仰的不同，以及生活的地理位置，文化修养的差异等，不同的人群对色彩的喜恶程度有着很大的差异。例如，儿童喜欢对比强烈、个性鲜明的纯颜色；生活在草原上的人喜欢红色；生活在闹市中的人喜欢淡雅的颜色；生活在沙漠中的人喜欢绿色。在设计中要考虑主要受众的背景和构成。

5）网页形式与内容相统一原则

要将丰富的意义和多样的形式组织成统一的页面结构，形式语言必须符合页面的内容，体现内容的丰富含义。运用对比与调和、对称与平衡、节奏与韵律以及留白等手段，通过空间、文字、图形之间的相互关系建立整体的均衡状态，产生和谐的美感。例如，对称原则在页面设计中，它的均衡有时会使页面显得呆板，但如果加入一些富有动感的文字、图案，或采用夸张的手法来表现内容往往会达到比较好的效果。点、线、面是视觉语言中的基本元素，要使用点、线、面的互相穿插、互相衬托、互相补充构成最佳的页面效果。网页设计中点、线、面的运用并不是孤立的，很多时候都需要将它们结合起来，表达完美的设计意境。

6）实用性功能服务应切合实际需要原则

网站提供的功能服务应该是切合浏览者实际需求的且符合企业特点的。例如，网上银行提供免费电子邮件和个人主页空间，就既不符合浏览者对网上银行网站的需求，也不是银行的优势，这样的功能服务提供不但会削弱浏览者对网站的整体印象，还浪费了企业的资源投入，有弊无利。

因此，网站提供的功能服务必须保证质量，并且还应注意以下几点。

（1）每个服务必须有定义清晰的流程，每个步骤需要什么条件、产生什么结果、由谁来操作、如何实现等，都应该是清晰无误的。

（2）实现功能服务的程序必须是正确的、健壮的（防错的）、能够及时响应的、能够应付预想的同时请求服务数峰值的。

（3）需要人工操作的功能服务应该设有常备人员和相应责权制度。

（4）用户操作的每一个步骤（无论正确与否）完成后应该被提示当前处于什么状态。

（5）服务成功递交以后的响应时间通常不应超过整个服务周期的10%。

（6）当功能较多的时候，应该清楚定义相互之间的轻重关系，并在界面上和服务响应上加以体现。

6.1.3 用户需求

在建设开发一个网站时，不仅要考虑网上用户的心理，还要在开发的过程中满足来自不同人群的要求，如企业领导、有关部门人员、信息部系统管理员和外部机构等。

不同的人群对网站有着不同的要求，对于企业领导来说，网站的建设是要能够体现企业核心物质的，起到宣传推广作用；对于管理员来说，网站需要满足不同的测试环节，能实现不同的功能。

有了不同的用户需求，就要对应地一一解决。在解决用户需求时，需要对系统现状有个概述整理，整理用户的不同需求，总结新系统应解决的问题，之后对新系统应解决的目标进行合理的规划，对设备、人力、资源进行合理的调整分配，制定开发进度时间表，规定不同的时间完成不同的开发任务。

6.1.4 商务模式

电子商务网站进行的企业商务模式的规划，是一种战略层的规划，目标是明确企业将核心业务从传统方式转移到电子商务模式时需要采取的策略，确定企业的商务模型。

商务模式规划并不直接针对企业未来需要建造什么样的电子商务网站，其主要目标是为电子商务网站规划提供依据。商务模式规划的内容包括：①确定企业核心业务未来如何发展，企业采取什么样的商务运作方式获取市场利益，即确定企业的商务模式。②确定支持企业商务运作的信息系统的基本信息流程，即规划企业的商务模型。

6.1.5 可行性分析

1. 经济上的可行性分析

经济可行性分析可以从两个方面进行：成本估算和效益估算。

1）成本估算

网站成本是指在网站建设与运行过程中资金的耗费。网站成本依网站从建设至运行可将其划分为网站建设成本与运行维护成本两大类。在各类中又可根据费用的用途进行逐级细分：网站建设成本分为设备费、通信费、信息费、硬件成本、软件开发成本和其他成本等。

设备费包含建设电子商务网站所必需的各种设备费用。网站选择和接入网方式不同，设备费用差别也很大。如果使用虚拟服务器网站微机拨号入网的方式，设备费包括购买计算机和网络接入设备费用。如果采用独立服务器网站专线入网的方式，设备包括路由器、交换机、微机和服务器。这两种网站选择和入网方式不同的方案都没计算设备的维护费用。

通信费用是指为传输信息所付的资费（网络设备租用费或网络设备占用费）。通信费分为两种，即网络经营者向信息提供者收取的通信费和向信息使用者收取的通信费。通信信息服务既然是基本电信业务的延伸或增值，信息使用者所支付的通信费以基本电信业务资费为基础。

信息费是指信息提供者将收集到的原始消息进行加工、编辑、整理（并建成数据库）后，提供给使用者使用的（或数据库内）信息的费用。

硬件成本和其他成本可根据网站规模及形式予以估算。

软件开发成本却较难确定，其成本估算涉及人、技术、环境和政策等诸多因素。

2）效益估算

网站收入是指网站开始运行后为各方提供服务所获得的经济收入，主要包括网站的实际收入和网站取得的无形资产的增值,以及为使用网站的用户带来的工农业收入的增加与相关费用的节约,这一部分既体现了网站的社会效益,又可能得到受益方给予的回报。由于网站不同于一般的产品买卖及面对面地提供服务,因此网站的收入主要取决于网站的经营策略以使网络消费者乐于登录网站消费,以及其他网络主体与网站建立密切的商业往来,主要包含会员费收入、佣金收入、广告收入、无形收入和社会效益收入。

2. 技术上的可行性分析

电子商务网站技术可行性分析是指对电子商务网站的建设与运行阶段所涉及的硬件、软件与相关技术等方面进行分析。随着网络技术的发展,支撑电子商务应用的技术日益增多。从技术上说,以下技术适合于电子商务的应用。

1）EDI 技术

EDI 技术是以报文交换为基础的数据交换技术,它推动了世界贸易的电子化。在电子商务的应用过程中,EDI 可用于单证与商务文件的传递与交换以及客户管理等方面。

2）电子邮件

电子邮件技术广泛应用于电子商务活动中,它为客户与合作伙伴之间提供实时的商务信息交流、信息查询、信息反馈的平台,也为企业与员工之间架设了沟通的桥梁。

3）Web 技术

Web 技术在商务活动中的应用极大地扩大了商务活动的范围。基于互联网与 Intranet 的电子商务,可以完成信息发布、信息浏览、信息查询、信息处理和信息检索等任务。

4）数据仓库与数据挖掘技术

数据仓库与数据挖掘技术在电子商务活动中主要用于各种大量的繁杂数据的存储与分析,并提高数据处理的效率。

5）条码技术

在电子商务中,条码技术主要用于产品的快速判断与识别,以及客户身份的识别与鉴定,并将数据快速集成到其他的应用与数据库中。

当企业对实施电子商务并构建电子商务网站做出决策时,需要分析与确定可以满足企业需要的各种技术的可行性。增加硬件系统和选择电子商务技术的原则应该是以与企业原有的技术相衔接的程度和提高企业业务能力为基准,也要考虑技术对电子商务网站功能实现的支持程度。如果企业目标层次低,所建立的网站功能简单,只是用来宣传与推广企业的形象与产品,则选择满足 Web 服务器的软硬件技术即可。如果企业建立网站的目标是在网上销售产品并与供应商、合作伙伴等进行网上信息交流,那么网站的功能不仅应包括信息发布、信息浏览、信息反馈,而且还应包括比较复杂的网上支付、网上认证等功能。在技术的选择上,要充分考虑实现这些功能的技术支持程度,需要配置包括 Web 浏览器、数据库服务、邮件服务、防火墙与代理服务器、中间组件、客户操作系统、网络服务系统、商务应用系统在内的软件与硬件设施。

3. 管理上的可行性分析

管理可行性分析是确定企业是否在管理方面具有电子商务网站开发和运行的基础条件。管理可行性分析一般要考虑以下几个方面。

1)企业或组织的现行管理制度是否支持网站开发

电子商务网站是企业进行信息收集、传递、处理和展示的平台,科学的管理是建站的前提。合理的管理体制、完整的规章制度、稳定的企业流程、科学的管理方法和程序以及完善、准确的原始数据等,是有效建立电子商务网站的基础。

2)企业或组织的管理人员的素质和管理水平是网站建设成败的关键

网站建设涉及企业或组织的各个部门,可能会导致各部门和管理人员工作方式的变革以及业务流程和组织结构的重组,这就可能导致部门和个人利益发生变化。管理人员对网站建设的理解和支持程度,以及对网站建设可能引起的变化是否有所认识和准备,直接影响到网站建设的成败。

4. 环境上的可行性分析

电子商务网站在社会环境中运行,许多环境因素制约着网站的建设和运行,因此电子商务网站的建设要进行环境可行性分析。环境可行性分析主要从以下几个方面进行。

(1)欲建立的网站是否合法。

(2)欲建立的网站是否符合行业规范。

(3)外部环境可能的变化对网站建设的影响。

(4)用户对网站提供的功能、性能和内容等的满意程度。

6.1.6 制定网站建设项目规划书

一个网站的成功与否与建站前的网站规划有着极为重要的关系。网站建设企业提示在建立网站前应明确建设网站的目的，确定网站的功能，确定网站规模、投入费用，进行必要的市场分析等。只有详细进行规划，才能避免在网站建设中出现很多问题，使网站建设能顺利进行。

企业在网站建设之前，应当对所想做的网站有一个直观的了解，通常是借助网站建设规划书来实现这一目的。该规划书包括以下内容。

1. 市场分析

先要了解自身行业是否有做网站的必要。俗话说，知己知彼，方能百战不殆，在做网站前，应当先了解自己行业的竞争者对于网站规划是怎么样的。结合企业自身条件，分析建设网站可以达到什么效果。

2. 预期投入

投入包括时间投入和金钱投入两部分，而企业打算在多少时间内投入多少金钱建设网站。

3. 建站目的

为什么要建立网站，是为了提升企业形象、提高企业知名度，还是要开展电子商务。

4. 整站风格

不同行业的网站，风格也截然不同，如艺术类网站就需要有艺术气息，文化类网站需要有文化底蕴，电子类网站需要大气、简约和有质感。

5. 网站功能

根据网站的具体需要，提出网站应当具有的功能模块。常见的功能模块有会员登录、注册、支付系统、下载系统、图片管理系统、文章管理系统和在线客服模块。

6. 网站内容

一般企业网站有企业介绍、企业产品、产品介绍、联系方式、客户留言和常见问题等。如果是电子商务网站，还有会员信息、产品搜索、购物车和在线付款等。

7. 技术方案

服务器是自己搭建，还是向主机空间商租用？编程语言是 PHP 还是 Java？是采用 CMS 系统二次开发，还是需要从头开发？都是需要在项目规划书中写清楚。

8. 日程安排

什么时候到什么时候需要完成什么内容？以表格或者其他形式罗列。

6.1.7 影响电子商务网站效能的因素

电子商务网站区别于一般 Web 站点，它以数据处理为主，数据类型复杂，数据流量大，数据交换频繁。运行效率和数据安全是影响电子商务网站架构的重要因素。此外，影响电子商务网站效能的因素还有网站的推广、网站的互动、网站的更新。

6.2 电子商务网站内容设计与开发

6.2.1 电子商务网站内容设计的流程

1. 网站内容设计的原则

企业要在因特网上开展电子商务，就应该在网站的内容设计方面遵循一些基本原则，一般来说，最起码应考虑到以下三个方面。

1）新、精、专的信息内容

信息内容永远处于第一位，内容设计要有组织，并及时更新信息内容。

2）安全快速的访问

应提高浏览者的访问速度；要有安全良好运转的硬件和软件环境；遵循"三次点击"原则，即网站的任何信息都应在最多三次点击之内得到。

3）美感十足、方便用户访问的页面

网站应提供交互性，具有完善的检索和帮助功能，方便用户访问和购买。

2. 网站内容设计流程

通常，电子商务网站的内容设计流程都必须经过如下步骤：

（1）收集关于该网站的一些关键信息。

（2）设计网站信息结构。

（3）选择网站运行环境。

（4）进行网页可视化设计。

（5）网页制作，利用一定的 Web 数据库技术进行信息和数据的动态发布与提供。

（6）维护和管理网站。

6.2.2 电子商务网站信息结构的设计

尽管每个电子商务网站规模不同，表现形式各有特色，但从经营的实质上来说，电子商务网站主要分为三种形式：信息发布型、产品销售型和综合型。信息发布型的网站仍然是电子商务网站的主流形式。

信息发布型电子商务网站中信息结构的设计主要是从企业信息、产品信息、服务信息与其他信息四个方面来进行的。

1. 企业信息

企业信息通常也就是企业概况、员工信息与企业的动态新闻。其中，企业概况是企业在网络上推广企业的第一步，应该予以重视。它包括企业背景与历史、主要业绩与社会贡献、经营理念与经营目标及组织结构等，让访问者对企业的情况有一个概括的了解。员工信息主要是介绍企业相关部门的员工，特别是与用户有直接或间接联系的部门与员工的一些信息。企业动态是企业让访问者了解企业最新发展动向的板块，通过它让访问者加深对企业的了解，从而达到展示企业实力和形象的目的。不断收集与提供各类媒体对企业的有利报道，及时上传到网站上，会带来很好的宣传效果。

2. 产品信息

产品信息主要向访问者提供本企业的产品与服务的目录、产品价格等信息，设计时应该充分考虑访问者的访问效率，因此，应该设计产品探索功能与产品订购功能。对于产品与服务的目录，企业可根据实际需要决定资料的详细程度，最简单的应包括产品和服务的名称、品种、规格和功能描述。对于一些通用产品及可以展示价格的产品，网站应该标明产品价格；对于一些不方便报价或价格波动较大的产品，也应尽可能为访问者了解相关信息提供方便。一个大型电子商务网站，除了设计详细的分级目录之外，应当采取增加关键词搜索功能等措施，使访问者能够方便地找到所需要的产品。

3. 服务信息

服务信息的主要内容通常是售后服务、技术支持、联系资讯与企业的销售网络等。访问者访问企业网站并查看产品信息时，同样比较关心的是在购买产品后与产品有关的质量保证、售后服务措施以及是否可以在本地获得售后服务，以及各地售后服务的联系方式等。技术支持是相对于高科技产品而言的。生产或销售高科技产品企业的网站，除了产品说明书之外，企业还应该将访问者关心的技术问题及其答案公布在网上。也可以用在线提问和常见问题回答的方式体现访问者可以随时提出任何有关企业、产品或技术方面的信息需求。联系资讯是电子商务网站必须提供的信息之一，网站上应该提供详尽的联系信息。

4. 其他信息

其他信息包括一些辅助信息、增值服务等内容。其他的内容可以是企业人才招聘信息、娱乐信息、论坛、专题讨论区、网页版权信息，以及到其他相关站点的链接等。

在规划设计一个具体网站内容模块和功能时，主要应考虑企业本身的目标和所决定的网站功能导向，让企业网站成为整体战略的一个有机组成部分，让网站真正成为有效的品牌宣传阵地、有效的营销工具，或者有效的网上销售场所。

6.2.3 网页的可视化设计

1. 整体风格可视化

随着电子商务的推广，网站竞争越来越激烈，对链接结构设计的要求已经不仅仅局限于可以方便快速浏览，更加注重个性化和相关性。整体风格是网站设计中的重点和难点，有风格的网站与普通网站的区别在于：在普通网站上看到的只是堆砌的信息，浏览者只能用理性的感受来描述；但有风格的网站可以使人有更深一层的感性认识。

通常情况下，网站的设计者要根据企业的具体情况，找出其最有特色、特点的东西，也就是最能体现网站风格的东西，并以它作为网站的特色加以重点强化，突出宣传。

2. 设计原则

（1）网页命名简洁。网页命名简洁可以有助于以后方便地管理网页，在向搜索引擎提交网页时更容易被检索到。

（2）确保页面的导览性好。一般来说，网站应提供一个关于本站点的地图，让用户知道在哪里以及能去哪里。

（3）网页要易读。这就意味着需要规划文字与背景颜色的搭配方案。此外，网页的字体、大小也是需要考虑的因素。

（4）合理设计视觉效果。视觉效果主要体现在网页的结构和排版上。要善用表格来布局网页，突出显示出网站内容的层次性和空间性。

（5）为图片添加文字说明。当网速很慢不能把图像下载下来时或者用户在使用文本类型的浏览器时，也能阅读网页的内容。

（6）不宜使用太多的动画和静态图片。太多的动画和静态图片会增大网页容量，浪费用户的时间。

（7）页面长度要适中。一个较长页面的传输时间要比较短页面的传输时间长，太长的页面传输会使用户在等待中失去耐心。如有大量的基于文本的文档，就应当以 Adobe Acrobat 格式的文件形式放置。

（8）计数器能不用最好不用。计数器也是由程序设计成的，显示计数器的过程其实就是一个程序的执行过程，它需要占用用户宝贵的上网时间，并且往往毫无意义。

（9）尽量使用超级链接。这样制作的网页的可移植性比较强，输入量较小。另外要保证超链接的直观有效，以便使用户能够很快地找到其想要的东西。

3. 版面布局设计

网页版面设计步骤包括构思、粗略布局和完善布局。

1）构思（结构的搭建）

在构思之前我们总需要了解很多，如客户的需求、网站的定位、受众等，也就是说需要了解策划方案。当真正了解策划方案后，可以开始创建初始方案。这属于创造阶段，不讲究细腻工整，不必考虑细节功能，只以粗陋的线条勾画出创意的轮廓即可。如图 6-1 所示。

2）粗略布局

在草稿的基础上将确定需要放置的功能模块安排到页面上。必须遵循突出重点、平衡谐调的原则，将网站标志、主菜单等最重要的模块放在最显眼、最突出的位置，再考虑次要模块的排放。

Logo	横幅
导航条	主题内容

图 6-1 网站构思

一般情况下，将网站的 Logo、导航条等元素放在屏幕左边显眼的位置上，访问者在浏览网页时可以对网站内容一目了然。如图 6-2 所示。

Logo	横幅		
栏目 1	内容 1	内容 2	内容 5
栏目 2			
栏目 3			
栏目 4			
栏目 5			
栏目 6	标题 1	标题 2	
栏目 7	内容 3	内容 4	
栏目 8			
栏目 9			
栏目 10			

图 6-2　网站首页粗略布局

3）完善布局

将粗略布局精细化、具体化。凭借智慧和经验，结合自己的联想，做出具有创意的布局。

6.2.4　首页设计

首页也叫主页，它是网站的形象页面，是网站的"门面"，故被称为"home page"，它的设计是一个网站成功与否的关键。首页的设计应该遵循快速、简洁、吸引人、信息概括能力强、易于导航的原则，同时应纳入企业 CIS 计划，与企业 CIS 的其他内容协调起来。

首页设计是指将首页上需要实现的主要内容及其功能划分模块，在主页上必须清楚地列出三项要点：机构名称、提供的产品或服务以及主页内容（即网站上其他页面还载有什么资料）。当当网首页设计如图 6-3 所示。

（1）页头。页头用来准确无误地标示企业的网站，它应该能够体现出企业网站的主题，而该主题是与企业的产品和服务紧密相关的。

（2）主菜单。主菜单即导航条，它提供了对关键页面的简捷导航，其超链接或图标应明确地表明企业网站的其他页面上还载有什么信息。

图 6-3 当当网首页设计

（3）最新消息的传递。如果企业网站的主页从不改变，用户很快会厌倦。在主页上预告即将有新资料推出，可吸引用户再来浏览。为保证新鲜感，应时刻确保主页提供的是最新信息。

（4）电子邮件地址。在页面底部设计简单的电子邮件链接，可使用户与网站的有关负责人迅速取得联系，有利于用户节省大量搜索时间，同时企业也能及时获得信息反馈。

（5）联络信息。可以列出通信地址、公关或营业部门的电话号码等，以便用户联系。

（6）版权信息。

（7）其他信息，如广告条、搜索、友情链接、邮件列表、计数器等。

6.2.5 网页制作

1. 电子商务网站中的 Web 资源

一般而言，一个电子商务网站中的 Web 资源总是包括静态网页和动态网页两种。

静态网页是一个个 .html 文件，内容相对稳定，不需要经常修改，文件比较小，适合在网上传输，执行效率很高，如企业介绍、员工信息、销售网络、售后服务信息等一些相对固定不变的信息。

动态网页由数据库和相应的应用程序构成，包含需要频繁更新的数据。由于其页面中包含的内容是来自数据库的,因此,可根据用户的不同选择返回不同的页面。如有关于产品的信息、网上销售的信息以及其他服务(如技术支持、企业新闻动态、论坛系统),特别是网站的管理系统,一般而言都是采用动态页面的形式。

2. 静态网页的制作

制作静态网页的第一步就是选定一种网页制作软件(或工具)。从原理上来讲,用任何一种文本编辑器都可以制作静态网页,但"所见即所得"的可视化开发工具无疑是最方便的。

(1)网页素材收集与制作(图像处理与动画制作)。经常需要在网页中应用一些图像与动画,一方面是由于实际内容的需要;另一方面是为了增加网页吸引力。通常采用 .jpeg、.gif、.png 格式的图片和 .flv、.flash 等格式的动画。

(2)网页版式设计。规划各元素在网页中的位置关系和表现方法,合理安排图像、文本等元素,使网页布局合理、美观大方,同时也要注意访问者的观看习惯,布局的比例也很重要。

(3)文本编写。在字体上需要注意,网页文本在浏览器中默认字体都是"宋体",特殊的字体虽然好看,但如果对方没有这种字体,浏览器会将字体变为默认字体。

3. 动态网页制作

一般而言,动态网页的制作分为两种:网页表现形式的动态制作和网页数据内容的动态制作。

(1)网页表示形式的动态制作。目前有四种制作方式,即 Script(脚本)语言、Java Applets、层叠样式表(CSS)和虚拟现实建模语言(VRML)。

(2)网页数据内容的动态制作。交互式动态网页中网页数据内容的动态制作一般是和数据库系统联系在一起,通过特定的编程语言和外部应用程序来访问企业信息系统已经存在于数据库中的信息。交互式动态网页的制作主要包括两大步骤。

①数据库设计阶段。此阶段的主要工作是根据前面确定的网站信息结构图进行数据库的逻辑设计、物理设计,并将具体的数据录入到数据库管理系统中去。

②程序设计阶段。此阶段的主要工作包括 Web 数据库接口技术的选择;编程语言的选择;应用程序的编写。

6.2.6 网站发布

1. 域名空间购买

购买空间、域名时，根据自己使用的编程语言来选择合适的操作系统。如果网站使用 ASP、ASP.net 编写的，请选用 Windows 系列虚拟主机。如果使用 PHP 编写的，选用 Unix 系列虚拟主机。如果只想做几个静态页面发布到网站上，则可以选择全静态 HTML 的虚拟主机。如果网站需要使用数据库，也要注意选择合适的操作系统：使用 Microsoft SQL Server 数据库，需选择 Windows 主机；使用 MySQL 数据库，需选择 Unix 主机。

2. 申请 ICP 备案

根据工信部的要求，国内开通网站必须先办理 ICP 网站备案，所以主机购买成功后，首先要备案，备案时间大概在 20 天。各地的备案过程稍有不同，详见注册商给的备案说明。如果网站受众主要在境外，可以考虑境外主机，免备案。

3. 上传网站

在网站备案的过程中，域名一般是不能被解析的，或者解析后是不生效的。一般注册商会给一个临时的二级域名提供访问。所以在备案的同时，可以先调试网站程序。

上传网页常用的工具有 Cuteftp、Flashfxieappti。

4. 域名解析

域名的解析和绑定可以在备案成功后进行，因为在备案过程中，域名应该是不能访问的状态。

首先登录域名管理后台。根据域名注册商不同,解析操作上会有些细微的差别。总体来说，域名解析的时候都只是要添加一个子域名为"www"的记录，填上主机的 IP，点击添加。域名解析生效的时间一般在 2 小时以内。判断域名有没有生效的方法如下：开始 > 运行 > 然后输入"cmd"，最后输入"ping www.XXX.com"命令，ping 与域名中间有一个空格，如果发现上面的 IP 和主机的 IP 一样，就说明已经生效了。

5. 域名绑定

在注册商提供的虚拟主机控制面板中大都会有域名绑定的设置。只有在这里绑定了域名且域名解析到了这个主机上，域名才能访问这个空间里的内容。

6.3 电子商务网站测试与维护

6.3.1 软件测试

测试是软件开发的最后阶段。若测试发现了需求的问题，可能导致工作产品的大量返工，产品交付将因此延期。而这种情况在实际的测试工作中经常发生。软件测试主要分为四个步骤：单元测试→集成测试→系统测试→验收测试。图6-4为软件测试过程模型图。

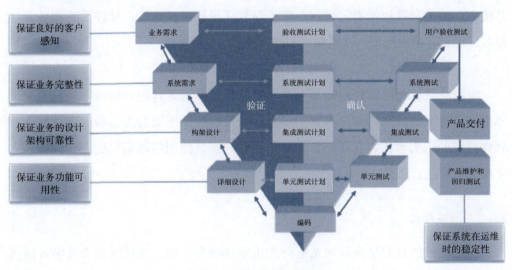

图6-4　软件测试过程模型图

根据图6-4，可以明确地看到测试的不同级别，清晰地展示了软件测试与开发之间的关系。

1. 单元测试

单元测试是对单个的软件单元或者一组相关的软件单元所进行的测试，是代码级的测试。它是软件动态测试最基本的部分，也是最重要的部分之一，其目的是检验程序最小单元有无错误以及检验单元编码与设计是否吻合。测试内容主要包括单元功能测试、单元接口测试、单元局部数据结构测试、单元中重要的执行路径测试、单元的各类错误处理路径测试、单元边界条件测试等。测试的主要方法有黑盒测试、白盒测试等。

2. 集成测试

集成测试又称组装测试、联合测试，是在软件系统集成过程中所进行的测试，其主要目的是检查软件单元之间的接口是否正确。它根据集成测试计划，一边将模块或其他软件单元组合成越来越大的系统，一边运行该系统，以分析所组成的系统是否正确，各组成部分是否合拍。集成测试的策略主要有自顶向下和自底向上两种。

3. 系统测试

系统测试是对已经集成好的软件系统进行彻底的测试，以验证软件系统的正确性和性能等满足其规约要求，检查软件的行为和输出是否正确并非一项简单的任务，它被称为测试的"先知者问题"。因此，系统测试应该按照测试计划进行，其输入、输出和其他动态运行行为应该与软件规约进行对比。软件系统测试方法很多，主要有功能测试、性能测试和随机测试等。

4. 验收测试

验收测试旨在向软件的购买者展示该软件系统满足其用户的需求。它的测试数据通常是系统测试的测试数据的子集。与系统测试不同的是，验收测试常常有软件系统的购买者代表在现场，甚至是在软件安装使用的现场。这是软件在投入使用之前的最后测试。

6.3.2 网站测试

网站测试的目的是保证网站运行的正确性和有效性，发现网站系统中可能存在的任何错误，以便及时予以纠正。

1. 测试流程

一个网站或者某阶段的开发基本完工后，需要通过下面三步测试。

（1）制作者测试：包括美工测试页面、程序员测试功能。在做完后第一时间由制作者本人进行测试，包括页面和功能的测试。

（2）全面测试。根据交工标准和策划组（用户）要求，由专人进行全面测试，包括页面和功能两方面，而且要结合起来测，保证填充足够的内容后不会导致页面变形。另外要检查是否有错别字，文字内容是否有常识性错误，人机交互界面或者错误信息提示是否友好。

（3）发布测试：网站发布到主服务器之后的测试，主要是防止环境不同导致的错误。

2. 测试内容

1）可用性测试

可用性/易用性方面目前只能采用手工测试的方法进行评判，而且缺乏一个很好的评判基准，因此需要测试人员更多地从用户角度考虑。

（1）导航测试。导航描述了用户在一个页面内操作的方式，导航通常设置在不同的用户接口控制之间，如按钮、对话框、列表和窗口等；或在不同的链接页面之间。通过考虑下列问题，可以决定一个 Web 应用系统是否易于导航：是否直观？Web 系统的主要部分是否可通过主页存取？Web 系统是否需要站点地图、搜索引擎或其他导航的帮助？

在一个页面上放太多的信息往往会起到与预期相反的效果。因此，Web 应用系统导航帮助要尽可能地准确。另外，Web 应用系统的页面结构、导航、菜单、链接的风格应一致，确保用户凭直觉就知道 Web 应用系统里面是否还有内容，内容在什么地方。

（2）图形测试。在 Web 应用系统中，适当的图片和动画既能起到广告宣传的作用，又有美化页面的功能。一个 Web 应用系统的图形可以包括图片、动画、边框、颜色、字体、背景、按钮等。图形测试的内容有以下几方面。

① 要确保图形有明确的用途，图片或动画不要胡乱地堆在一起，以免浪费传输时间。Web 应用系统的图片尺寸要尽量小，并且要能清楚地说明某件事情，一般都链接到某个具体的页面。

② 验证所有页面字体的风格是否一致。

③ 背景颜色应该与字体颜色和前景颜色相搭配。

④ 图片的大小和质量也是一个很重要的因素，一般采用 JPG 或 GIF 压缩。

（3）内容测试。内容测试是从用户的角度来看网站是否易用、高效、令人满意。内容测试主要包括：检测每个页面是否能达到用户的要求和网站规划的总体目标；网站提供的内容是否正确、准确和相关；导航功能是否能帮助用户尽快了解网站的结构，并能快速定位到用户所需的信息。

2）功能测试

对于网站的测试而言，每一个独立的功能模块均需要由单独的测试用例设计导出，主要依据"需求规格说明书"及"详细设计说明书"。主要测试以下几方面内容。

（1）链接测试。链接测试是网站测试的一个重要环节，它是在页面之间切换和指导用户去一些不知道地址的页面的主要手段。链接测试包含：①测试所有链接是否已经链接到应该链接的页面。②测试链接的页面是否存在。③测试是否存在孤立的页面。

（2）表单测试。如果要在网上实现交互功能，如用户注册、登录、信息反馈等，就要使用表单操作。在这种情况下，就必须进行表单测试。表单测试要测试提交操作的完整性以及信息的正确性，检查表单内容是否填写完整，填写的省份与城市是否匹配等。如果表单只能接受指定的某些值，也要进行测试，如只能接受某些字符，测试时可以跳过这些字符，看系统是否会报错。

（3）Cookie 测试。Cookies 通常用来存储用户信息和用户在某应用系统的操作信息。它存储在客户端，用来创建动态页面、自定义页面以及存储登录信息等。Cookie 测试包括测试 Cookie 是否起作用、Cookie 是否按预定的时间保存以及刷新对 Cookie 有何影响等。

3）接口测试

在很多情况下，Web 站点不是孤立。Web 站点可能会与外部服务器通信，请求数据、验证数据或提交订单。接口测试分为以下三个方面。

（1）服务器接口。第一个需要测试的接口是浏览器与服务器的接口。测试人员提交事务，然后查看服务器记录，并验证在浏览器上看到的是否是服务器上发生的。测试人员还可以查询数据库，确认事务数据已正确保存。

（2）外部接口。有些 Web 系统有外部接口。通常，测试人员需要确认软件能够处理外部服务器返回的所有可能的消息。

（3）错误处理。最容易被测试人员忽略的地方是接口错误处理，通常我们试图确认系统能够处理所有错误，却无法预期系统所有可能的错误。尝试在处理过程中中断事务，看看会发生什么情况，尝试中断用户到服务器的网络连接。在这些情况下，系统能否正确处理这些错误？如果用户自己中断事务处理，在订单已保存而用户没有返回网站确认的时候，需要由客户代表致电用户进行订单确认。

4）兼容性测试

兼容性测试需要验证应用程序是否可以在用户使用的机器上运行。如果用户是全球范围的，需要测试各种操作系统、浏览器、视频设置和路由器速度。最后，还要尝试各种设置的组合。

（1）平台测试。市场上有很多操作系统类型，最常见的有 Windows、Unix、Macintosh、Linux 等。网站的最终用户究竟使用哪一种操作系统，取决于用户系统的配置。这样，就可能会发生兼容性问题，同一个应用可能在某些操作系统下能正常运行，但在另外的操作系统下可能会运行失败。因此，在 Web 系统发布之前，需要在各种操作系统下对 Web 系统进行兼容性测试。

（2）浏览器测试。浏览器是 Web 客户端最核心的构件，来自不同厂商的浏览器对 Java、JavaScript、ActiveX、Plug-ins 或不同的 HTML 规格有不同的支持。例如，ActiveX 是 Microsoft 的产品，是为 Explorer 而设计的，JavaScript 是 Netscape 的产品，Java 是 Sun 的产品，等等。另外，框架和层次结构风格在不同的浏览器中也有不同的显示，甚至根本不显示。不同的浏览器对安全性和 Java 的设置也不一样。

测试浏览器兼容性的一个方法是创建一个兼容性矩阵。在这个矩阵中，测试不同厂商、不同版本的浏览器对某些构件和设置的适应性。可以采用 OpenSTA 进行测试，此测试工具可以采用不同的浏览器进行测试。

（3）组合测试。最后需要进行组合测试。600×800 的分辨率在 MAC 机上可能不错，但是在 IBM 兼容机上却很难看。在 IBM 机器上使用 Netscape 能正常显示，却无法使用 Lynx 来浏览。理想的情况是，系统能在所有机器上运行，这样就不会限制将来的发展和变动。

5）数据库测试

在 Web 应用技术中，数据库起着重要的作用，数据库为 Web 应用系统的管理、运行、查询和实现用户对数据存储的请求等提供空间。在 Web 应用中，最常用的数据库类型是关系型数据库，可以使用 SQL 对信息进行处理。

在使用了数据库的 Web 应用系统中，一般情况下，可能发生两种错误，分别是数据一致性错误和输出错误。数据一致性错误主要是由于用户提交的表单信息不正确而造成的，而输出错误主要是由于网络速度或程序设计问题等引起的，针对这两种情况，可分别进行测试。

6）性能测试

网站的性能测试对于网站的运行而言异常重要。网站的性能测试主要从三个方面进行：连接速度测试、负荷（load）测试和压力（stress）测试。连接速度测试指的是打开网页的响应速度测试，负荷测试指的是网站在某一负载级别上的性能的测试，压力测试是通过对系统加载过度的资源来测试网站的限制和故障恢复能力。

6.3.3 网站维护

1. 硬件维护

硬件维护主要包括两种类型的维护活动：①定期维护和例行维护，维护的内容是进行例行的设备检查和保养，易耗品的更换和安装等。②对突发事件的故障排除和维修，一般由专业的维修人员来完成。

2. 数据维护

数据维护是指为保证数据的安全性、完整性以及并发控制而进行的维护。数据维护应该有专门的管理人员来负责。例如，对重要的数据定期备份、修复受损数据、恢复或者重建数据索引等。为适应数据需求的不断变化，对数据库文件的修改、增加数据库的新内容、建立新的数据库文件、数据库数据的录入、网站内容更新等都属于数据维护的范畴。

3. 软件维护

软件维护主要是根据需要的变化或硬件环境的变化对应用程序进行部分或全部的修改。软件维护一般可分为以下四部分内容。

1）纠错性维护

由于测试阶段不可能发现系统的所有潜在错误，系统在投入使用后可能会暴露出一些测试中未发现的错误。纠错性维护就是诊断和修正系统中遗留的错误的过程。

2）完善性维护

完善性维护就是根据用户新的要求，在原有系统的基础上适当地修改、扩充和完善系统功能，以满足用户新的需求。

3）适应性维护

适应性维护是系统使用过程中，为适应技术环境和管理环境的变化而进行的修改。其中，技术环境的变化是指系统运行平台的变化，要求对系统进行修改以适应新的技术环境；管理环境的变化是指组织的管理发生了调整，需要系统适应和支持这种调整。

4）预防性维护

预防性维护是指为了改进系统的可靠性和可维护性以及适应未来的软硬件环境，主动对系统进行修改，以保证系统能适应各种变化而不被淘汰。

本章小结

网站规划的步骤。网站的规划贯穿于整个网站的建设过程中，起着重要的指导和定位作用，是网站建设的重要环节，包括规划步骤、规划原则、用户需求分析、商务模式确定和规划书的制定。

电子商务网站内容设计与开发。网站设计过程中应考虑以下三个方面：信息内容、访问速度和页面美感。网站栏目规划要遵循一致的风格、鲜明的主题、合理的结构、合理的色彩搭配、注重细节、交互性等原则。网站开发过程中，除了界面美观以外，还要设计适合本企业的数据库结构，最后是网站发布。

电子商务网站测试与维护。测试是软件开发的最后阶段。如果测试发现了需求的问题，可能导致工作产品的大量返工，产品交付将因此延期。而这种情况在实际的测试工作中经常发生。软件测试主要分为四个步骤：单元测试→集成测试→系统测试→验收测试。

思考练习题

1. 简述企业建设网站的目标。
2. 网站规划与建设的规则有哪些？
3. 如何选择电子商务网站的数据库系统？
4. 简述网站测试在网站建设过程中的地位与作用。

实践实训

电子商务网站规划步骤与技巧

【训练准备】

（1）能访问互联网的机房。

（2）企业概况：随着电子商务的不断发展，网上购物越来越普及。越来越多的商家建立了自己的网上店铺。网上购物已经成为一种重要的购物手段，它的方便和快捷使得人们足不出户即可购买需要的产品。网上书店是网上店铺的一种。因为购书这一活动的特点使得人们对它在B2C的电子商务模式中的应用比较看好，具有良好的发展前景。

某企业是京城几家较大的书店之一，营业面积达20 000平方米，经营全国200

余家出版社的 20 多万种图书杂志、音像制品和电子出版物。每天客流量在 2 万 ~5 万人次，每天营业额在 80 万元左右，在行业中具有一定的规模和货源优势。

近几年由于网上购物的兴起，书店的业务量受到一定影响。特别是计算机类图书，由于网上销售的方便快捷和较低的折扣，使得计算机图书的销售量下降了 30% 左右，因此该企业决定建设网上销售业务，以工程技术类和计算机类图书为主。

（3）网站建设目的：开展网上业务能够提升企业的客户服务能力，从而较好地服务于企业发展战略，为企业增加效益，满足客户的不同需求，挖掘市场的销售潜力，扩大市场占有率，提高企业竞争力，树立企业形象，增强用户的信任度，有利于打开新产品的市场，降低企业经营风险。

【训练目的】

通过网站内容规划的实际训练，让学生学会规划网站内容。

【训练内容】

网站内容规划。

【训练过程】

（1）学生 3~4 人一组进行合作。

（2）确定 3~4 家同类型网站，分别记录它们的栏目（只要第一级栏目与第二级栏目名称），然后比较共同的栏目，并确认所设计的网站需要采用这些共同栏目中的哪些栏目。

（3）确定所要设计的网站主要内容、企业简介、产品介绍和客户反馈方式。

（4）设想可能的其他栏目，如技术支持、招聘信息、总裁致辞和专业常识等。

（5）确定所要设计的网站特色，3~4 条。

（6）运用网站特色，丰富网站内容。

参考文献

[1] 高劲松，张自然. 电子商务网站的规划、设计与管理 [M]. 北京：高等教育出版社，2011.

[2] 邓凯，唐勇，秦云霞，等. 电子商务网站建设与网页设计 [M]. 北京：人民邮电出版社，2019.

[3] 杜永红，梁林蒙，谢恬，等. 网站规划与网页设计 [M]. 北京：清华大学出版社，2017.

[4] 何福男. 网站设计与网页制作立体化项目教程 [M]. 3 版. 北京：电子工业出版社，2018.

[5] 吴代文，郭军军，彭琼，等. 电子商务网站建设与网页设计 [M]. 北京：清华大学出版社，2019.

[6] 梁璐. 电子商务网站建设与实践 [M]. 北京：人民邮电出版社，2018.

[7] 吴伟敏. 网站设计与 Web 应用开发技术 [M]. 2 版. 北京：清华大学出版社，2020.

[8] 牛慧清. 网站建设的平面设计技术研究 [J]. 科技资讯，2020，18（1）：15-17.

[9] 李怀恩. 电子商务网站建设与完整实例 [M]. 北京：化学工业出版社，2014.

[10] 李健忠. 电子商务网站建设与管理 [M]. 北京：清华大学出版社，2012.

[11] 刘文红. 软件测试使用方法与技术 [M]. 北京：清华大学出版社，2017.

[12] 杜庆峰. 软件测试技术 [M]. 2 版. 北京：清华大学出版社，2020.

[13] 赵守香，丁辉. 网站运营与管理 [M]. 3 版. 北京：清华大学出版社，2018.

[14] 李洪心，王东. 电子商务网站建设 [M]. 2 版. 北京：电子工业出版社，2015.

[15] 李迎辉. 电子商务网站安全与维护 [M]. 北京：电子工业出版社，2012.

[16] 万璞，马子睿，张金柱. 网页制作与网站建设技术详解 [M]. 北京：清华大学出版社，2015.

[17] 熊建宇. 文学网站的设计与开发 [J]. 技术与市场，2019，26（12）：89-90.

[18] 李健忠. 电子商务网站建设与维护 [M]. 北京：清华大学出版社，2014.

[19] 陈孟建. 电子商务网站运营与管理 [M]. 2 版. 北京：中国人民大学出版社，2018.

[20] 廖妍. 网页设计中计算机的图像处理 [J]. 数字技术与应用，2019，37（11）：67-68.

第 7 章　电子商务中客户关系管理

学习目标

1. 了解电子商务客户关系管理的现状。
2. 掌握客户关系管理的概念。
3. 掌握电子商务客户细分的特点。
4. 理解客户细分的基本方法。
5. 掌握客户忠诚的概念、特征及提升方法。

知识架构

电子商务中客户关系管理
- 电子商务中客户关系管理概述
  - 电子商务中客户关系管理现状
  - 电子商务中客户关系管理优势
  - 电子商务中客户分析
- 电子商务中的客户细分方法
  - 电子商务环境下客户细分的变化与特点
  - 电子商务中客户细分指标体系的设计
  - 电子商务中客户细分的主要步骤
- 电子商务中的客户保持研究
  - 客户忠诚
  - 电子商务中客户忠诚的变化和特点
  - 提高客户忠诚度的方法

🔍 导入案例

迪安诊断的客户关系管理

迪安诊断成立于 2001 年，是一家以提供诊断服务外包为核心业务的独立第三方医学诊断服务机构，业务涵盖医学诊断服务、诊断产品营销、司法鉴定、CRO（医药研发外包）、生物样本库等领域。在融合新型互联网技术的企业级 CRM 服务商销售易的协助下，迪安诊断加速数字化转型，在全国布局 39 家连锁化实验室，为全国超过 18 000 家医疗机构、超过 2 亿人提供服务。

迪安诊断的客户主要是医疗机构和非医疗机构（疾控中心、政府部门、企事业单位），客户将采集的样本批量送到迪安诊断的检验中心，借助迪安诊断先进的检测设备、前沿的技术能力、集约化的检测供应链，以最低的成本、最快的速度，获得精准的检测结果。

为了实现客户、检测项目、数据的标准化、智能化管理，将医院、疾控中心、企事业单位等客户信息整合沉淀，迪安诊断打造统一的客户资源库。

为了提升销售环节的流转效率，迪安诊断借助 CRM 的商机管理、客户拜访管理、日报周报填写、业绩指标划分等模块，让整个销售流程透明化，管理层通过手机或 PC 端系统可随时随地发现销售过程中的问题，第一时间调整策略。

此外，为了提升企业内部协同效率，迪安诊断将 CRM 与 OA（办公自动化）、MDM（主数据管理）、LIMS（实验室信息管理系统）、客服、决策、财务六大系统融合打通，实现企业内部数据一体化管理，解决了数据无法对齐、比对耗时耗力等问题，也提升了企业内部的协同管理能力。

迪安诊断在信息化、数字化领域的积累和升级，不仅提升了企业日常检测业务的效率和质量，也在"疫情防卫战"中实现快速介入、精准服务，发挥了不可替代的作用。

摘编自：《Neocrm 销售易，重塑企业与客户的连接》。

电子商务是以客户为导向的商业形态。在竞争日趋激烈的商业社会，为了留住老客户、吸引新客户，企业不仅需要质量可靠的产品，同时还必须利用信息技术对客户进行追踪、管理和服务。信息技术，尤其是电子商务的兴起，使得针对不同客户进行差异化、个性化服务成为可能。拥有客户，并与其建立和保持一种长期、良好的合作关系，已经成为现代企业赢得竞争优势的不二选择，这是本章集中讨论电子商务客户关系管理的原因。

客户关系管理来源于西方市场营销理论，最初被定义为利用各种技术手段，使客户、品牌、组织等资源协同运作并实现整体最优化的组织管理系统，其目标定位在于提升企业市场竞争能力，与优质客户建立稳定、长期的合作关系，不断挖掘新的销售机会，使企业具有较强的抗风险能力。20世纪90年代前后，随着以互联网为代表的新兴技术的广泛应用，自动化的客户管理信息系统开始出现，如 Gartner Group 企业开始将联系人管理软件（ACT）升级为销售力量自动化系统（SFA），之后发展成为客户服务系统，之后在两者的基础上将营销（marketing）策划和现场服务（field service）整合进来，进而形成集销售和服务为一体的呼叫中心（call center），这就是我们所熟知的客户管理信息系统。

客户关系管理是企业与客户交流的方式，其目标是通过提供更快速和周到的优质服务吸引与保持更多的客户，且通过对业务流程的全面管理降低企业成本。据国际 CRM 论坛统计，成功实施 CRM 能给企业每年带来 6% 的市场份额增长，提高 9%~10% 的基本服务收费。

7.1　电子商务中客户关系管理概述

客户关系管理是一种以客户为中心的企业战略，是一种经营管理哲学。其具体含义是企业借助相应的信息技术、数据分析技术，充分把握客户行为，并在此基础上针对不同的细分客户制定相应的销售、营销和服务策略，从而在满足客户需求的前提下，使企业客户资源价值最大化的一系列行动战略。客户关系管理具体包括以下几个层面。

CRM 是一种先进的管理思想理念。它的核心思想是将企业的客户作为最重要的企业资源，通过完善的客户服务和深入分析客户需求，向客户提供高质量的产品和服务，达到客户满意的目的，这样一个过程也是企业与客户建立长期、稳定、相互信任关系的过程。

CRM 是一种改善企业与客户之间关系的管理机制。它通过对市场营销、销售、售后服务和技术支持的立体管理，使企业能够协同建立和维护与一系列客户卓有成效的关系，从而使企业提供更快捷和周到的优质服务，提高客户满意度，吸引和保持更多的客户。

CRM 是一种先进的客户信息管理技术：①它将最佳的商业实践与电子商务紧密结合在一起，为企业的销售、服务和决策支持提供一个业务自动化的解决方案，从根本上提升企业的核心竞争力。②通过信息共享和优化商业流程来有效地降低企业经营成本。

CRM 是一种企业商务战略。CRM 实现了客户和企业的双赢，它把双赢作为关系存在和发展的基础，供方提供优良的服务、优质的产品，需方回报以合适的价格，供需双方形成长期稳定、互惠互利的关系。

7.1.1 电子商务中客户关系管理现状

CRM 系统是一个处于变化发展中的概念。最初的 CRM 是在销售队伍自动化、客户服务和活动管理的多重推动下产生的，所以一般而言，CRM 通常包括客户服务管理、销售队伍自动化和营销管理三个模块。企业积累一定数量的客户后，对这些客户的分析可作为企业制订各种市场营销计划的依据，于是所谓的分析型 CRM 系统就出现了。CRM 系统的广泛使用使得该系统所收集的数据可以用来提升企业其他职能部门的运营效率，如销售订单可以驱动生产、采购和供应链的改进，并应用于供应商管理，因此 CRM 系统与企业其他信息系统进行整合的需求就出现了。企业资源计划就是利用共享数据库对企业核心职能和流程进行整合的软件系统，目前的 ERP 软件已经实现了与 CRM 系统的整合，进而发展成一类完整的企业信息化解决方案。

电子商务环境下的客户关系管理是在传统的客户关系管理的基础上利用信息技术的发展所产生的一种新兴的客户关系管理系统。因此，电子商务环境下与传统商务环境下的客户关系管理既有区别又有联系。电子商务与传统商务的客户关系管理有着相同的目的，即都是使客户的需求和欲望得到满足，只不过借助网络信息技术，电子商务环境下的客户关系管理能够更好地实现这一目的。另外，无论是在传统的商务环境下还是在电子商务环境下，企业实施客户关系管理都是为了更好地了解和满足目标客户的需求与欲望，树立以客户为中心、以客户为向导的服务观念，使企业在激烈的市场竞争中生存并立于不败之地。

7.1.2 电子商务中客户关系管理优势

电子商务对客户关系管理的影响包括：①企业电子商务实施所带来的内部环境

变化。②企业外部由整个社会电子商务发展所带来的外部大环境变化。

1. 软环境的变化

随着电子商务的应用，企业竞争的时间、空间以及规模都发生了质的转变。电子商务消除了时空限制，给客户和企业提供了更多的选择客户与开拓销售市场的机会，而且也提供了更加私密的信息交流场所。电子商务扩大了企业的竞争领域，使企业从常规的广告、促销手段、产品设计与包装等领域的竞争扩大到无形的虚拟竞争。电子商务消除了企业竞争的无形壁垒，在一定程度上降低了新企业和中小企业进入竞争市场的门槛。

2. 硬环境的变化

电子商务环境下的 CRM 系统首先要解决的就是 CRM 系统信息基础设施的建设问题。企业在实施电子商务过程中建立相应的电子商务基础设施，这些正是 CRM 系统所必需的。这些设施可分为物理设备、系统应用软件、Web 环境。其中：物理设备包括计算机硬件平台、网络支持平台、企业内部网络以及传统的电子设施；系统应用软件包括企业操作型系统、企业数据仓库、企业数据集成环境、探索型数据仓库、可选存储/近线存储环境和操作性数据存储等；Web 环境一般指的是互联网和企业网站。

3. 技术环境的变化

CRM 系统主要需要三类技术支持：客户服务、销售、市场营销技术；数据存储处理以及决策支持、商业智能技术；企业内部信息集成技术。这三个方面的技术都可以在成熟的电子商务环境下得到。电子商务提供了 CRM、SCM（供应链管理）以及 ERP 系统的无缝连接。CRM 系统经过分析所得到的有效信息需要与企业其他的信息系统有效集成才能真正发挥作用。在电子商务环境下集成的支持技术如中间件等，可以屏蔽异构平台间的差异，支持多数据源的互操作。

基于此，我们认为电子商务环境下的客户管理具有以下优势。

（1）与传统商务环境下的客户关系管理相比，电子商务环境下的客户关系管理最大的优势在于它的灵活性。这种灵活性体现在时间上和空间上。网络信息技术的广泛应用，企业可以真正实现"365 天 ×24 小时"全天候的服务模式，时差不再是世界不同区域之间的业务往来的障碍。在不同地区的企业之间、企业与客户之间可以随时展开即时业务往来。由于这种商务方式极大地方便了客户，客户的满意度将随着这种商务方式的发展而提高。

（2）电子商务环境下的客户关系管理可以充分利用先进的信息技术。在网络技术的支持下，企业可以真正实现无纸化客户关系管理。在传统的客户关系管理中，企业经常需要客户填写基础数据表格、产品质量反馈等问卷，这些纸质原始资料需要耗费大量的资源进行整理、处理、分析，这种模式既影响效率又容易产生错误。而在电子商务环境下，可以将所有的数据资料直接输入数据库，然后利用网络共享技术，实现数据交换，并且利用计算机的强大计算及处理能力，使对这些数据的处理、分析也不再是一件费时、费力的烦琐工作。

（3）在电子商务环境下，客户关系管理可以实现实时的双向对话沟通模式。由于互联网具有很好的互动性和引导性，客户通过互联网在系统的引导下可以对产品或服务进行选择或提出具体要求，企业可以根据客户的选择和要求及时进行生产并提供及时服务。所有这些都可以实现企业与客户之间的实时双向对话。在这种沟通模式下，企业将为客户提供更加满意的服务。

（4）在电子商务环境下，客户具有相对的主导权。电子商务的出现使企业和客户通过互联网连接，购物意愿掌控在客户手中，从而实现了客户行为的主导性。此外，它还将传统的向客户推销的方法改变为客户主导的个人营销，客户通过交互媒介来查询有关产品或服务的信息，变被动为主动。

7.1.3 电子商务中客户分析

在市场的不同发展阶段，客户本身会存在相当大的差异，只能采用具体的分析办法才能获取这种差异及其导致的市场行为差异。企业通过 CRM 系统可以对客户信息进行分析，进而以此为依据区分和识别不同客户的特征与行为，获知客户需求及其变化规律，并在企业战略决策中充分考虑客户的需求，不断完善自身产品结构、销售和服务体系。

客户分析是根据客户公开的信息数据来分析客户的市场特征，评估客户价值，从而为客户制订相应的营销策略和资源配置计划。通过合适的客户分析，企业可以获知客户的具体需求和行为特征，并以此为依据规划企业未来的发展战略。此外，客户分析对企业发现潜在客户、拓展未知市场、扩大商业规模也至关重要。

企业通常对客户的需求、行为进行分析。首先，"以客户为中心"的个性化、定制化需求越来越得到各方重视，客户关系管理系统的目标之一就是识别客户的个性化需求，并针对这类需求制定出相应的营销、产品和服务策略；其次，通过对客户行为的分析，企业可以知道客户行为将对企业收益产生何种影响，帮助企业制定中长期发展战略；最后，最重要的是，利用客户分析系统，企业不再依靠传统的经验进行决策，而是科学地利用信息化手段获取有价值的信息，这有利于企业充分挖掘自身积累的客户资源，为潜在客户的培养和发现提供更多的决策支持。

7.2 电子商务中的客户细分方法

客户细分也称为市场细分，是指按照企业关注的指标，将一个大的客户群体划分为一个个细分客户群的行为，每一个客户细分群中的客户彼此相似，不同客户细分群的客户之间存在明显差异。客户细分的目的是让企业能够从一个较高的层次分析数据库中的客户信息，使企业能够精确地将不同的产品和服务推荐给客户。

客户细分的主要依据包括以下几种。

1. 需求的异质性

消费者自身情况等影响购买行为的因素差异决定了消费者的消费行为必然存在差异。客户需求的异质性是进行客户细分的内在依据。

2. 消费档次假说

一般而言，客户的消费量将随着收入的增加而增加。但消费量的增加并非线性增长，而是呈现出区间性台阶式的增长模式，一旦消费者达到某种消费层次，消费变化的趋势将变得非常平缓。根据消费档次假说，消费者的消费档次或消费习惯在一段时期内是相对稳定的，这就为通过消费行为划分消费群体提供了理论前提和基础。

3. 企业资源的有限性和有效市场竞争的目的性

资源总是稀缺的，由于缺乏足够的资源去应对整个客户群体，因此必须有选择地分配资源。为了充分发挥资源的最大效用，企业必须区分不同的客户群，对不同的客户制定不同的服务策略，集中资源服务好重点客户。

客户细分的方法有很多种，但背后的逻辑都是：①并非所有的买家都是一样的。②具有类似行为方式和价值观的细分市场群体是可以确定的。③虽然细分市场比整体市场的规模更小，但其同质化程度更严重。④针对细分市场客户的个性化需求而采取的营销活动比针对整体市场需求的营销活动更有效率。典型的客户细分方法见表7-1和图7-1。

表 7-1 典型的客户细分方法之一

细 分 变 量		典型细分口径和标准示例
地理变量		国内/国外、气候、人口密度、城乡
人口统计变量	性别 收入 年龄 教育程度 婚姻状况 家庭 种族	男，女 低于 25 000 美元；25 000~65 000 美元；高于 65 000 美元 婴儿，儿童，少年，青年，中年，老年 高中，大学，研究生 单身，已婚，离异，丧偶 单身无子女，已婚有子女，空巢期 国民身份，亚文化身份
生活方式		活动、兴趣、看法、价值观
行为方式	RFM 渠道 目标利益 所需服务 忠诚度 允许保证	近因，频率，金额，购买价值 产品目录，邮件，电视，互联网，商店，专卖店 最低价格，最佳技术，最大价值 电话支持，专人服务，电子邮件 没有，一些，情感联系，忠诚 要求寄送电子邮件，电话，拜访
分析导出变量	数据挖掘	交易寻求者，储存者，正常定价，费用

注：RFM 为最近一次消费时间（recency），一定时间内消费频率（frequency），一定时间内累计消费金额（monetary）。

资料来源：ZIKMUND W G，IKMUND et al. Customer relationship management：integrating marketing strategy and information technology [M]. New York：LEY & SONS，2010.

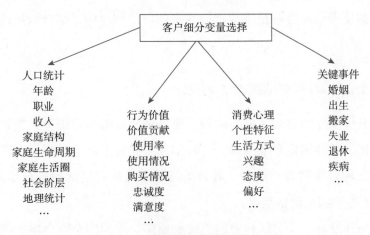

图 7-1 典型的客户细分方法之二

7.2.1 电子商务环境下客户细分的变化与特点

长期以来，企业进行客户细分主要通过问卷调查，对客户基本信息进行简单的处理，这种根据问卷调查得到的数据很难保证其无偏性和可靠性，具有较大的局限,具体表现为:①传统方法无法做到以客户为中心,企业由于自身成本问题,往往在进行客户细分时更侧重从自身产品角度出发,细分模式存在较大偏差,加上数据量有限,很难有效支持未来的营销战略。②企业在运营时很少能与最终用户直接接触,通过调查问卷、电话、座谈会的方式所收集到的客户资料往往具有滞后性,难以准确预测客户行为。③采用简单统计方法所得出的结果精确度不佳。

电子商务的出现大大提高了客户细分的准确性。①电子商务使企业汇集了详细的客户信息,电子商务时代的商业模式是以客户为中心,而不再是传统的以产品为中心,客户细分前提趋于合理完善,从事电子商务的企业可以通过互联网轻易获得客户的完整信息,浏览其购物行为,根据完整信息和行为模式进行客户细分,其结果有较强的可靠性,可以提供个性化、差异化服务满足各类客户的需求。②随着大数据、云计算等电子商务技术的应用,一系列的方法如 K-Means、模糊聚类、两步层次聚类、遗传算法、神经网络、决策树等逐渐应用于实践,有效地保证了对客户海量数据细分结果分析的准确度。③电子商务使企业在客户信息的获取方式上出现重大变化,电子商务网站中的数据库、日志以及邮件等多种渠道使得企业能够完整地了解客户的消息资料,获得大量准确、有效、完整的数据。此外,电子商务还可以让客户和企业实现实时的线上交流,地域和时空的限制被打破。这些都使得企业能够精准地把握客户的价值和动向,细分结果的针对性大大加强。

7.2.2 电子商务中客户细分指标体系的设计

对客户进行细分的方式主要有两种。第一种是战略客户细分,其目的是根据不同客户群体的差异制定企业战略,这种细分方式的重点是对高层次客户的引导和维护。第二种是营销客户细分,其目的是对客户的营销活动进行差异化分析,进而对不同的客户实施价格歧视。

客户细分并没有一个公认权威的方法和模型。不同的企业会在不同层面设定其战略,不同的企业可以将不同的关注点加以组合,搭配使用。表 7-2 列举了部分客户细分模型的组成。

具体而言,客户细分的主要内容包括六个方面,分别是客户商业行为分析、客户特征分析、客户忠诚度分析、客户注意力分析、客户营销分析和客户收益分析。内容见表 7-3。

表 7-2 客户细分模型的组成

组成部分	要解决的问题
客户细分	企业如何在各个层面上根据客户的需求进行分类？
竞争环境	客户如何在本企业和竞争对手之间进行决策？本企业与竞争对手相比具有哪些优势？
客户群质量	客户对有价值的细分市场渗透率为多少？在有价值的客户总支出中所占份额有多大？客户情报的质量如何？
亲密度	对待不同客户需要不同的服务力度，需要达到怎样的程度以使客户形成良好的感受？
关系管理	客户关系管理的负责人是谁？客户是否对这一关系感到满意？企业是否积极管理这一关系，使其达到品牌要求？
发展前景	每个细分市场的客户发展潜力有多大？可以采取何种策略培育客户？

资料来源：李志刚，客户关系管理原理与应用 [M]. 北京：电子工业出版社，2011.

表 7-3 客户细分的主要内容

客户细分	主要内容	具体内容
客户商业行为分析	产品分布情况	分析客户在不同地区、不同时段所购买的不同类型产品的数量，可以获取当前营销系统的状态、各个地区市场情况以及客户的运转情况
	消费者保持率分析	通过分析详细的交易数据，细分哪些是企业希望保持的客户，并将这些客户信息发送到各分支机构以确保这些客户得到最好的服务和优惠。细分标准可以是单位时间的交易次数、金额、结账周期等
	消费者损失率分析	通过分析详细的交易数据来判断客户是否准备结束当前商业关系，或正在转向企业的竞争者。其目的在于对那些已经被识别结束了交易的客户进行评价，寻找他们结束交易的原因
	升级/交叉销售分析	对那些即将结束交易周期或有良好贷款记录的客户进行分类，便于企业识别不同的目标对象
客户特征分析	客户行为习惯分析	根据客户购买记录识别客户价值，主要用于根据价值来对客户进行分类
	客户产品意见分析	根据不同的客户对各种产品所提出的各种意见，以及当各种新产品或服务推出时的不同态度来确定客户对新事物的接受程度
客户忠诚度分析		客户忠诚度是基于对企业的信任度、来往频率、服务效果、满意程度以及继续接受同一家企业服务的可能性的评估值，可根据具体的指标进行量化
客户注意力分析	客户意见分析	根据客户所提出的意见类型、意见产品、日期、发生和解决问题的时间、销售代表和区域等指标来识别与分析一定时期内的客户意见，并指出哪些问题能够解决，并指出原因
	客户咨询分析	根据客户咨询产品、服务和受理咨询的部门以及发生和解决咨询的时间来分析一定时期内客户的咨询活动，并且跟踪客户建议的执行情况
	客户接触评价	根据企业部门、产品、时间区段来评价一定时期内各个部门主动接触客户的数量，并了解客户是否在每个星期都收到多个组织单位的多种信息
	客户满意度分析与评价	根据产品、区域来识别一定时期内感到满意的 20% 的客户和感到最不满意的 20% 的客户，并说明这些客户的特征
客户营销分析		为了对潜在的趋势和销售数据模型有比较清楚的理解，需要对整个销售过程进行一个全面的分析
客户收益率分析		对每个客户进行成本收益分析，判断哪些客户是可以带来利润的

在 CRM 系统中，企业的生产、营销和服务等行为都是围绕客户而进行的，客户细分是整个 CRM 系统运行的关键。成功的客户细分可以最大限度地提高客户满意度，同时降低企业的运作成本、提高运作效率。例如，围绕客户预期价值分类的客户细分矩阵见图 7-2。

历史价值 / 未来价值		对企业的预期未来价值	
		高	低
对企业的历史价值	高	高端客户	非经济客户
	低	期望客户	不良客户

图 7-2　围绕客户预期价值分类的客户细分矩阵

7.2.3　电子商务中客户细分的主要步骤

企业不能盲目进行电子商务客户细分，应在充分了解企业需求的基础上，选择合适的细分指标，经过科学的算法进行客户细分后，对细分结果进行分析描述，最后将结果应用于实际。一般来讲，主要步骤如下。

1. 企业需求分析

只有真正了解企业需求，才能保证最后的客户细分结果对企业有意义。对企业需求分析后，才能了解消费者是否存在偏好差异，据此才能正确选择恰当的细分指标。

2. 细分指标选取

了解企业的需求和目标后，根据实际参考指标体系科学地选取客户细分指标，充分体现出客户的相关属性特征。

3. 细分算法选择

客户细分的数据挖掘技术多种多样，包括聚类分析、神经网络、关联规则、决策树等方法，而每个方法又分为不同的种类，应根据企业需求和选取的细分变量选择适应客户数据的算法对客户进行客户细分，得到客户细分结果。

4. 细分结果分析

将得到的结果进行特征归纳分析，得到详细具体的细分结果——不同的客户群，对各个客户群的特征进行描述并对其有效者命名，突现客户群之间的差异。特别注意的是，要对细分结果的合理性进行鉴别，如果不合理，就要及时处理，重新进行细分，直到最后得到合理有效的结果。

5. 细分结论应用

在通过客户细分得到合理有效的结果后，企业应根据消费者行为理论，对有效客户群的目标市场给出适当的营销建议，制定出企业营销战略。例如，关于企业资源在各价值客户之间的优化配置，有针对性地为不同需求的客户提供差异化、个性化的服务，提高客户满意度、忠诚度。

在 CRM 领域中应用比较广泛的是聚类分析。聚类分析就是从数据本身出发，按照变量的某些属性，将观察值进行分类，原则是使不同分类之间的差异尽可能大，相同分类观察值之间差异尽可能小。在开始聚类之前并不知道要把数据分成几组，也不知道怎么分（依照哪几个变量）。因此在聚类之后要有一个对业务很熟悉的人来解释这样分组的意义。很多情况下一次聚类所得到的分组对于特定的业务来说可能并不好，这时需要删除或增加变量以影响分组的方式，经过几次反复之后才能最终得到一个理想的结果。

通常来讲，公认的判断某个聚类模型算法是否合适的依据主要包括：①算法是否有较好的可伸缩性。算法既要能较好地处理小数据量，也要能有效处理大数据量。②算法效率。看算法是否有较高的效率，是否能满足大数据量、高复杂性的数据聚类要求。③算法是否能处理不同类型属性的数据。要看聚类算法是否能有效处理各种类型的数据，如数值型、序数型、二元型等。④算法中用于决定输入参数的领域知识是否最小。许多聚类算法常要求用户输入一定的参数，且聚类结果对于这样的参数十分敏感，而这些参数通常是很难确定的，因此要尽量避免这些参数。⑤算法是否有较好地处理噪声数据的能力。现实世界中的数据库常包含孤立点、空缺、未知数据或错误的数据，为了使这些数据不影响聚类结果的质量，这就要求聚类算法对这样的数据不敏感。⑥算法是否有处理高维数据的能力。聚类算法不仅擅长于处理低维的数据，而且也能有效处理高维的数据。

案例一描述了新浪微博用户的细分结果。客户细分的关键在于把握住企业所关注特征变量，从案例一的结果我们可以清楚地了解不同细分客户的行为特征，借助这些特征，企业可以采取不同营销策略展开客户服务。

案例一：网络客户细分：以新浪微博为例

根据新浪微博的一次网络调查，微博用户可以分为意见领袖、创作者、热衷者、作秀者、传播者、体验者、跟随者、企业微博、潜水者、炒作者和沉默者，共 11 类群体。

1. 意见领袖

任何一个圈子都有意见领袖,微博也不例外。微博上的意见领袖往往是某些领域的知名人士,或是有影响力的专业人士,他们本身可能是知名的公众人物,这类群体的一言一行影响着众多微博用户。

2. 创作者

这类群体积极更新自己的微博,其微博多为原创,经常切中热点话题且极具思想深度,因此创作者的微博经常被转发或引发话题的讨论。创作者是能吸引关注的人,他们中的许多人以其观点独特而成为意见领袖。创作者的典型代表是媒体人士、专业人士和一些有思想的名人。他们是微博社群的精神力量。

3. 热衷者

他们是典型的微博控。经常更新微博,表达自己的情感,包括发布消息、转发、参与话题讨论、随时添加感兴趣的关注对象等,他们也经常会记录自己的生活片段。热衷者不一定是微博里的意见领袖,但他们非常活跃,有些人甚至沉迷其中,他们希望被关注,喜欢追随微博上的名人动态和最新鲜、最热门的内容。

4. 作秀者

他们会频繁更新微博,有时也会委托他人代为策划和管理。作秀者的微博内容不是自己想写什么就写什么,而是别人想看什么他写什么,主要用于吸引人气,提升自身的知名度。作秀者有些是明星,有些是想借用社会媒体来炒作的对象。

5. 传播者

他们往往较少发表原创的个人微博,也不怎么参与话题的深度讨论,但是勤于浏览,乐于转发自己认为精彩和有趣的微博。传播者乐在其中,积极传播微博上的热门话题。

6. 体验者

他们发表的原创微博较少,但是喜欢浏览感兴趣的话题,或是学习一些新东西,他们勤于收藏自己感兴趣的微博。体验者在微博里显得比较沉默,但是他们在微博里学习和思考,偶尔会对自己感兴趣的话题进行评论。

7. 跟随者

跟随者偶尔发布微博,不属于"微博控",只是无聊时浏览微博打发时间。他们比较关注自己发的微博,经常回复别人对自己微博的评论,跟随者中围观行为比较多。

8. 企业微博

企业微博也称为官方微博,是企业利用微博来提供客户服务、品牌宣传和营销推广的商业工具。这类微博通常由企业的市场部门或公关部门组织力量进行维护。

9. 潜水者

潜水者通常只上网浏览、搜索自己感兴趣的内容,很少发表观点和评论。他们也会关注微博,但通常不会沉迷其中,潜水者中有各种类型的人。

10. 炒作者

在一些公关企业的眼中,微博的强大传播力可以成为产品的推手。炒作者在微博上制造热门话题,引发讨论;或者帮助名人增加人气;或是通过热点话题讨论和内容转发制造传播和影响力。不少传统的网络水军也在此群体中。

11. 沉默者

他们往往跟着潮流开了个微博,但很快就热度退却,既不经常更新微博,也很少浏览,他们通常显得不活跃,甚至注定是过客。

资料来源:《客户管理——打造忠诚营销价值链的行动指南》。

7.3 电子商务中的客户保持研究

客户保持管理也称为客户忠诚管理,是企业通过回馈客户的方式建立长久关系进而增加收益的一种方法。客户保持管理可以有效减少甚至避免竞争环境的恶化而导致的客户流失。随着互联网和电子商务的发展,客户获取信息的方式得到前所未有的改善,经济贸易活动也突破了时间和空间的限制,客户的选择空间得到空前扩大,消费心态和购买行为也更加成熟,客户很少再对某一企业和产品盲目保持忠诚,客户会不假思索地选择那些能够给他们带来更高价值的品牌,进而成为所谓的"品牌摇摆者"(brand-swingers)。企业需要依靠有效的营销手段来提高老客户的忠诚度,同时拓展新客户群。电子商务等现代交易模式的广泛应用使得各种客户保持计划成为可能。

7.3.1 客户忠诚

客户忠诚(customer loyalty)是指客户对某一特定产品或服务产生好感,形成偏爱,进而重复购买的一种行为趋向。商业实践中通常以客户忠诚度来衡量客户忠诚的水平。客户忠诚反映的是客户行为的持续性。影响客户忠诚的因素可以分为四类：首先是产品和服务的特征，长期提供性价比高的、符合客户需求的产品和服务是赢得客户忠诚的最基本要素；其次是购买风险的高低，客户在面临多重选择时，往往倾向于购买自己熟悉的品牌，最小化购买后的不确定性；再次是搜索成本大小，客户寻找一个新厂商需要花费相当的精力，为了降低这方面的代价，客户宁愿选择熟悉的企业进行合作；最后是客户其他心理特征，这主要包括客户自身价值的实现、价值观认同、企业承诺等，如客户购买名牌手包可能是为了体现自己的身价。

通常意义上讲，降低客户忠诚的因素很多，一般可以归纳为：①产品和服务的无差异化。如果客户感到所有的品牌都相同，其感知风险水平就会降低，从而对企业的忠诚度就会降低。②客户的求变心理。部分客户会从全新的体验中获得收益，重复性消费同一种产品会使客户感到厌倦。③企业的话语份额。如果企业在促销活动中投入的资源很低，造成客户无法与企业进行有效交流和互动，这时客户的忠诚度会降低。

按照客户忠诚度，我们可以把客户群划分为潜在客户、新客户、常客户、老客户和忠诚客户五类。潜在客户是指对企业的产品和服务有需求，但尚未与企业建立合作关系的客户；新客户是指那些刚开始与企业发生交易，但对企业的业务还缺乏全面了解的客户；常客户是指经常与企业发生交易的客户；老客户是指与企业合作的时间较长，对企业的产品和服务有着全面和深入的了解，但同时也与企业的竞争对手存在业务往来的客户；忠诚客户是指那些对企业具有高度信任，并与本企业有着长期稳定的合作关系的客户。一般来说，忠诚客户为企业创造的利润最大，新客户为企业创造的利润最小；忠诚客户培育时间最长，新客户培育时间最短。如图7-3所示。

客户忠诚度可以用多种指标进行评价。

（1）重复购买次数。在一段时间之内，客户对某产品和服务的重复购买次数越多，说明客户忠诚度越高；反之越低。对于产品多元化的企业来说，客户重复购买同一品牌的不同产品，也是忠诚度高的体现。

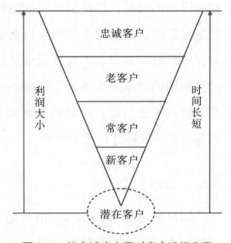

图7-3 按忠诚度水平对客户进行分类

(2)购买量占总需求的比例。该比例越高,说明客户忠诚度越高。

(3)对品牌的关心程度。客户对企业产品和服务予以的关注程度、渠道、信息越多,其忠诚度就越高。关心程度与购买次数存在差别,例如客户光顾本企业的体验店或者经常浏览企业产品网页,虽然没有产生购买行为,但也是客户忠诚度高的体现。

(4)对价格的敏感程度。一般来说,客户对某个品牌的价格敏感度越低,忠诚度就越高。

(5)对竞争产品的态度。客户的购买行为是经过比较产生的,如果客户对竞争品牌表现出越来越多的偏好,则说明客户忠诚度在降低。

(6)对产品的认同度。客户对产品的认同度是通过向身边人士评价产品而表现出来的,如果客户经常向周边人士推荐本品牌产品,则说明客户忠诚度较高。

7.3.2 电子商务中客户忠诚的变化和特点

电子商务的出现对客户忠诚管理产生正向和负向的双重影响。

(1)电子商务可以强化企业与客户的交流,进而提升客户忠诚度。虽然传统商务中面对面的交易模式可进行情感交流,具有安全感,但它毕竟受到时间、空间等方面的约束,客户关系管理等需要耗费相当多的资源。而电子商务是以信息技术为基础的运作模式,突破了传统企业经营业务模式,利用网络可以迅速、低成本地掌握客户的需求,加强与客户的联系,有效挖掘和管理客户资源,吸引客户和留住客户,获得市场竞争优势。

(2)电子商务的出现拓展了客户的选择空间,从而降低了客户对特定品牌的忠诚度。传统商务活动受时空的限制,使得客户必须在有限的时间和空间的约束下做出选择,在这些限制下,客户改变选择的成本较高。电子商务使得客户交易范围不再受到时空的局限,选择空间的扩大进一步促使客户能够在更大的时空范围内选择合作伙伴,对特定品牌的忠诚度将下降。

基于上述讨论,电子商务环境下的客户忠诚具有如下特点。

1. 以信任忠诚为主

在电子商务环境下,商务信息的公开化、透明化和产品竞争的全球化,使企业已经失去了在传统商务环境中所独有的垄断优势,竞争对手越来越多,客户变得越来越挑剔,企业只有满足了客户的核心价值观,企业才会逐渐形成忠诚,其中以信任忠诚为主。

2. 影响因素多样化

在电子商务环境下，客户转移成本明显降低了，客户满意度与忠诚度之间在传统商务环境下所形成的、较强的正相关关系在逐步消失。根据美国贝思企业的调研，在对企业满意甚至十分满意的客户中，也有65%~85%的客户会转向其他企业；网络口碑、感知风险和客户个性化需求等也影响着客户的忠诚度，各因素间还相互作用、交叉影响。所以，仅通过客户满意和转移成本等传统商务环境下的常用指标来评价忠诚度是不够的，必须拓宽传统指标。

3. 客户信息完整、实时、互动

在电子商务环境下，企业与客户间存在比传统商务环境下更多的接触点，如电子邮件、呼叫中心、网站留言、专用的支付手段和合作伙伴的内部网或外部网等，既方便了客户对企业行为的反馈，又可使企业收集更多、更具特征的客户信息，更能了解客户的意愿，使企业能从容自如地面对客户，促进客户忠诚。

7.3.3　提高客户忠诚度的方法

忠诚客户可以给企业带来长期、稳定的收益。一家企业的忠诚客户越多，客户忠诚保持的时间越久，则客户对企业产生的价值就越大，企业的利润就越高。因此，企业应对客户忠诚度保持足够的重视，分配足够的资源，提升客户满意度，培育更多的忠诚客户。一般而言，提升客户忠诚度需要重视如下四个方面。

（1）提供差异化的产品和服务。客户的忠诚主要建立在合作和消费体验的基础上，因此，企业除了提供性价比超群的产品和服务以外，还需要能够给客户提供与众不同的产品和服务，给予客户差异化的体验，以此来增加客户价值。

（2）选择适当的培养目标。并不是所有客户都适合发展为忠诚客户，企业在确定"发展对象"之前，需要全面分析客户资料，充分权衡成本收益，优先培养那些最具潜力的客户。

（3）妥善处理客户投诉。任何企业都不可完全避免错误，客户投诉的发生为企业提升服务质量提供了不可多得的契机。企业应该真诚接受客户的投诉，全力帮助客户解决问题，如果解决妥当，客户反而容易成为忠诚客户。

最后，加强与客户的交流。企业要保障沟通渠道的畅通，在客户需要的时候保证能与客户建立有效的沟通渠道。通过与客户交流所获得的信息将成为企业宝贵的资产。

本章小结

本章主要介绍了电子商务客户关系管理的发展现状、优势和客户分析基本方法，在此基础上讨论客户细分和提高客户忠诚度的具体技术细节。

通过本章的学习，我们获得以下知识点。

（1）客户关系管理是一种以客户为中心的企业战略，是一种经营管理哲学。

（2）客户忠诚是客户对某一特定产品或服务产生好感，形成偏爱，进而重复购买的一种行为趋向。

（3）有针对性地区分客户偏好是现代市场营销学的主要趋势，而电子商务的出现极大降低了区分客户偏好并有针对性地提供服务的成本。

思考练习题

1. 客户关系管理的含义是什么？具体包括哪几个层面？
2. 电子商务环境下客户细分有哪些特点？
3. 什么是客户忠诚？提高客户忠诚度有哪些办法？
4. 对比传统环境下的客户关系管理与电子商务环境下的客户关系管理，说明两者之间的区别。

实践实训

收集一个成功案例，分析企业是如何提升客户忠诚度的，提炼这家企业提升客户忠诚度的决定性因素。

参考文献

[1] 唐胡鑫. 关于电商用户忠诚度评估方法的研究 [J]. 计算机仿真, 2017, 34（1）: 348-351.

[2] 阿荣, 王丹琦. 基于大数据分析的电子商务平台客户精准服务管理方法设计（英文）[J]. 机床与液压, 2019, 47（18）: 153-158.

[3] 格林伯格. 实时的客户关系管理 [M]. 王敏, 刘祥亚, 译. 北京: 机械工业出版社, 2002.

[4] 琚会婧. 数据挖掘技术在客户关系管理（CRM）中的应用研究 [D]. 唐山: 华北理工大学, 2019.

[5] 迟国泰,等.电子商务环境下的客户关系管理策略[J].中国软科学.2002（7）：52-56.

[6] 靖立峥,吴增源.基于改进K-means算法的电子商务客户细分研究[J].中国计量大学学报,2020,31（4）：482-489.

[7] 王岩,袁泉.电子商务环境下客户忠诚度的培养策略研究[J].现代商业,2017（36）：28-29.

[8] 徐晓敏,谷晓燕.全生命周期客户价值数据分析挖掘方法[J].北京信息科技大学学报（自然科学版）,2020,35（2）：6-9+20.

[9] 危小超,李锋,杨珈惠.社会化商务环境下客户价值演化研究[J].北京邮电大学学报（社会科学版）,2020,22（2）：11-22.

[10] 陈睿扬,王秋英.论新常态下的客户关系管理和客户忠诚度提升[J].科技创业月刊,2017,30（5）：107-108.

[11] 庄雅云.电子商务客户流失预测研究[D].广州：华南理工大学,2019.

[12] 陈明亮.客户关系管理基础理论体系框架探讨[J].管理工程学报.2006（4）：36-41.

[13] 刘佳霁.客户关系管理在企业市场营销中的价值思考[J].中小企业管理与科技（中旬刊）,2021（7）：29-30.

[14] 郭英.转变经营模式：从客户关系管理到客户管理关系[J].中国石化,2018（6）：51-52.

[15] 李白.客户生命周期与客户关系管理分析[J].产业与科技论坛,2020,19（2）：229-230.

[16] 袁伟丽,许晓兵.基于客户忠诚度的客户关系管理总效用最大化研究[J].上海理工大学学报.2009（1）：85-89.

[17] ZIKMUND, W G, et al. Customer relationship management: integrating marketing strategy and information technology [M]. New York: LEY & SONS, 2010.

[18] 李志刚.客户关系管理原理与应用[M].北京：电子工业出版社,2011.

[19] 史雁军.客户管理——打造忠诚营销价值链的行动指南[M].北京：清华大学出版社,2012.

[20] 葛红岩,陈炳亮.基于客户价值分析的客户定位策略研究[J].特区经济.2016（3）：157-160.

第 8 章 新媒体营销

1. 了解新媒体营销的内容体系。
2. 掌握新媒体营销的平台分类。
3. 掌握微博营销的具体形式及方法。
4. 掌握微信营销的具体形式及方法。
5. 了解今日头条的推荐机制。

知识架构

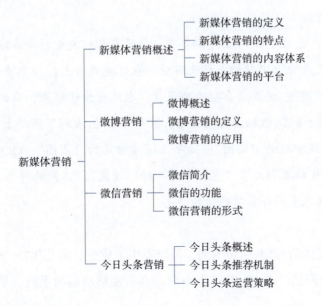

🔍 **导入案例**

1 条微博 10 亿 + 阅读！共青团中央的运营秘诀

勇敢正直的"团团"、温暖积极的"团团"、深度智慧的"团团"、热血青春的"团团"、和网友们"皮在一起"的"团团"……在各大新媒体平台上，@共青团中央 被广大网友们亲切地称为"团团"。"团团"是如何和网友们"打成一片"的？

2018 年 11 月 21 日，意大利品牌杜嘉班纳涉嫌辱华。@共青团中央 果断发声，微博阅读量高达 7 000 万次，转发量超过 24 万次。

2018 年 4 月 8 日，@共青团中央 发布了短视频《宝贝不哭，叔叔在》。视频获赞 600 余万次，被分享超过 1.4 万次。

2018 年年初，@共青团中央 联合各大直播平台发起了"团团直播间"大型栏目，累计在线人数超过 1 亿人次。

1. 把握网络热点　主动引领青年

目前，我国有 8 亿网民，70% 以上是青少年。"只要青年在的地方，无论千山万水，团团都赶来见你。" 2013 年，共青团中央开通官方微博、微信；2016 年入驻知乎网络问答社区；2017 年入驻哔哩哔哩视频弹幕网站（以下简称"B 站"）和 QQ 空间；2018 年入驻抖音、快手、微视短视频平台；今日头条、网易云音乐及各大直播平台也出现了共青团的身影。几年下来，@共青团中央 已成为各大平台上的关键意见领袖。

2. 人格化运营　主动设置议题

@共青团中央 在舆论场上大胆发声，却没有让网友觉得冷冰冰、硬邦邦，这得益于其在各大平台上进行的人格化运营。在这些平台上，@共青团中央 被网友亲切地称作"团团"。这里没有空泛的说教，也没有生硬照搬，有的是积极理性的观点、生动活泼的语言、亲切温暖的互动。很多网友说，看到了微博上勇敢正直的"团团"、微信上温暖积极的"团团"、知乎上深度智慧的"团团"、QQ 空间里热血青春的"团团"、B 站里和大家"皮在一起"的"团团"，不同的样态、不同的风格，在青少年心间注入了同样真挚热烈的情感。

伴随着新媒体的涌现，用户的阅读习惯发生了质变。前几年是"60 后"看报刊，"70 后"上门户网站，而"80 后""90 后"在智能移动端如手机、平板电脑上进行阅读。如今，不分年龄的用户都倾向于在移动端阅读和娱乐。新媒体迭代更是飞速，用户大量的时间被智能手机占据，因此花费在新媒体相关内容上的时间占到很大比例。新媒体正在逐步取代传统媒体成为使用率最高的媒体形态，社交媒体、新闻客户端成为日益重要的资讯通道。相比传统的单向传播媒体，社交媒体碎片化、海量化、互动强、适合资讯的传播，双向的社交媒体汇聚了网民观点和海量信息。此外，社交媒体的传播速度使得它成为人们了解突发新闻的最佳渠道，同时视频、音乐等重要网络服务的付费用户也在不断增加，由此可见，新媒体营销已经成为新一代网络营销的利器。

8.1 新媒体营销概述

8.1.1 新媒体营销的定义

每一种新媒体的出现都会带来企业营销环境的剧变。在很多品牌认为电视广告是提高知名度的有力武器时，小米企业依靠互联网新媒体营销，成为当年中国最赚钱的手机企业。移动互联时代的来临使整个营销环境发生了剧变，企业能否适应时代的变革、开展有效的营销，成为新媒体时代企业能否提升竞争力的关键。

新媒体是相对于报刊、户外、广播、电视四大传统意义上的媒体，新媒体被形象地称为"第五媒体"，是一个不断变化的概念，它是新的技术支撑体系下出现的媒体形态，主要是指通过网络传播视频、音频及图文资讯的媒体形态。新媒体营销则是以新媒体平台（包括但不限于微博、微信、门户网站、视频网站等）为传播和购买渠道，把相关产品的功能、价值等信息传送到目标受众的心里，以便形成记忆和好感，从而实现品牌宣传、产品销售目的的营销活动。

8.1.2 新媒体营销的特点

由于新媒体具有互动性、即时性、大众性和多元性等多种有别于传统媒体的特点，所以新媒体营销也具有自身的特点。

1. 目标客户精准定向

新媒体涵盖着丰富多彩的内容，微信、微博、博客、论坛等让每个人都可以成为信息发布者，浩瀚如烟的信息中涉及各类生活、学习、工作等的讨论都展现出前所未有的广度和深度。通过对社交平台大量数据的分析，企业可以利用新媒体有效地挖掘用户的需求，为产品设计开发提供很好的市场依据。

2. 与用户的距离拉近

相对于传统媒体只能被动接受而言，新媒体传播的过程中，接受者可以利用现代先进的网络通信技术进行各种形式的互动，这使传播方式发生了根本的变化。移动网络及移动设备的普及，使得信息的实时及跨越时空的传播成为可能。因此，新媒体营销实现了随时随地的信息传播，营销效率大大提高。

3. 企业宣传成本降低

新媒体改变了传统媒体信息传播的形态，由一点对多点变为多点对多点，并且新媒体形态多样，很多平台免费对大众开放，信息发布、共享、传播和创造均只需要较低的成本，为企业提供了一个良好的营销平台。

4. 营销方式碎片化

随着新媒体终端逐渐向手机移动端转移，人们的阅读越来越碎片化，用钱砸一个电视广告就能产生一个新品牌的时代已经过去。传统营销思维下，需要传递的无非是企业的品牌形象、战略动向、新闻动态、产品评析、消费者故事等。而碎片化的新媒体环境下，营销拼的不再是文案，而是创意，是随时随地的热点、借势；拼的不再是媒体关系，而是"眼球"效应。

8.1.3 新媒体营销的内容体系

随着数字技术和通信技术的不断发展，新媒体不仅打破了传媒业和通信业、信息技术的界限，也打破了有线网、无线网、通信网、电视网的界限，所以新媒体兼容、融合各种媒体形态，改变了整个媒体产业结构，也改变了受众的信息接触和传播方式，带来终端革命。作为营销者，必须重新建构其营销内容体系。

海量数据库和共创共享性的传播平台，是构建新媒体营销体系的两大基石。依据这两大基石，企业应该根据消费者的兴趣与需求建立消费者数据库，依据新媒体属性构建信息，结合消费者、新媒体特性及企业发展目标制定营销战略，利用大数据进行效果评估，以提升营销的精准性和营销效率。

1. 建立以消费者为核心的数据体系

新媒体的数字化使通过新媒体所开展的营销能轻而易举地获取消费者的大量信息，这些信息对于企业来说正是决定其营销成败的关键性数据信息。在交互性的新媒体世界里，品牌不是被企业单独塑造出来的，品牌地位和能量是被广大网友联合塑造出来的。随着社会化媒体的兴起，互动成为营销关键，企业迫切希望与消费者产生良性互动。互动的过程既包括企业与消费者的互动，也包括消费者与消费者的互动。在信息互动的过程中，企业不仅事半功倍地树立正面品牌形象，还可以根据互动数据信息，了解消费者真正的喜好与内在需求，准确理解消费者，进而洞察消费者，有效引导消费者。因此，在新媒体营销内容体系中，企业要根据营销目标和市场定位，建立以消费者为核心的数据体系。因为用户洞察是新媒体营销制胜的关键，谁最了解用户，谁就能赢得用户。

2. 构建信息传播生态系统

新媒体的融媒性决定了数字化信息承载与表达媒体的多样性。新媒体的社交化，造就了人人都是自媒体、人人都是麦克风的时代。每个人都是一个营销传播渠道，消费者互相分享信息、传播信息，使信息像病毒般扩散。在这种环境下，企业应该关注影响信息传播效果的每一类主体，积极构建全方位的新媒体信息平台，打造企业独有的信息传播生态系统。这一系统除了囊括企业的目标消费者和企业自身的营销人员外，还包含了媒体达人、意见领袖、草根网民、社交平台等其他环境因素。作为系统的建构者，企业需随时关注本品牌及竞争对手和整个行业的发展动向，关注网上的舆论走向和消费需求趋势，使这一系统能真正实现及时收集相关信息、快速做出反应、保持与消费者和网民的沟通渠道畅通、维系客户关系等营销目的。

3. 打造全平台内容营销生态闭环

新媒体为营销者提供了完全不同于传统媒体时代的各种营销平台和营销方式。门户网站、搜索引擎、网络游戏、微博、微信、各类APP均蕴藏着巨大的营销机会；手机、PC、平板电脑、IPTV（交互式网络电视）都是营销者可资利用的营销舞台；文字、图片、视频、地图、语音均成为营销信息传递的工具和介质；网络大咖、草根网民、企业官网官微都是营销的重要参与者和影响者。在新媒体时代，企业想成就自己的品牌，就应充分利用各种传播媒体和营销工具，打造全平台内容营销生态闭环。具体来讲，就是以多种手段真正引发消费者的积极性，不断激励消费者，做好内容营销，形成口碑效应，实现企业资源利用的最优化和经济效益的最大化。

4. 利用大数据进行效果评估

新媒体时代，企业较以前更容易掌握大量的消费者数据，但同时也面临庞大数据如何运用的困惑以及一些核心数据难以获取等问题。因此，在营销的过程中，企业需要不断收集相关数据，构建基于大数据的效果评价新体系，帮助企业客观评估营销效果，改进营销方法和策略。具体来讲，企业可以从以下方面着手：①充分发挥数字媒体特点，利用搜索引擎、口碑营销与舆情监控评估工具，评估品牌广告和营销的效果。②合理构建效果评估体系，综合评估，判断绩效。通过基于大数据的效果评估数据，更好地指导企业开展新媒体营销活动，提高企业营销活动的效果与效率。利用大数据技术进行店铺评级的方式在电商领域得到了广泛运用。用户和店铺之间发生的各种行为，如购物、网页点击、售后服务等数据，都被用作反映店铺管理和营销效果的重要指标。以京东为例，在店铺评级体系上线后，京东在前台页面及后台系统中都展示了店铺评级的体系内容和各项结果，用户和店铺人员能够方便、快捷地找到其需要的内容，让双方信息变得更透明。从消费者角度来看，消费者可以清晰地了解到各个店铺在服务、产品和时效各方面的表现和水平高低，丰富明确的量化信息为其进店和购物决策提供了高效、客观的数据。从商家角度来看，评级结果可使运营人员找出自身的优势和不足，从而改善运营现状，不断提升运营水平以获得用户更好的评级，而更好的评级成绩又可以吸引更多用户。

8.1.4 新媒体营销的平台

新媒体平台为互联网的信息发布、传播、共享和创新提供了载体，微博、微信、视频网站等已经成为重要的媒介，具体来说，可以将新媒体营销的平台细分为社交新媒体平台、资讯新媒体平台、视频新媒体平台、音频新媒体平台等。

1. 社交新媒体平台

2012 年，脸书成功上市宣告了互联网社交时代的来临，社交产品也如雨后春笋般不断出现，互联网为人类社交提供了新的渠道和平台。基于 Web 2.0 的特点，用户在社交媒体中自己生产和创造内容，并与其他群体进行交流与讨论，因此参与、公开、对话等特点为社交新媒体增添了活力，进一步使其衍生成了人们获取信息和资讯的重要平台。微信、微博、QQ 空间、豆瓣、知乎等成为社交新媒体的代表性工具，变成人们日常分享意见、见解、经验和观点的重要平台，也是企业进行新媒体营销的主要阵地。

2. 资讯新媒体平台

资讯类网站是传统新闻资讯在互联网上的衍生，通过网络，用户获取资讯内容方式发生改变，互联网诞生了提供某类综合性互联网信息资源并提供有关信息服务的应用系统。在全球范围中，著名的门户网站是谷歌，在中国，著名的门户网站有新浪、网易、搜狐、腾讯，其他还有新华网、人民网、凤凰网等，同时还包括行业类资讯网站、生活资讯网站等，除老牌的门户网站之外，今日头条、澎湃新闻等新型资讯媒体也发展迅速。

3. 视频新媒体平台

消费需求结构的多元化驱动了视频新媒体的多元化发展，成为休闲娱乐类的主要应用。用户对于网络视频的需求越来越大，给视频网站带来的市场和机遇也越来越多，微视频、视频社交、大数据、用户付费、视频直播等，都给视频网站的发展带来新亮点。企业可以借助视频新媒体进行品牌宣传、产品促销、增加用户触达、促进用户参与度、业务推广等活动。老牌的视频网站，如优酷、搜狐、腾讯、爱奇艺等提供高品质视频娱乐服务，是企业进行品牌传播的渠道，也是长视频平台的代表；短视频平台如抖音、快手等分享平台现在具有很大的流量。

4. 音频新媒体平台

网络电台等音频新媒体把传统意义上的电台搬到了网上，借助网络传播优势，对传统广播的传播方式和效果进行改造与优化。由于音频具有独特的伴随性特点，因此在跑步、做饭、上下班、睡前等各类移动场景下，当用户的双眼被占用的时候，音频会成为一个最方便的获取信息、娱乐放松的途径和方式。相比过度开发的开屏（视觉）广告，音频的闭屏特点，更有效地让品牌信息触达用户，这是音频营销的关键点。目前喜马拉雅、荔枝、蜻蜓等音频类新媒体快速发展，将越来越深入到大众不同的生活场景中。

8.2 微博营销

8.2.1 微博概述

1. 微博的定义

微博，即微型博客（micro blog）的简称，也是博客的一种，是一种通过关注机制分享简短实时信息的广播式社交网络平台，微博主要基于用户关系进行信息的分享、传播以及获取。相对于博客而言，其更注重时效性和随意性，能表达出人们每时每刻的思想和最新动态。

最早也是最著名的微博是美国 Witter，其已成为国内企业效仿的对象。随着搜狐、网易、腾讯退出微博业务，微博用户向新浪微博集中，市场集中化程度进一步提高。同时，用户的上网习惯日益细分化，对不同网络应用的需求也进一步明确。以微博为代表的社交网络，已经与即时通信类产品建立起了比较明确的类型区隔。微博的传播效果得到客户市场和用户市场的认可，成为社交网络中最重要的营销传播平台之一。

2. 微博的主要特点

1）便捷性

微博提供了这样一个平台，你既可以作为观众，在微博上浏览自己感兴趣的信息；也可以作为发布者，在微博上发布内容供别人浏览。发布的文字内容一般较短，无具体格式要求，也可以发布图片、分享视频等。微博最大的特点就是发布信息快速，信息传播的速度快。随着移动互联网的发展，微博用户可以通过手机等方式来即时更新自己的个人信息。对一些突发事件，微博发布的及时性、现场感超越了其他媒体。

2）创新交互方式

在博客中，需要加好友，才能传递信息，是一种面对面的交流。微博则不一定要相互加好友，只需要关注对方，成为对方的粉丝，就可以随时随地接收被关注者发布的信息，这一特性被称为"背对脸"。例如，大众可以通过微博关注成为一些公众人物的粉丝，公众人物发布的微博可随时接收，拉近了公众人物和广大微博用户之间的距离。此外，微博用户之间互相关注，彼此之间也可以更快速地联系。有了微博就可以实现信息的传播，有了微博相当于建立了个人的广播台，可以随时随地发布信息给自己微博的听众，相关信息就可以很精准地传递。移动终端提供的便利性和多媒体化，使得微博用户体验的黏性越来越强。

3）原创性

相对于博客来说，微博对用户的技术要求门槛很低，而且在语言的编排组织上没有博客要求那么高。移动设备的发展为微博的便捷化提供了基础，如一些突发事件，如果用户在事发现场，就可以在微博上发表，其实时性、现场感以及快捷性甚至超过所有其他媒体。网络上众多资讯信息、热点解读、悠闲旅游、幽默搞笑的段子都来自微博用户的原创内容。

4）草根性

微博拥有天然的草根性，其用户大部分为普通民众，报道的都是他们身边的人和事，流露的都是他们的真情实感，很容易引起广大受众的共鸣。这种信息传播的方式门槛很低，不需要传播者具备较高的专业素养甚至独特的新闻视角，对新闻敏感、思想深刻性也没有过高的要求，传播的信息大多取材于生活，隐匿于口语化的语言表述中。它没有传统媒体的深度，却以其自身的广度契合了现代人的生活节奏和习惯，提供了更多的信息素材。

5）宣传影响力弹性大

不同微博的宣传影响力有很大的差别。微博宣传的影响力与其内容质量高度相关，同时，用户被关注数量也是形成微博影响力的关键因素。一条微博发布信息的吸引力、新闻性越强，对该信息感兴趣、关注该用户的人越多，微博宣传的影响力越大。

8.2.2 微博营销的定义

微博营销是指通过微博平台为商家、个人等创造价值而执行的一种营销方式，也是指商家或个人通过微博平台发现并满足用户的各类需求的商业行为方式。微博营销以微博作为营销平台，每一个粉丝都是潜在的营销对象，企业通过更新自己的微博向网友传播企业信息、产品信息，树立良好的企业形象和产品形象。每天更新内容就可以跟大家交流互动，或者发布大家感兴趣的话题，以达到营销的目的。该营销方式注重价值的传递、内容的互动、系统的布局、准确的定位，微博的火热发展也使得其营销效果尤为显著。微博营销涉及的范围包括认证、有效粉丝、朋友、话题、名博、开放平台、整体运营等。

对于微博营销，可以从以下三方面来理解。

（1）微博营销的主体是企业、非营利性机构。传统营销中，非营利性机构由于其预算的有限性，在营销活动上略显薄弱。微博的出现使得信息发布以一种易操作、低成本、高效率的方式进行传播。这正好符合了非营利机构在信息发布、传播方面的需求。

（2）微博的本质是信息的快速传播、分享、反馈、互动。这种特点决定了微博营销活动必须围绕着微博这种传播方式进行。

（3）微博营销的功能是实现市场调研、产品推介、客户关系管理、品牌传播、危机公关等。

微博用户关注重点与微博能提供的娱乐、网红和社会新闻等内容契合。作为社交媒体，得益于名人明星、网红及媒体内容生态的建立与不断强化，以及在短视频和移动直播上的深入布局，微博用户使用率持续回升，在用户规模快速增长与内容生态持续完善的基础上，微博的商业化也迎来了爆发。

8.2.3 微博营销的应用

1. 新浪微博简介

新浪微博是一款为大众提供娱乐休闲生活服务的信息分享和交流平台。自2009年9月推出以来，发展至今已经成为社交媒体的典型代表，且在国内微博产品中"一家独大"。新浪微博具有"资讯＋社交"的双重特质：①提供的信息资讯具有传播快、来源广、多角度等特征。②又为用户提供了关注名人动向、与亲友保持联系、获取商家优惠信息、打造个人品牌等社交功能。因此，新浪微博已经成为用户日常获取信息和社交的主要渠道，这一点在移动端表现得尤为明显。

2. 新浪微博的营销工具

1）粉丝头条

粉丝头条是新浪微博推出的一款轻量级的营销工具。使用粉丝头条后，所选的微博将在24小时内出现在所有粉丝或者潜在粉丝的顶部或靠近顶部的位置。增加微博的阅读量、扩大微博的影响力。一次"粉条"推广对同一用户只会显示一次，用户看到信息后，再次刷新时，该条微博不会继续置顶，会随正常信息流滚动，不会对粉丝产生干扰。目前粉丝头条的产品有以下两种。

（1）博文头条。博文头条是微博推广的利器，可以使微博置顶在粉丝的信息流首位，不仅可以展示给粉丝，而且可以通过人群定向、兴趣定向、指定账号等精准投放给除粉丝以外的更多用户。还可以使用帮上头条，帮其他用户某条微博推广到其粉丝信息流第一条。企业用户博文头条如图8-1所示。

（2）账号头条。账号头条是新浪微博官方推出的账号推荐工具，它通过精准的算法把账号推荐给最有可能的用户，有效提升真实粉丝数。企业用户账号头条如图8-2所示。

2）粉丝通

粉丝通是基于新浪微博海量的用户，把推广信息广泛传递给粉丝和潜在粉丝的广告产品。广告主可以根据用户属性和社交关系将信息精准地投放给目标人群，

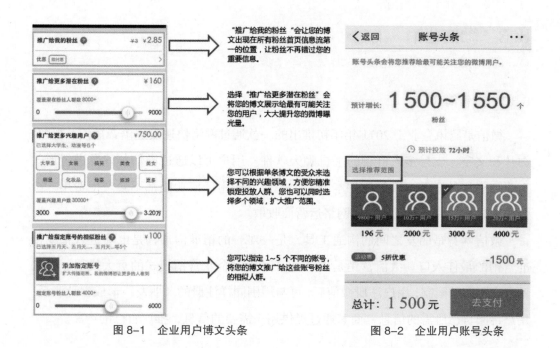

图 8-1　企业用户博文头条　　　　图 8-2　企业用户账号头条

广告投放更加精准、有效。推广包括博文推广及应用推广。同时微博粉丝通也具有普通微博的全部功能，如转发、评论、收藏、赞等，可实现广告的二次传播，从而大幅提高广告转化率。

3）微任务

微任务是新浪官方唯一自媒体KOL（关键意见领袖）在线广告交易平台，拥有"搞笑""美食""娱乐""互联网""直播"等多领域微博红人，帮助企业提高官微影响力，将微博传递给千万用户。任何微博账号均可以授权"我的微任务"应用，在通过审核后成为微任务平台中的一员，并将有机会接到有偿信息发布的任务，微博账号可以自由选择执行或拒绝任务，接受任务后，微任务平台将以微博账号的身份在任务指定时间发布任务微博，成功执行任务可以获得相应的任务报酬。

此外，新浪微博还提供抽奖平台、微卡券等微博营销方式。抽奖平台可供使用方对所发微博的转发用户进行抽奖，满足使用方传播营销信息、增加粉丝的需求；微博卡券平台则是为商户提供的卡券销售及推广解决方案，帮助商户在微博内开展优惠促销活动刺激用户消费，利用微博强大的社交网络拓展商家网络品牌和销售。对普通用户来说，微博卡券是提供本地生活服务类优惠信息的一站式平台，提供销售和推广遍及吃喝玩乐优惠的解决方案。

8.3 微信营销

8.3.1 微信简介

微信是腾讯企业于 2011 年年初推出的一款通过网络快速发送语音短信、视频、图片和文字，支持多人群聊的手机聊天软件。用户可以通过微信与好友进行形式上更加丰富的联系。微信软件本身完全免费，使用任何功能都不会产生费用，微信使用时产生的上网流量费由网络运营商收取。

微信本身是朋友之间的沟通工具，是一对一的精准沟通，是电商进入移动精准营销的最佳入口。微信营销是网络经济时代对企业营销模式的重大挑战。微信不存在距离的限制，用户注册微信后，可与周围同样注册的"朋友"形成一种联系，用户订阅自己所需的信息，商家通过提供用户需要的信息，推广自己的产品。

8.3.2 微信的功能

1. 打造自媒体

自媒体策略是一个非常不错的营销策略，而想实现自媒体策略，首先要建立属于自己的自媒体平台。在移动互联网上面，微信公众号是建立自媒体的不二选择。因为目前在手机端，微信的用户数最多，微信每天的打开率最高，用户每天使用微信的时间最长，用户已经养成了使用习惯和阅读习惯。

2. 有效连接用户

现在互联网行业中流行粉丝经济。粉丝经济泛指架构在粉丝和被关注者关系之上的经营性创收行为。通俗点说，粉丝经济就是研究如何让用户爱上企业的产品，并反复、持续性地买企业的产品，不但自己买，还介绍身边的朋友买。而要实现粉丝经济，一个基本前提是先要建立一个能够和用户连接、和用户有效沟通的渠道。而在当下，微信是最佳的选择。在没有微信之前，企业很难和用户建立有效连接。

3. 带来潜在用户

微信本身也可以作为一个推广渠道来使用。常见的方法有，围绕目标用户群的特点和需求建立有针对性的公众号，然后通过公众号来吸引潜在粉丝，或策划软文、活动等在微信中传播。

4. 提升转化率

根据权威机构统计，通常企业90%的销售是在第4~11次跟踪后完成。所以，仅依靠那些一次见面就成单的销售额肯定是远远不能满足企业需求的，无论什么企业，其大部分的销售额都来源于追销，所以追销才是提升销售量的"王道"。而微信是最有效的追销工具和手段。通过微信朋友圈、公众号及微信个人号一对一的组合方式，可以进行多次的营销活动，使追销效果达到最大化，继而提升最终的销售转化率。

5. 客户关系管理

现代企业越来越重视客户关系的维护，这一点，从客户关系管理软件的火爆程度上就可窥见一二。而从某种程度上说，微信公众号是一个天生的CRM系统，是维护客户关系的利器。因为每个订阅用户，背后都会自动形成一个数据库，这个数据库企业可以自己管理，微信公众平台提供了分组、客户资料查看等功能，包括一些基本的客户素材。并且微信还提供了开发接口，如果技术条件允许，也可以根据自己的需求进行二次开发。

6. 提升复购率

判断一个销售人员优秀与否，不是看他能够开发多少新用户，而是要看他能让多少老用户反复购买。因为开发一个新用户的成本，至少是开发一个老用户成本的7倍。当然，这个道理很多人都明白，但是想让老用户反复购买并不是一件容易的事。让老用户经常复购的前提是，除了产品体验好之外，还需要经常与用户联系，维护关系和感情。在用户少的情况下还好说，但是用户多了后，又该如何解决？而微信的优势，就是可以大范围地维护客户关系，实时沟通、互动、交流。

7. 提升办公效率

2014年，微信公众号在原有订阅号、服务号的基础上，又推出了企业号。企业号可以帮助企业快速实现移动化办公。企业在开通企业号后，可以直接利用微信及企业号的基础能力，加强员工的沟通与协同，提升企业文化建设、公告通知、知识管理，如设置微信打卡、企业通信录、在线办公、销售订单管理、子企业管理等。

8.3.3 微信营销的形式

微信巨大的用户群体，就像一座巨大的富矿，引来众多淘金者。具体而言，在微信平台上，企业常用的营销形式包括以下几种。

1. 朋友圈营销

朋友圈算是微信中最老的，也是最火爆的一个功能，用户可以用朋友圈发布自己一天的经历、心情等。企业可以利用朋友圈中的小视频、分享链接、图片动态、纯文字来做营销。就拿分享链接来说，把链接发到朋友圈里，如果好友感兴趣，就会点击观看，但是如果朋友圈对用户造成太大的打扰，也会让用户产生厌烦心理，从而失去客户。

2. 微信群营销

微信群营销是引爆粉丝量的方式之一，利用社群模式将企业需要的精准粉丝聚集起来，是微信营销的另一种重要形式。微信群最大的价值是人与人之间的关系得到链接和释放。就好像一块磁铁，可以吸引具备相同特性的人群集中到一起，大家围绕这个话题共同发表意见、进行讨论，进而增强对这个社群的依赖。

3. 公众号平台营销

微信公众号平台是给个人、企业和组织提供业务服务与用户管理能力的全新服务平台。就个人用户来说，微信公众号最大的特点是无门槛，通过微信号打造自己的微信公众号，可以就自己感兴趣的话题发表优质的内容、观点，从而吸引其他用户的关注，为自媒体营销活动提供基础。就企业和组织而言，在微信公众号平台上，企业可以更好地提供服务，如商家通过申请服务号，展示商家微官网、提供售后、促销活动信息等，已经形成了一种主流的线上线下微信互动营销方式。

8.4 今日头条营销

8.4.1 今日头条概述

2012年8月，正当搜狐、网易等门户网站在新闻客户端市场跑马圈地、同质化竞争之际，突然出来一匹立足于个性化推荐、跳出既定竞争框架的"黑马"。这匹"黑马"就是今日头条。与门户网站客户端相比，今日头条到底有哪些过人之处？

1. 根据用户个性化需求推送差异化内容

传统媒体乃至门户网站，一直的思路是"内容为王"，也就是由专业编辑根据职业共同体的新闻价值观，向受众提供他们认为用户需要了解的"优质"内容，并按新闻价值大小在单位空间内进行呈现和排列，最重要的即为头条新闻。而今日头条则倡导"你关心的，才是头条"的理念，将判断优质内容的权利交给用户，并认为只有用户自己关心的、自己选择的，才是重要的。换句话说，今日头条是根据读用户个人价值观（可能与新闻价值观有重合之处，且人人不同）来向用户推荐内容。每个人的阅读需求都不一样，这也使得向每个人推送的内容也不一样。这种传播观念的变革，带来一系列的传播实践的变化。

新闻定义权的转移，加上用户个人特征与兴趣是高度分散的，使得今日头条上新闻与信息资讯的界限日趋模糊，各种各样的长尾内容熔于一炉。今日头条并不仅仅根据用户兴趣推荐内容，还通过算法考虑话题的公共性、社交网络以及地理位置等因素的影响，以提升推荐内容的多样性。

2. 打通社会化账号，刻画用户兴趣图谱

今日头条通过与新浪微博、微信、腾讯 QQ 等社会化平台合作，在用户绑定账号且授权的前提下获取其个人信息，"5 秒钟内为用户建立一个 DNA 兴趣图谱"。这个兴趣图谱的作用就是通过分析用户数据，并与用户在今日头条上的行为数据相结合，找到用户的兴趣。

张一鸣（北京字节跳动网络技术有限企业原法定代表人）在一篇文章中写道："（以往）内容生产者并不能区分每一个个体用户的喜好，因此必须将各种门类的新闻综合起来'打包'丢给受众，受众再从中挑选自己感兴趣的内容进行阅读。"而今日头条扮演的角色就是"分发信息的渠道……促进内容和受众之间的对接"。

3. 雄厚技术壁垒，令竞争者却步

无论是向用户推送个性化内容，还是刻画用户兴趣图谱，都归功于今日头条强大的技术实力。今日头条团队中技术工程师占大多数，只有极少量的编辑。创始人张一鸣的背景和经历，决定着今日头条的技术路线和风格。

今日头条并不是一个简单的客户端，而是能够处理"用户分析+搜索+推荐"的技术平台。张一鸣曾表示，在搜索技术上，国内具有独立研发搜索引擎企业并不多，在新闻中会插入大量图片和视频等多媒体信息，相应会需要强大的多媒体搜索、去重技术，国内拥有多媒体处理技术的企业少于三家，已发布产品的只有两家。今日头条则在这些领域具有大量技术储备，足以形成技术壁垒。

8.4.2 今日头条推荐机制

今日头条内容提交后会经历三个环节,分别是消重、审核、推荐。消重分别会对标题和预览图片进行消重,对高度相似的内容进行消重,针对相似的主题进行消重。审核将会对内容中是否包含广告推广、色情暴力、低质旧文等方面进行审核。

1. 分批次推荐机制

文章审核通过后今日头条智能系统会把文章推送给小部分人看,如果小部分人看完后数据反馈良好,那今日头条将会把文章推给上千人看,如果这一步数据表现也不错,那就会推荐给上万人看,如此层层分批递进。这里的数据表现良好可能会包含文章点击率、用户阅读时长、读完率、评论数、转发数和收藏数等。

2. 用户阅读视角推荐机制

如图 8-3 所示,今日头条系统将会记录每一个用户的阅读习惯,在合适的时间做个性化内容推送,在这一点上,要求头条号运营做好用户分析,尽量在合适的时间给目标用户群体发送合适的内容。

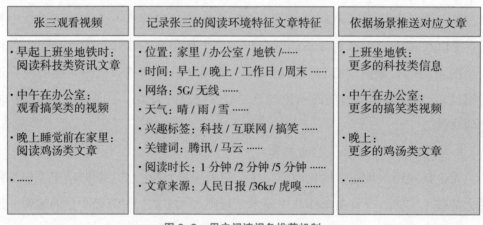

图 8-3 用户阅读视角推荐机制

3. 关键词识别标签机制

今日头条现在共计有 30+ 大类、1 500+ 小类、6W+ 实体词(即关键词)。在今日头条的最上方可以看到娱乐、科技、财经、军事、体育等,这就是大分类。体育大类下面的小类,以及小类下面包含的各种关键词。

8.4.3 今日头条运营策略

1. 内容策略

1）文章标题

文章标题很重要,其贯穿了全文线索,表明写作对象,但切忌在头条中成为标题党。文章标题过度夸张确实能吸引阅读量,但如果与内容不符,用户对文章不感兴趣,则无法吸引用户停留太多时间,会给头条号带来很大的影响,头条对文章的推荐量就会减少。

2）文章缩略图

在互联网中图片往往要比文字更吸睛,在头条中文章缩略图可以设置3张,对读者就会有良好的吸引力,而且好的图片还能增加头条指数的健康度,所以在发文时尽量带上3张图片。

3）内容的原创性

对内容原创与质量的把关,是每款内容输出平台最看重的指标,今日头条是一款推荐引擎产品,主动把内容推荐给用户。因此创作者不仅要推出原创内容,内容的质量更重要。

4）定时更新

运营人只要每天定时更新一篇文章到头条号且审核通过,活跃度就会提升,不同类型的内容,有不同的审核标准。一般来说,原创文章保持日更一篇、视频内容保持周更一篇,文章和专业领域要一致。

2. 付费推广

头条号自媒体平台的号外功能是头条号给出的可以付费推广的一个功能,只要简单地进行推广设置,文章就会推送给感兴趣的用户,这样就可以很轻松地让头条号的文章产生不错的流量,开通了头条号的用户可以在账号的设置里面开通"号外"功能。推广的内容可以包括图文、视频、图集、问答、微头条等,但投放时会进行审核,不含广告成分或低俗内容,才可以审核通过。"号外"还提供了数据查看功能,让推广用户可以了解到头条号的推广效果,进而及时进行策略调整。

3. 外部引流

一般情况下,仅在一个平台运行很难达到快速增粉的效果,需要多个平台一起运营,采用的方法主要是,通过悟空问答和微头条直接引流到头条号,但回答问题必须非常走心，要尽量关注自己头条号领域的问答内容，并在末尾简单地写出关键词，推荐自己的头条号。选择多个被企业主推的平台，就能在平台的红利期享受到各种福利。

本章小结

本章主要是对新媒体营销以及几种代表性的新媒体营销工具进行介绍。

新媒体营销则是以新媒体平台，包括但不限于微博、微信、门户网站、视频网站等为传播和购买渠道，把相关产品的功能、价值等信息传送到目标受众的心里，以便形成记忆和好感，从而实现品牌宣传、产品销售目的的营销活动。

微博营销是指通过微博平台为商家、个人等创造价值而执行的一种营销方式，也是指商家或个人通过微博平台发现并满足用户的各类需求的商业行为方式。微博营销以微博作为营销平台，每一个粉丝都是潜在的营销对象，企业利用更新自己的微博向网友传播企业信息、产品信息，树立良好的企业形象和产品形象。

微信营销是网络经济时代对企业营销模式的重大挑战。微信不存在距离的限制，用户注册微信后，可与周围同样注册的"朋友"形成一种联系，用户订阅自己所需的信息，商家通过提供用户需要的信息，推广自己的产品。微信营销的形式包括：朋友圈营销、微信群营销、公众号平台营销等。

今日头条的特点是：根据用户个性化需求推送差异化内容；打通社会化账号，刻画用户兴趣图谱；雄厚技术壁垒，令竞争者却步。今日头条的推荐机制包括分批次推荐机制、用户阅读视角推荐机制、关键词识别标签机制。

思考练习题

1. 比较微信营销与微博营销的不同之处。
2. 新媒体的平台有哪些类型？请分别举两个例子。
3. 请以具体的例子论述微信营销的形式。
4. 简述新媒体营销的内容体系。
5. 今日头条的推荐机制有哪些？

实践实训

以小组为单位，注册一个微信公众号，通过运营使得其粉丝量达到500人以上。并试着用数据分析你的微信运营情况。

参考文献

[1] 李志敏. 网络营销 [M]. 北京：北京师范大学出版社，2021.

[2] 马莉婷. 网络营销理论与实践 [M]. 北京：北京理工大学出版社，2017.

[3] 蔡勤东，张金炜. 全网营销时代：企业互联网快速盈利之道 [M]. 北京：中国物资出版社，2016.

[4] 林颖. 电子商务实战基础：新媒体营销实战 [M]. 北京：北京理工大学出版社，2019.

[5] 程镞. 网络营销实用教程 [M]. 2 版. 北京：中国人民大学出版社，2017.

[6] 张卫东. 网络营销 [M]. 2 版. 北京：电子工业出版社，2018.

[7] 王浩. 企业网络营销实战宝典及决胜攻略：策略、方法、技巧、实践与案例 [M]. 北京：北京时代华文书局，2015.

[8] 秦勇，陈爽. 网络营销：理论工具与方法 [M]. 北京：人民邮电出版社，2017.

[9] 邓文安，等. 电子商务概论 [M]. 北京：中国商业出版社，2014.

[10] 邓少灵. 网络营销学教程 [M]. 广州：中山大学出版社，2015.

[11] 刘长江. 重新定义商业模式"互联网+"时代的新商业模式 [M]. 北京：中国经济出版社，2016.

[12] 李莉. 网络营销 [M]. 厦门：厦门大学出版社，2014.

[13] 张秀娟. BAT 三国杀 [M]. 北京：中国财富出版社，2016.

[14] 周丽玲，刘明秀. 新媒体营销 [M]. 重庆：西南师范大学出版社，2016.

[15] 万小广. 媒体融合新论 [M]. 北京：新华出版社，2015.

[16] 陈雨，潘越. 网络营销 [M]. 重庆：重庆大学出版社，2017.

[17] 冯英健. 新网络营销（微课版）[M]. 北京：人民邮电出版社，2018.

[18] 中公教育优就业研究院. 网络营销实战派：玩转新媒体营销 [M]. 北京：世界图书出版企业，2017.

[19] 郭阳. 移动互联网营销从入门到精通 [M]. 北京：中国商业出版社，2016.

[20] 林凯怡. 短视频广告在电子商务营销中的应用 [J]. 合作经济与科技，2016（18）：134-135.

[21] 刘瑞军. 3 分钟打动人心的销售技巧 [M]. 北京：中国电影出版社，2017.

[22] 陈凡灵. 7 天精通网站建设实录 [M]. 北京：中国铁道出版社，2012.

[23] 彭雷清. 内容营销：新媒体时代如何提升用户转化率 [M]. 北京：中国经济出版社，2018.

第9章 农村电商

学习目标

1. 掌握农村电商的概念与特征。
2. 了解农村电商的模式。
3. 了解知名农村电商平台。

知识架构

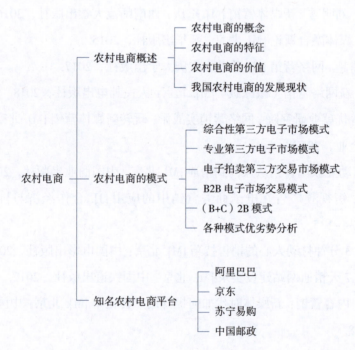

导入案例

当革命老区遇上农村电商,农产品走出大山插上了互联网的翅膀

"生意好的时候一天有几百块钱!"在韶关市城口镇"红军街"经营一家农村电商店铺的匡女士高兴地说。以当地香菇、木耳等土特产为拳头产品,依托广东省就业创业补贴政策,嫁到城口镇20多年的匡女士搭上了电商助农兴村"顺风车"。

"红军街"是韶关城口红色小镇重要组成部分。红军长征过境粤北时,战士们曾在这条小巷席地而憩,"红军街"由此得名。

时钟拨回80多年前。第五次反"围剿"失败后,红军自中央苏区突围,来到粤北后,在城口最繁盛的商业街河边街和正龙街休整。为了不扰民,红军战士在街头裹衣席地而睡。老百姓们邀请他们入屋休息被拒后,纷纷卸下自家门板给红军垫着休息。在红军长征粤北纪念馆,以"红军街"故事为原型的雕塑,将这段军民鱼水情故事讲述给天南海北的游客听。

如今,像匡女士经营的公共服务站"E网兴农"农村电商示范站,在这条处处可见红色五角星的"红军街"还有好几家。早在2019年,广东省人社农业农村部门部署启动"农村电商"工程,依托优势农业产业资源,打通农村电商"人、品、网、店"全链条。在城口镇依托红色资源发展旅游业的规划牵引下,村民们的腰包"更鼓了"。

距"红军街"不远的恩村,当地也正以农村电商为契机,积极拓宽"致富路"。柑橘种植业是恩村的重要产业。几年前,该村通过积极引入电商平台,当地柑橘总产量的10%左右得以远销全国各地。目前,恩村的柑橘已形成固定电商销售渠道,价格较本地收购价高出四五倍。村委还专门设置小组把关柑橘质量,并制定统一纸箱进行包装运输,持续打响恩村柑橘品牌。

据悉,在韶关仁化,当地已建立40多个电商扶贫服务站点,覆盖全县11个镇(街)。同时,借助"富农云商"仁化运营中心等电子商务平台,发展"线上交易、线下配送"农村电商新型流通业务,为当地优质农产品插上互联网的翅膀,走出大山,丰富全省乃至全国人民的"果篮子""菜篮子"。

资料来源:祁雷,许舒智.当革命老区遇上农村电商,农产品走出大山插上了互联网的翅膀[EB/OL].（2021-07-09）.http://news.southcn.com/gd/content/2021/07/19/content_192626651.htm.

2019年中央一号文件强调继续开展电子商务进农村综合示范,实施"互联网+"农产品出村进城工程,其目的就是要盘活农村经济,让农村产品能够借助电商渠道进入城市。2014年以来,农村电商连续6年出现在中央一号文件中。随着国民收入的增加和农村网络的普及,农村电商得到了良好的发展机遇,越来越多的农民借助电商实现了脱贫致富。网络打破了城乡局限,农村市场被"唤醒"。农村电商在促进农村经济发展、农业现代化以及增加农民收入方面的作用也更加明显。

9.1 农村电商概述

9.1.1 农村电商的概念

农村电商是将电子商务运营模式导入整个农产品营销体系中，让农产品有更多的供销途径和多重选择进入市场，能给农产品的产前、产中和产后等各个方面带来好处。农村电商是在农村商务市场中应用信息化以及数字化的技术手段，从而使得成本降低，使得效益得到提高。作为双向市场，农村商务市场涵盖农村的消费市场与农产品供给市场。

农村的消费市场是指基于农村地域范围内的各种产品消费关系的整体。农民的消费主要包括：①农业、机械、化肥等的生产过程需要的农资产品。②食品、衣服以及日用品等在内的生活所需品。也就是说，农村消费市场为农民买东西提供了平台。

农产品的供给市场是指农民对于农业活动中获得的农产品进行出售的平台。一般而言，农产品是指农作物，包括水果、生猪、渔业产品、畜牧业产品等的初级产品。农村供给市场满足了消费者对农产品的需求，也为农民卖东西提供了交易场所。可见，农村电商包括农村电商消费及农产品供给商务两个方面。

9.1.2 农村电商的特征

1. 高普遍性

农村电商作为一种新兴的交易形式，不但在农村的中小企业间快速蔓延，也迅速走进农村的千家万户，只要有一台电脑、一部手机就可以随时随地在这个无形的网络大市场中自由交易。

2. 高便捷性

互联网技术使世界变成一个统一的整体，互联网的各种功能为生产和生活带来了极大的便利，电子商务也不例外。无论是 B2B 模式，还是 B2C 和 C2C 模式，它们都是人们在线交易和购物极为便利的选择。利用电子商务进行交易节省了人力、物力和财力，人们不必再受地域的限制，可以轻松地完成过去繁杂的交易活动。

3. 高安全性

计算机网络系统是一个高度开放且存在众多网络安全威胁的系统，开展电子商务交易，务必要有高度安全的网络交易环境，才能确保自身商业机密不被泄露和交易双方交易的信息安全。为应对这一特殊需要，各农村电商网站都将自身的网络安全视为重中之重，推出了像防火墙、加密钥匙、安全过滤等安全措施，从而确保网络环境的安全性。

4. 高效益性

在过去，一笔交易的形成往往伴随着许多交易部门的参与和促成。交易的完成是许多交易部门共同促成的结果。农村电商这一无形的超级大市场可促使农村的中小企业减少库存积压、降低库存成本，还可以通过电子商务实行网上交易，直接减少交易成本。

5. 可扩展性

农村的中小企业运用电子商务技术是一个循序渐进的过程，电子商务的各种解决方案也必须随着客户需求的变化而变化。企业业务需求的发展以及市场环境和管理环境的变化都要求解决方案随时进行扩展或调整，要本着一切为客户考虑的原则，以提高客户的满意度为终极目标，给电子商务的交易留有足够的余地和空间，随时随地延展。

9.1.3 农村电商的价值

农村电商行业的发展不仅为各地的村民带来好处，也为相关产业链、利益链上的参与者带去丰厚的收益，从而带动整个行业体系的良性循环。

1. 促进农民收入提高，推动农民返乡创业就业

农村电商在中国农村经济变革之势中应运而生，其能在数年时间发展成为乡村振兴战略的引擎，关键在于农村电商革新了农村传统发展方式，在农村原有的单一产业上，利用新商业组织模式和科技手段帮助农牧民实现增收，焕发了农业经济的新动力：①电商渠道可以减少农资用具和农产品的流通环节，降低农牧民的生产成本，提高经营效率和经营利润；交易、搜寻和沟通成本的节约也可以有效畅通农牧民和上游供应端、下游消费端之间联结的通道，进而缓解信息不对称。②电商平台强大的辐射力有利于扩大农产品销售半径，农户直接对接市场的方式突破了门店、库存约束和线下销售能力的限制，创业门槛的降低促使更多农民返乡创业。农村电商让农村劳动力回归农业生产本源的同时，也让农民摆脱单一的耕种生计，转而向现代化企业主、产业工人转型，促进农村经济的结构化调整与升级。

2. 促进生产结构优化，全面构建现代农业体系

广大乡村依靠密集的人情网络紧密连接，有着"熟人社会"的鲜明特征。这也使得在乡村的成功创业实例有了模仿学习、普及推广的可能，农村电商各异的生产模式也在"传帮带"的聚集竞争中不断优化，实现优胜劣汰。农村电商平台不仅实现了生产者的聚集，还同样集中了消费者的零散需求，形成规模经济。通过各家平台交易数据的积累与整合，利用大数据、用户画像等技术路径勾画市场的需求和偏好，实现供需双方信息资源的有效互通，再搭配平台建立的合理、有效的买方评价机制，共同促进农产品的品牌化、专业化生产分工，以及优势特色农产品集群式发展，有利于倒逼生产结构优化，提升农产品供给质量。农村通过电商平台实现的供需双端资源整合与品牌重塑，与城市社区亿万客户群体连通，真正走出了"工业品下乡、农产品进城"的发展路子。产业链内部的融合和附加值提升，引导个体农户、家庭农场、农村合作社等各级经营主体与区域龙头企业建立深度合作，优化生产要素投入，提高要素产出率，从而更好地构建现代农业产业体系。

3. 促进农村乡村治理，带动农村社会化建设

农村电商不仅是农村经济的变革，还涉及对农村社会化、组织化建设的推动。农村电商通常与当地政府合作，为了做大做强当地优势产业而将资源倾斜于几类特色主打产品，规模积聚与层级整合后，新岗位的大量涌现使"农民"这一职业内涵更为丰富。他们利用自己对乡村生于斯长于斯的熟知，从"面朝黄土背朝天"的普通农业生产者转变为特色农产品经销商、中小农企管理者。在这种政企引导、农户主导的整合扩建过程中，原本碎片化的农村家庭生产单元逐渐发展成为组织化、系统化运作的中小微企业，农民的角色和意识都在这一过程中实现了跳跃式转型发展。另外，农村电商也带动了农村公共服务的现代化。农村公共资源配给少、层次低，而农村电商在为农民带来新创收途径的同时，也将互联网知识、现代经营理念和服务模式带进农村，并渗透到乡村基层治理、村镇政务运转等各个方面。电商与农民在双向协同中实现管理和服务的创新效能提高，以农民所需为本，一手抓现有人力物力资源聚合释能，一手抓乡村基层组织体制改革，最终形成比肩城市的公共服务理念和绩效。

9.1.4 我国农村电商的发展现状

农村电商的发展是一个逐渐完善和丰富的过程。随着互联网等信息技术的应用,农业生产和销售开始采用电子渠道,形成初级的农产品电子商务,但农民更多的是进行农产品收购和农资的销售,一般不直接参与电子渠道,而是中间商、农资企业或者合作社借助互联网进行信息沟通、发布。随着信息技术在农村的深入发展,农户更多地参与商务活动,单一的农产品上行借助互联网的互动性开始双向流通,交易的产品不再局限于农产品,而拓展到食品、家电、服装、服务等。随着物流的逐步完善,农村电商逐渐形成。企业、商家、政府、个体户通过互联网等电子手段向农民、农业合作经济组织提供产品、金融、信息、技术等服务,农户、合作社、家庭农(牧)场、农业企业借助电子渠道实现农产品销售、服务输出,农村电商实现了双向互通的商务流通。

中国互联网络信息中心(CNNIC)发布的第 48 次《中国互联网络发展状况统计报告》显示,截至 2021 年 6 月,我国农村网民规模已达到 2.97 亿人,占网民整体的 29.4%,农村地区互联网普及率进一步提升至 59.2%。用户规模的不断增长,为网络电商在农村地区的发展打下坚实基础。我国农村电商发展迅速,交易规模不断创新高,用户规模快速增长,其中淘宝村的发展功不可没。南京大学空间规划研究中心、阿里研究院最新研究结果显示,2021 年淘宝村的数量突破 7 000 大关,达到 7 023 个,连续第四年增量保持在 1 000 个以上。此外,淘宝镇的数量依然实现较高的增幅,2021 年达到 2 171 个,同比增长 23.6%。商务大数据监测情况显示,2021 年全国农村网络零售额 2.05 万亿元,同比增长 11.3%。全国农产品网络零售额 4 221 亿元,同比增长 2.8%。"数商兴农"深入推进,农村电商"新基建"不断完善。

9.2 农村电商的模式

9.2.1 综合性第三方电子市场模式

综合性第三方农产品电子交易市场的本质就是在网络上,第三方构建服务于农业与农业企业的交易平台。综合性指的是涵盖了农林牧渔等各个农业部门的产品,因此具有丰富的种类。基于综合性第三方电子市场的模式,对于农产品供应方而言,交易市场提供产品目录、产品宣传、产品订购以及产品支付等服务;交易市场为买方提供各种供应商与产品的信息,其内容非常可观,涵盖了供应商信誉等级、产品质量认证、交易反馈等各种信息。买方基于上述信息进行对比,然后做出选择。另外,网站将买家的详细需求进行发布,并且对买家信息进行公布,从而使得供应商可以选择买家。因为网站为全部的农产品提供交易服务,因此,其数据库中的数据海量,种类繁多,更容易进行产品的分类,使得供需双方具有极高的信息匹配成功率。

基于两种途径对综合性市场进行构建:①充分利用各地市与县级行政区域的官方农业网站,服务于农民、农产品经营企业以及经营者。②通过网络技术企业对网上电子交易市场进行构建。政府部门的农业网站为农村电商的开展提供平台,为交易的双方提供各种服务,如价格谈判、信息交流、网上支付、生成电子合同、产品运输等,满足电子商务全方位发展的需求。基于官方农业网站对电子交易市场进行构建,使得信息收集的便捷性提高,信息发送的权威性提高,同时,就农民以及企业信息发布而言,其资料的真实性更高。另外,官方农业网站的维护费用充足,信息具有较强的实效性,其内容也相对广泛,对于电子平台中的交易,政府能够进行控制与监管。网络技术企业对农村电商网站进行构建,企业对市场信息、价格信息、贸易政策以及需求趋势等和农产品交易有关的各种信息进行收集,促进交易双方网上交易的实现,同时服务于交易双方的支付、运输等。对农产品网络市场进行经营,提高交易服务质量,获得广告利润是农产品电子商务网站企业开办的主要目标。

9.2.2 专业第三方电子市场模式

类似于综合性第三方电子交易市场,专业第三方电子交易市场同样给买卖双方构建交易平台。相对于综合性第三方电子交易市场,专业第三方电子交易市场的专业性更强,农产品更加专一,通常服务于单一农产品或者一个农业生产部门的产品,如中国水果网、中国水产网、中国粮食网等,都是典型的专业性网站。专业第三方电子交易市场模式对农产品特别是特色农产品的营销具有极大的促进作用。对专业性网站进行构建,销售特色产品,对农产品的种植、养殖技术进行介绍,对市场的需求进行预测,对市场供应信息、市场需求信息、品种及品质、产品标准等进行介绍。专业第三方电子市场模式,一方面指导当地农民的生产;另一方面,对于农产品基于网络进行宣传,使得更多的人了解农产品,增加贸易机会。专业第三方电子交易市场使得特色产品的销售更有针对性,同时,可以通过当地农业经营企业以及相关的管理部门进行组织。传统自由交易方式、在线竞卖及在线竞买的方式都是专业第三方电子市场常见的交易方式。

9.2.3 电子拍卖第三方交易市场模式

农产品与人民生活具有紧密联系，无论是农产品的产量还是农产品的需求量都非常巨大。因此，农产品一方面交易频繁；另一方面交易数量非常大。在第三方交易市场中，大宗产品更适合拍卖的方式。

电子拍卖的优势非常明显。虽然在线拍卖和交易厅离线拍卖的程序是相同的，但是在线拍卖具有灵活、便捷的特点，并且其成本比传统拍卖方式更低。拍卖人员在电子拍卖的过程中，利用对电子拍卖车（移动式拍卖）或者电子拍卖控制台（固定式拍卖）对拍卖进行主持，使得由于环境嘈杂可能出现的失误得到了有效避免。竞买人员不需要在现场频频举手报价，看中物品时，只需要按动竞价器。所以，除了技术人员对计算机进行控制之外，整个拍卖交易都可以通过电子化实现，极大地提高了拍卖效率。

9.2.4 B2B电子市场交易模式

就电子商务来说，当前在各个行业发展最快的电子商务交易模式就是B2B方式，其自然也在电子商务交易额中占有最大的比例。B2B电子交易模式服务于面向企业间的电子交易。企业进行交易时，验证双方身份、确保产品质量、保障货款支付。特别是对于分散在各地的农业企业而言，B2B模式基于企业数字证书以及有关的管理部门的注册认证码，能够使得其身份得到证实，从而使得对交易双方身份真实性的怀疑得到降低。同时，农业企业经营者接触到广泛的信息技术、电子商务知识以及网络技术，因此更加容易接受B2B模式。在未来的发展中，B2B模式的发展空间广阔。

9.2.5 （B+C）2B模式

（B+C）2B是指农户以及农业加工企业及行业组织进行结合，实现共同生产，提供商务交易。（B+C）2B模式也被人们叫作龙头企业的带动模式。（B+C）2B模式对于家庭分散经营区域更加适合，使得农产品集体竞争力提高。（B+C）2B对于农业企业和农户之间的战略联盟关系的建立具有极大的促进作用。农产品加工企业、农产品经营企业作为龙头，利用比较固定的运营方式对农户的农产品的生产、加工、运输以及销售等进行带动，使得农产品与制成品的附加值提高。当前典型的（B+C）2B包括了"企业+农户""企业+基地+农户""企业+合作组织+农户"等模式。因为在资金、技术、运输加工、销售等方面，龙头企业的优势显著，所以，农民基于标准化的要求对产品进行生产，通过企业的加工，使得其质量与档次提高，通过企业品牌战略，使得经济效益提高。（B+C）2B要求农产品的标准化程度较高，并且要求农产品的种类相对集中。例如，在已经建立无公害绿色蔬菜基地的前提下，对于当地原材料进行充分利用，通过加工企业的包装，对品牌进行构建，从而使得农产品的销售市场更加广阔。另外，农产品的出口主体是企业，相对于分散的农户而言，在应对国外变化、反倾销等方面的优势非常显著。基于龙头企业带动的电子商务，使得农民销售难的问题得到了有效解决，使得农民的基本利益得到保障，使得供应链上的价值增值得到实现。

9.2.6 各种模式优劣势分析

1. 第三方交易市场模式的优势

（1）能够顾及所在范围中全部农户，基于政府与平台企业，区域的全部农户是最初规划中的服务对象，不要求农户的经济水平及知识水平。

（2）加入信息员，能弥补农民在网络知识以及营销水平知识方面的不足，促进农村电商的发展。

（3）加入平台企业，对代购与代销负责，并且满足集体运输的要求，使得农村电商物流问题得到了有效解决。

（4）各方具有一致的利益。基于农村的电子商务使得农民"难买难卖"的问题得到解决，使得农民的收入增加，并能购买到价格低的生产和生活物资；信息员基于技术服务获取报酬；企业利用网上销售，获取良好声誉，使得企业服务收入以及广告收入提高；政府则能够对经济发展起到推动作用，实现农民增收。由此可见，第三方交易市场模式能满足各方面的利益要求。

2. 第三方交易模式的劣势

（1）存在的环节比较多，监管比较困难。因为实现了买方、卖方和交易平台的连接，流程不断延长、环节增加，使得管理以及监督的难度加大。

（2）政府或者牵头企业决定了平台的构建、维护、交易规则制定以及交易规则的完善性等，这就要求政府或者企业的综合能力比较强，因此加大了第三方交易模式构建的难度。

（3）第三方交易模式服务于一定区域的农户或合作社，对于农业生产方面而言，这些农户或合作社的相似性比较大，因此它们的需求集中在提供相似的农副产品种类，这造成了该模式的地域特征明显但种类比较单一，在与综合的电子商务模式进行竞争时处于不利地位。

3. B2B 模式的优势

（1）基于淘宝等第三方交易平台，交易规则比较成熟，支付手段以及评价信用的机制比较完善，第三方交易平台重新建立以及维护的成本降低，并且其安全性与快捷性更强。

（2）在全国范围内进行部分具有特色农产品的销售，实地区域生产与全国市场对接的要求得到满足。

（3）对于一部分农户不能上网参与电子商务的问题予以有效解决。

4. B2B 模式的劣势

（1）存在或多或少的中间环节。

（2）农户和销售平台是通过代理人进行联系，而农户和代理人之间可能是一次性短暂的交易联系，也可能是多次长久的交易联系，而这种关系既可能是口头约定，也可能是契约约束，双方的经营状况决定着双方的关系，因此稳定性不强。

（3）就农户来说，该模式属于单向销售，农户不能分享电子商务在买入方面的好处。

（4）代理人通常是自发形成，代理人自身的实力以及代理意愿决定了代理范围。代理范围比较窄，不可能顾及全部产品及所有区域。

5. B+C 电子商务的优势

（1）借助第三方电子商务平台，不需要对平台进行搭建，使得建立以及维护平台的费用降低。同时，交易模式以及信用评价机制完善，使得交易者存在问题的可能性降低。

（2）销售的范围是面向全国，因此，使得部分农产品和全国市场的对接得到实现。

（3）减少环节，基于平台实现生产者与消费者之间的联系，使得中间费用降低，从而确保生产者的利益最大化。

（4）形式更加灵活多样，买家与卖家都可以是个人或单个的企业，因此，具有灵活的经营形式。

6. B+C 电子商务的劣势

（1）对于农民由于不能上网而造成的无法参与电子商务的问题，不能给予解决。

（2）农户兼顾生产与销售，无疑提高了对农户营销素质和电子商务操作能力的要求，无形中提高了农户涉足电子商务的门槛。

9.3 知名农村电商平台

目前，我国农村电商模式形式多样。阿里巴巴、京东、苏宁易购、中国邮政都根据其制定的县域电商发展战略，迅速在各大乡镇和农村地区进行布局，将目光集中到了农村电商市场，对原有的农村电商模式进行改革和重组。

9.3.1 阿里巴巴

为进军农村市场，2014 年，阿里巴巴推出了"千县万村农村淘宝计划"，即农村淘宝，其目的是投入百亿元资金，建立 1 000 个县级服务中心和 10 万个村级服务站。农村淘宝以电子商务平台为基础，通过与地方政府合作，搭建县和村两级服务网络，完善二级物流，促进"网货下乡"与"农产品进城"，实现城乡之间物流和信息流的双向流通。

在农产品上行方面，淘宝已经在聚划算、乡村频道设置了长期活动板块，具有农产品展销、团购、促销、预订等功能，淘宝庞大的用户群经常可以在淘宝网看到特定农产品的销售折扣等优惠信息，这对于实现农产品的输出很有帮助。

9.3.2 京东

京东自营的县级服务中心、散布在农村的乡村推广员及与第三方合作的"京东帮"服务店，是京东在全国范围内全面铺开农村电商经济生态的基础网络。其中，县级服务中心按照"一县一中心"的布局，承担了县域农村电商的推广、运营和管理职能，确保京东"多、快、好、省"的电商服务理念惠及当地居民。而"一县一店"的"京东帮"服务店则通过第三方资源的整合，为农民提供大家电销售咨询、送货上门、产品安装、售后维修等系列服务，切实解决了农民在大家电消费中面临的货品选择少、价格昂贵、运输难、安装难、售后难等传统问题。

在带动农产品上行方面，京东特别注重农产品的食品安全和滞销难题的解决。在农村电商发展中注重大数据技术的利用，注重农产品的种植、养殖与城市消费者的购买需求之间的对接，既解决了农产品销售难和价格低等困难，又注重为农村中的低收入群体提供优惠、快捷的服务。

9.3.3 苏宁易购

苏宁易购服务站是苏宁云商在县域乡村市场打造的集物流、销售和服务为一体的全终端的零售平台。该平台以互联网销售方式为主体，整合线上"电商"与线下"店商"资源。通过电子商务平台，网上苏宁易购和实体连锁店面共享，苏宁借助服务站，帮助地方政府建设中国特色馆、签订电商扶贫战略合作协议，推出企业贷款、任性付和苏宁众筹，助力当地经济发展，实现精准扶贫。

苏宁打造了特有的"工业品下乡+农产品进城"的双向模式，苏宁易购直营店承载双重职能，以线上中华特色馆和线下自营店为载体，与农村市场进行双向产品及信息交流，以推动市场经济提升。

9.3.4 中国邮政

"邮乐购"是中国邮政和TOM集团联手打造的一个较为创新的快递物流转接平台，是线上"邮乐网"和"邮掌柜"与线下的实体渠道和EMS物流配送渠道的结合，除让村民享受生活和生产上的便利服务外，还能够让农村地区优质的农特产品"走出去"。凭借"中国邮政"的品牌效应，"邮乐购"吸引了众多消费者的使用和商家的入驻，迅速在中国农村建立和发展起来。

中国邮政借助"邮乐网"的平台支撑，在农村地区扩大了邮政物流终端的宣传，物流网络迅速铺开。同时，通过在农产品生产旺季举行农产品进城等专项活动，带动了农产品销售，是我国规模最大、农村渠道下沉最有优势、物流覆盖率最高的企业，在其强大的物流基础上发展农产品电子商务，能够迅速完成农产品的持续快速输出。

本章小结

农村电商是将电子商务运营模式导入整个农产品营销体系中，让农产品有更多的供销途径和多重选择进入市场，能给农产品的产前、产中和产后等带来好处。

农村电商的特征有高普遍性、高便捷性、高安全性、高效益性、可扩展性。

农村电商的模式包括综合性第三方电子市场模式、专业第三方电子市场模式、电子拍卖第三方交易市场模式、B2B 电子市场交易模式、（B+C）2B 模式等。

思考练习题

1. 什么是农村电商？它的特征有哪些？
2. 农村电商有哪些模式？
3. 从周围的实际案例出发，描述电子商务给农产品销售带来的影响。

实践实训

选择一个乡村地区展开调研，分析电子商务的引入对改善当地民生的作用。

参考文献

[1] 王福岭. 农村电商推动乡村振兴战略 [EB/OL]. （2020-11-16）. http://www.china.com.cn/opinion/theory/2020-11/16/content_76914347.htm.

[2] 袁杏. A 企业农村电商模式研究 [D]. 南昌：江西财经大学，2020.

[3] 李志刚. 扶植我国农村电商发展的条件及促进对策分析 [J]. 中国科技论坛，2007（1）：123-126.

[4] 王海龙，司爱丽. 农村电商发展构想 [J]. 经济纵横，2007（3）：38-40.

[5] 王旭旭. 农村电商的 5 个问题和建议 [J]. 中国信息界，2008（4）：68-69.

[6] 刘可. 农村电商发展探析 [J]. 经济体制改革，2008（6）：171-174.

[7] 徐先海. 湖南农村电商应用模式构建与发展对策研究 [D]. 长沙：湖南农业大学，2009.

[8] 郭军明. 我国农村电商发展策略浅析 [J]. 安徽农业科学，2009（24）：11772-11773.

[9] 汪向东，张才明. 互联网时代我国减贫扶贫新思路——"沙集模式"的启示 [J]. 信息化建设，2011（2）：6-9.

[10] 陈亚洲，宋杰. 农村电商发展机制研究 [J]. 电子商务，2011（9）：6-7.

[11] 叶秀敏. 三种模式惠"草根"——当前农村电商发展探析 [J]. 信息化建设，2011（11）：6-9.

[12] 龚炳铮.关于农村电商的发展思路与对策的探讨[J].中国信息界,2011(12):28-31.

[13] 周海琴,张才明.我国农村电商发展关键要素分析[J].中国信息界,2012(1):17-19.

[14] 徐芳.我国农村电商现状及其对策研究[D].南京:南京大学,2012.

[15] 骆巧巧.新农村背景下的农村电商平台建设研究[D].南昌:江西财经大学,2013.

[16] 吴勇杰.电子商务环境下的农村流通供应链优化研究[D].成都:成都理工大学,2014.

[17] 汪向东,梁春晓.新三农与电子商务[M].北京:中国农业技术出版社,2014.

[18] 阿里巴巴.中国淘宝村[M].北京:机械工业出版社,2015.

[19] 付梦雯.农村电商发展与客户价值管理研究[D].广州:暨南大学,2015.

[20] 汪向东,王昕天.电子商务与信息扶贫:互联网时代扶贫工作的新特点[J].西北农林科技大学学报(社会科学版),2015(4):98-104.

[21] 何其能."互联网+"背景下张掖市农村电商发展现状与对策[J].发展,2016(3):41-42.

[22] 钱丞真.农村电商发展的探讨[J].农村经济与科技,2016(4):171.

教师服务

感谢您选用清华大学出版社的教材！为了更好地服务教学，我们为授课教师提供本书的教学辅助资源，以及本学科重点教材信息。请您扫码获取。

» 教辅获取

本书教辅资源，授课教师扫码获取

» 样书赠送

电子商务类重点教材，教师扫码获取样书

 清华大学出版社

E-mail：tupfuwu@163.com
电话：010-83470332 / 83470142
地址：北京市海淀区双清路学研大厦 B 座 509

网址：http://www.tup.com.cn/
传真：8610-83470107
邮编：100084